슬기로운
중학 생활

슬기로운 | 중학생활

입학 준비부터 자유학기제, 내신, 고등 입시까지
**한 권으로 끝내는
중학교 생활 가이드**

황유진 지음

생각지도

일러두기

1. 책 내용 중 교육 정책(학교생활기록부 기재 요령, 고등학교 입학전형요강 및 기본계획 등)에 따라 이후 변화하는 내용은 유튜브 '왔쌤 TV'와 생각지도 블로그에서 안내하겠습니다.
2. 책에 나오는 자사고 명칭 중에서 '전국단위 자사고'는 '서울 이외 방식 자율형사립고'로, '지역단위 자사고'는 '서울 방식 자율형사립고'로 표기되어 있습니다. 이는 학교생활기록부나 중학교 관련 공문서에 나오는 명칭을 그대로 사용하여 혼선을 줄이기 위함입니다.

황유진 교감 선생님과 같은 학교에서 몇 년 동안 함께 교사 생활을 했습니다. 이후에도 학교 간 교원학습공동체 활동을 같이 했는데, 이번에 선생님께서 책을 출간한다는 소식을 듣고 '드디어 또 해내셨구나!' 하는 생각이 가장 먼저 들었습니다. 몇 년 전부터 이런 책을 내고 싶다는 말씀은 하셨지만, 실제로 이렇게 멋지게 현실로 이루어내실 줄이야.

그런데 다시 생각해보면 교감 선생님은 늘 그러셨습니다. 업무를 할 때도 '이렇게 하면 더 효율적이지 않을까요?' 하고 던진 막연한 의견을 구체화하고 현실화시키기 위해 무던히 애를 쓰셨고, 결국은 만들어내셨습니다. 자유학기제에서 지필고사를 치르지 않으니 학생들의 학교 생활과 교과학습 상황을 부모님들이 알지 못해 답답해하던 상황이었습니다. 그런데 선생님은 엑셀 프로그램과 한글 프로그램의 메일머지를 활용해 학생의 성장기록지를 작성해서 배부하기를 가장 먼저 실천하셨던 것이 대표적인 예일 것입니다.

한편으로는 그런 일들을 막연하게만 생각했던 저의 태도를 반성하게 됩니다. 학생들이 중학교 생활에 좀 더 빨리, 잘 적응할 수 있는 방법이 없을까 고민하다가도 바쁜 학교 생활을 하다 보면 잊어버리기 일쑤였습니다. 중학교 생활에 대해 누군가가 친절하게 설명해주면 좋을 텐데 하는 마음이 들기도 했지만 나서서 해볼 생각은 하지 못했습니다. 그런데 어느 날 유튜브를 개설하고 막연하게만 생각하던 중학 생활에 대해 시시콜콜 전부 알려주시는 선생님의 모습을 보면서 에너지와 열정이 대단하다고 생각했습니다. '역시 황유진 선생님!'이었습니다.

저 역시 중학교 교사이지만, 중학생 아이를 둔 엄마로서 선생님의 유튜브를 구독하며 학부모로서 많은 도움을 받았습니다. 아이의 고등학교 진학을 준비하며 생기부 읽기, 자기소개서 작성법, 진학 등에 대한 정보와 팁들은 실제로도 아주 유용했습니다.

이번에 출간된 《슬기로운 중학 생활》은 황유진 선생님이 20년 넘는 동안 학생들과 학부모들을 만나면서 중학 생활에 대해 그들이 궁금해하던 내용을 총정리한 책입니다. 그만큼 중학 생활 필독서로 부족함이 없을 만큼 알찬 내용들로 가득합니다. 중학교 배정부터 반 편성, 교육과정편제표, 수업과 평가, 학교생활기록부, 고등학교 입학 전 준비, 자기주도학습전형 등 중학생의 일대기에 맞춰 학교의 여러 조직과 상황, 선생님들의 업무를 연계하여 상세하게 설명하고 있습니다. 예비중학생과 지금 중학교를 다니는 학생들, 그리고 학부모님들은 이 책을 통해 중학 생활에 대해 확실히 이해하고, 좀 더 능동적이고 성공적인 중학교 생활을 하는 데 큰 도움이 되리라 자신 있게 말할 수 있습니다.

나아가 많은 학생들이 책의 내용을 충분히 수용하고 활용해 스스로 무언가를 기획하고 능동적으로 활동하는 미래 인재로 성장할 수 있기를 진심으로 바랍니다. 그것이 이 책의 저자인 황유진 교감 선생님이 바라는 최종이자 궁극의 학습 목표가 아닐까 싶습니다.

_홍선아, 방화중학교 국어 선생님

학부모님들과 통화를 하다 보면 '왜 이걸 모르시지?' 할 때가 많습니다. 정기고사와 같은 학교 일정, 기타 행사 등에 대해 일일이 물어보실 때는 더욱 그렇습니다. 학부모님들은 자녀교육에 대한 관심과 열의는 많지만, 넘쳐나는 정보의 홍수 속에서 올바른 정보를 찾는 방법을 모르고 계신 것 같습니다. 주변 사람의 소문, SNS 등 과도한 정보가 쏟아지는 상황에서 틀린 정보와 맞는 정보가 뒤섞여서 학부모님들이 원하는 우리 아이의 맞춤 정보를 선별하기도 어려운 상황입니다.

초등학교 생활과 중학교 생활은 분위기부터 다릅니다. 초등학교에 비해 공부의 양도 늘어나고 해야 할 일들도 많아집니다. 철저한 준비 없이 중학교에 진학하면 학생들은 물론 학부모님도 어디서부터 무엇을 해야 할지 몰라 하면서 급하게 사교육을 찾거나 아이가 알아서 하겠지 하면서 손을 놓아버리게 될 수 있습니다. 하지만 중학교 생활도 알고 나면 그리 어렵지 않습니다. 다만 그런 정보를 쉽게 찾기가 어려웠습니다. 그런 상황에서 유용한 정보를 꽉꽉 채워 넣은 종합영양제 같은 중학교 생활 안내서가 책으로 나온다니 정말 반갑습니다.

이 책은 황유진 선생님이 수년간 교직에서 쌓은 경험, 학생들을 지도한 노하우를 바탕으로 중학교 입학부터 고등학교 진학까지 중학교 전 과정을 알기 쉽게 잘 녹여냈습니다. 중학생 자녀를 둔 학부모님은 물론 신규 선생님, 경력 있는 선생님께도 단단한 안내서가 되어주리라 생각합니다.

_강인구, 목운중학교 한문 선생님

시시콜콜해서 누구에게도
물어보지 못한 중학 생활에 관하여

올해 3월, 저는 중학교 교감이 되었습니다. 주변에서는 이른 나이에 교감이 되었다고 축하해주었지만 오히려 어깨가 더 무거워집니다. 사실 작년까지만 해도 저는 21년차 평범한 중학교 수학 교사였습니다. 교무부장으로서 학교에서 일어나는 다양한 일들도 웬만하면 다 알고 있었습니다. 그런데 교감이 되어 새로운 학교에서 근무해보니 중학교라는 테두리는 같지만 익숙하지 않은 환경에 적응하기가 쉽지 않습니다.

초등학교를 지나 중학교에 입학하는 아이를 둔 부모님들이 지금의 제 마음과 비슷하리라 생각합니다. 아이를 6년 동안 초등학교에 보내면서 이제 학교 생활에 대해 어느 정도 알고 있다고 생각했는데, 초등학교와는 다른 시스템의 중학교에 아이를 보내면서 무엇을 준비하고 어떻게 도와주어야 할지 난감할 것입니다. 그런 학생들과 학부모님들께 제가 알고 있는 이야기들을 나누고 싶었습니다.

저는 유튜브에서 '왔쌤TV'라는 채널을 운영하고 있습니다. 이 채널은 아주 개인적인 이유에서 시작하게 되었습니다. 직장에 다니는 언니가 조카의 학교 생활에 대해 궁금증이 생겼을 때, 중학교 교사였던 제게 이것저것 물어보았습니다. 멀리 떨어져 있는 언니의 질문에 길고 긴 통화를 할 수 없었던 터라 영상을 찍어서 유튜브에 올리고, 영상을 본 언니가 힌트를 얻길 바랐습니다. 네, 그렇습니다. 처음에는 아주 가벼운 마음으로 퇴근 후에 집에서 화장기 없는 얼굴로 중학 생활에 대해 이것저것 혼자 주절대며 이야기를 이어나갔습니다.

하지만 신기하게도 개인적인 이유로 시작한 유튜브에 구독자가 생기고 댓글에 감사 인사는 물론 질문들도 쏟아지기 시작했습니다. 자유학기제 시작과 함께 몇 년 동안 '신입생 학부모 대상 중학 생활꿀팁' 연수를 진행하면서도 느꼈지만, 넘쳐나는 정보 속에서 중학 생활에 대한 소소한 안내를 듣고 싶어 하는 학부모님들이 많았습니다. 중학 생활에 대해 이것저것 궁금한 것들이 많지만, 막상 학부모님들이 필요한 정보를 찾을 수 있는 곳이 없다는 사실도 알게 되었습니다.

그때부터 볼품없는 실력이지만 시간을 쪼개가며 영상을 찍고 편집하면서 중학교 생활에 대해 더 많이 알리고 싶다는 생각이 들었습니다. 때마침 출간 제의를 받았고, 2개월이면 끝날 줄 알았던 집필은 1년이 지나서야 책으로 출간하게 되었습니다.

그동안 저와 비슷한 고민을 한 선생님들이 계셨는지 중학 생활에 관한 책들이 몇 권 출간되었습니다. 하지만 그 책들이 중학교 입학에 초점을 두었다면 이 책은 중학교 3년 과정을 모두 담았다는 데 의의를 두고 싶습니다.

초등학교에서 중학교로 넘어가는 즈음, 학부모님들은 중학교 입학과 관련해 궁금한 것들이 정말 많습니다. 초등학교와는 달라진 학교 시스템부터 부모님 세대와는 다른 자유학기제라는 새로운 교육과정, 익숙하지 않은 용어 등 불안하고 떨리는 마음은 아이를 초등학교에 처음 보낼 때와 마찬가지입니다.

하지만 이런 낯섦과 불안감은 여름 즈음이 되면 느슨해지고, 자유학기제가 운영되는 1학년은 금세 지나가 버립니다. 그렇게 2학년이 되면 시험이 바로 코앞에 닥쳐 정신없이 흘러가고, 이제 적응할 만하다 하면 졸업반인 중3이 되어 있습니다. 그래서 중학교 입학에만 초점을 맞출 것이 아니라 중학교 3년 동안 무엇을 준비하고 어떻게 보내야 '슬기로운 중학 생활'이 될지를 알려주고 싶어서 이 책을 쓰게 되었습니다.

무엇보다 이 책은 고등학교 입시라는 부분을 상세하게 다룬 책입니다. 수학 교사, 담임 교사, 중3 부장, 연구부장, 교무부장을 거치면서 고등 입시와 관련된 업무를 꽤 오랫동안 담당했습니다. 그러다 보니 고등 입시에 대해 누구보다 잘 알고 있으며, 고등학교 유형과 자기주도학습전형 등에 대해 많은 페이지를 할애했습니다.

이 책은 중학교 입학 준비부터 자유학기제, 내신, 고등학교 입시까지 '한 권으로 끝내는 중학교 생활 가이드'입니다. 현직 교사로서 20년 넘게 학생들을 지도하면서 차곡차곡 정리해온 저만의 노하우를 담았다고 할 수 있습니다. 중학교 입학을 앞둔 초등 고학년 학생들과 학부모님들에게는 중학 생활을 미리 볼 수 있는 기회가 되고, 중학교에 입학한 후에는 필요할 때마다 해당하는 부분을 펼쳐보면 분명 작은 힌트를 얻으실 수 있을 것입니다.

1장은 '중학생이 되면 달라지는 것들'로 초등 고학년 부모님들에게 필요한 내용입니다. 중학교 입학과 관련해 실내화에 관한 질문을 정말 많이 받는데, 이런 사소한 내용부터 중학교 배정이나 학급 편성 방법, 교복이나 체육복 구매에 대한 궁금증 등 예비 중등 부모님들에게 유용한 내용들을 담았습니다.

2장은 중학교 1학년의 대표적인 교육과정인 '자유학기제'에 관한 내용입니다. 도대체 자유학기제가 무엇인지, 외계어처럼 느껴지는 자유학기제의 다양한 활동 등에 대해 상세히 다루었습니다.

3장은 학교생활기록부에 관한 내용으로 중학교 1학년부터 3학년까지 모든 학생과 학부모들이 꼼꼼히 살펴보면 좋을 내용입니다. 초등학교 때처럼 단순히 '잘함'이 아니라 중학교에서는 어떤 부분을 신경 써야 할지 로드맵을 제시해보았습니다.

4장과 5장은 고등학교 입학전형에 대한 안내와 함께 자기주도 학습전형 준비 방법을 실었습니다. 대부분의 학생들이 중3이 되어

서야 고등학교를 결정하는 경우가 많은데, 고등학교 유형이나 준비 방법을 미리 알아두면 학습에도 큰 도움이 되리라 생각합니다.

　이 책은 막연한 중학교 생활에 대해 구체적으로 알려주기 위해 입학부터 고입 준비까지 모든 내용을 담고 있습니다. 하지만 중학교 3년은 아이가 자신이 앞으로 가야 할 미래의 방향성을 찾는 시기라고 생각합니다. 천진한 아이와 같았던 초등학생에서 벗어나 본격적인 입시 레이스를 시작하는 고등학생의 전 단계가 중학생입니다. 사춘기라는 시간을 지나면서 아이들은 부모의 품에서 조금씩 벗어나며 청소년이 되고, 좌충우돌하면서 더욱 단단해집니다. 이제야 자신의 진로에 대해 진지하게 고민하고, 자신이 그 꿈을 이루기 위해 무엇을 해야 할지 생각해보는 시기입니다. 그래서 중학교 1학년 과정에서 자유학기제를 실시하는 경우가 많습니다.

　중학교 3년은 초등학교 6년에 비해 눈 깜짝할 사이에 지나가 버릴 수 있습니다. 초등학교에 입학한 후 얼마 지나지 않은 것 같은데 아이가 벌써 3학년이라고 이야기하던 시절을 떠올려보세요. 중학교의 시간은 더 빨리 지나갑니다. 초등학교가 학교라는 사회에 적응하는 시기였다면, 중학교는 자신이 하고 싶은 꿈을 찾는 시기라고 생각합니다. 중학교 3년 과정 동안 아이가 자신의 꿈을 찾았다면 그것만으로도 잘 보냈다고 할 수 있습니다. 이는 고등학교에 진학해 입시까지 달려갈 수 있는 동력이 됩니다. 그러기에 중학교생활에 대해 미리 알아둔다면 아이는 학습에 집중하면서 알찬 중학 생활을 보내게 될 것입니다. 아이들이 중학 생활 3년 동안 자신의 길을 찾을 수 있기를 진심으로 바랍니다.

이 책을 집필하면서 퇴근 후에 정성 들여 만들었던 프레젠테이션 자료와 영상을 문장으로 바꾸며 수많은 생각을 했습니다. 이렇게 표현하는 것이 좋을까? 좀 더 쉬운 표현은 없을까? 유튜브 영상의 부족한 부분을 보완할 수는 없을까? 책으로 나오는 마지막까지 끊임없이 고민하며 만들어낸 이 책이 예비 중학생, 중학생, 학부모님들에게 도움되는 책이 되길 진심으로 바랍니다.

- 왔쌤 황유진

2장. 자유학기제 이해하기

4장. 고등학교 선택하기

5장. 자기주도학습전형

1장

중학생이 되면
달라지는 것들

중학교 배정,
이렇게 진행됩니다

"A아파트에 사는 아이들은 B중학교에 배정되는 거 아닌가요?" 중학교 배정 발표일이 되면 배정 업무를 담당하는 교육지원청뿐만 아니라 중학교 교무실에도 이와 같은 문의 전화가 쉴 틈 없이 걸려옵니다. 배정된 학교가 집에서 멀다거나 원하는 중학교에 배정되지 않았다는 내용이 대부분입니다. 가끔 부동산이나 아파트 입주자 대표가 중학교 배정 원칙이나 기준을 묻기도 하여 당황스러울 때가 있습니다.

해마다 중3 학생과 학부모 대상의 고등학교 입학전형 설명회는 많이 개최됩니다. 반면 초6 학생이나 학부모 대상의 중학교 배정 안내는 지역청 단위의 설명회나 가정통신문으로 대신하는 경우가 대부분입니다. 지역에 따라 배정 방식도 다르다 보니 학부모들은 주변 맘카페나 모임 등을 통해 정보를 접하는 경우가 많아 혼란스러울 때가 많습니다.

지역마다 다른 중학교 배정 방식

◆◆◆

서울특별시교육청 중학교 배정 방식은 학생의 거주지가 속한 지역의 학교군 내 중학교를 전산 추첨하여 임의 배정하는 방식입니다. 일명 '뺑뺑이'라고도 합니다. 이는 근거리 우선 배정으로 총 25개 자치구에 포함된 425개의 동을 46개 학교군으로 나눠서 거주지 인근 학교에 배정하는 것을 말합니다. 다만 학생의 통학 여건이나 학교군 내 학생 수용 능력에 따라 다른 학교군 내 소재 중학교에 배정이 될 수도 있습니다.

먼저 학교군은 중학교의 분포와 지역적 여건을 고려해 46개로 구분합니다. 예를 들어 '강남서초1' 학교군이라면 강남구 신사동, 압구정1,2동, 청담1,2동, 삼성1,2동, 논현1,2동, 역삼1동 지역이 포함되고, 신사중, 압구정중, 신구중, 청담중, 언주중, 봉은중, 언북중이 이 지역 내에 속하는 학교입니다. 서울 지역 학교군별 소속 학교 및 지역에 대한 더 자세한 내용은 서울시교육청(www.sen.go.kr) → 전자민원 → 진학안내 → 고입자료실에서 '서울특별시

강남서초교육지원청 학교군별 소속 학교 및 지역

학교군별	소속 학교군			소속 지역	
	남	공학	여	자치구별	해당 지역
강남서초1		압구정 봉은 신구 신사 언북 언주 청담		강남구	신사동, 압구정동, 청담동, 삼성1,2동, 논현1,2동, 역삼1동
강남서초2	단대부 휘문 중동	개원 개포 구룡 대명 대왕 대청 대치 도곡 수서 세곡 역삼 은성	진선 숙명	강남구	역삼2동, 도곡1,2동, 대치1,2,4동, 일원본동, 일원1동, 일원2동(개포3동으로 명칭변경됨), 개포1,2,4동, 수서동, 세곡동, 성남시 신촌동
강남서초3	반포 이수	경원 방배 서운 서일 서초 신반포 신동 영동 원촌	동덕 서문 세화	서초구	방배본동, 방배1~4동, 반포본동, 반포1~4동, 잠원동, 서초1~4동, 양재1동, 과천시 과천동
강남서초4		언남 내곡		서초구	양재2동, 내곡동

출처: 서울특별시교육청 고시 제2022-14호 서울특별시 중학교 학교군 설정 및 배정 방법 고시

중학교 학교군 설정 및 학생배정방법 고시(2021)'를 참고하면 됩니다.

추첨 및 배정 방법에 대한 세부적인 계획은 아직 발표되지 않았습니다. 다만 특수한 상황인 경우 동일교 혹은 타교 배정 신청이 가능합니다. 쌍생아일 경우에는 동일교 희망이 가능해 거주지 학교군 내 동일 중학교로 배정됩니다. 다자녀 가정의 학생은 거주지 학교군 내 중학교에 재학 중인 형제, 자매, 남매와 동일한 중학교에 배정도 가능합니다. 국가보훈부에서 교육지원대상자로 지정된 학생은 거주지 학교군 내 중학교에 재학 중인 형제, 자매, 남매와 동일 중학교에 배정을 신청할 수도 있습니다. 학교폭력대책심의위원회에서 전학 조치가 결정된 가해학생과 피해학생을 다른 학교로 분리 배정도 가능합니다.

경기도의 경우 지역청마다 배정 방식이 다릅니다. 성남교육지원청의 경우 거주지가 속한 해당 중학군 내의 모든 중학교를 지원하도록 하고 있습니다. 이때 1지망교는 반드시 1근거리 중학교를 지망해야 합니다. 집에서 가장 가까운 중학교를 먼저 선택해야 한다는 의미입니다. 학교 지망 순위, 근거리교 순위, 소속 초등학교 총 재학 기간 순위의 순서로 배정하고, 모두 일치하는 경우에는 컴퓨터 추첨으로 배정합니다.

의정부교육지원청의 중학교 입학 배정은 1단계에서는 선先 복수 지원, 후後 추첨 방식입니다. 학생들은 학군 내의 모든 중학교 중에서 남녀별 희망하는 학교 3지망까지 지원합니다. 1단계에서 지망 순위별로 전산 추첨 방식으로 학생을 배정하고, 2단계에서는

슬기로운 중학 생활

상대적 근거리 중학교에 추첨 배정합니다. 1단계에서 배정되지 않은 학생은 근거리 순위, 소속 초등학교 최종 연속 총 재학 기간 순위로 배정합니다. 이 순위에서도 모두 일치하면 전산 추첨으로 배정합니다.

지역마다 중학교 배정 방식은 다를 수 있습니다. 원하는 중학교가 있다면 해당하는 지역교육청 홈페이지에서 중학교 신입생 배정 안내 자료를 반드시 확인해두도록 합니다.

중학교 배정 일정

◆ ◆ ◆

중학교 배정은 지역마다 다른 만큼 일정도 각기 다릅니다. 서울시는 10월 말까지 실거주 여부 안내 가정통신문을 발송하고, 1월 말에서 2월 초순 사이에 중학교 배정 결과를 발표합니다. 경기도 수원의 경우 중학교 입학 배정 관련 계획을 9월에 발표하고, 10월에 중학교 배정 업무와 관련해 설명회를 진행합니다. 이후 중학교 입학 배정원서 작성 및 입력과 접수를 12월까지 마치면, 1월에 컴퓨터 추첨 및 배정을 하고, 1월 중순에 배정 결과를 확인할 수 있습니다.

약간의 차이는 있지만 대부분의 지역에서 1월 중순부터 2월 초 정도면 중학교 배정 결과를 확인할 수 있습니다. 만약 이사 계획이 있다면 해당 지역교육지원청에서 중학교 배정 일정을 미리 확인해야 합니다.

중학교 재배정 신청

◆◆◆

재배정이란 중학교 입학 배정을 받은 학생 중에서 재배정 사유에 해당되어 배정 학교 변경을 희망하는 학생에게 입학식 이전에 기회를 부여하는 것입니다. 서울의 경우 재배정 신청이 가능한 학생은 다음과 같습니다.

① 다른 시도 또는 다른 교육지원청에서 전 가족이 해당 교육지원청 관내로 거주지를 옮기는 경우
② 관내 다른 학교군으로 전 가족이 거주지를 이전한 경우
③ 부모 또는 친족이 교직원으로 재직하고 있는 학교에 배정받은 학생으로 다른 학교 배정을 희망하는 경우
④ 쌍생아로 같은 학교 또는 다른 학교에 배정되어 다른 학교 또는 같은 학교로 배정받기를 희망하는 경우
⑤ 학교폭력 피해자로 학교장이 추천한 경우

이외에도 재배정 신청 사유에 해당되는 경우는 다양합니다. 재

배정을 원한다면 해당 교육지원청에 문의하거나 초등학교에서 배부한 가정통신문을 확인해야 합니다. 이때 주의할 점은 같은 학교군 내에서 거주지를 이전한 경우 재배정 대상이 되지 않는다는 것입니다. 또한 시·도 간 중학교 배정 일정이 서로 다를 수 있으므로 거주지 관할 교육지원청에 재배정 접수 일정이나 구비 서류 등을 별도로 확인해 해당 교육지원청에 학부모가 개별로 접수해야 합니다.

한 명이 주소 이전을 할 수 없는 생업 종사자인 경우, 부모님이 이혼한 경우, 전세금 보호를 위해 부모 모두가 이전할 수 없는 경우, 부모가 별거 중인 경우 등 부모 중 한 명이 불가피하게 이전하지 못하는 경우가 있습니다. 이때는 추가 서류를 제출해야 하는데, 다양해진 가족 유형에 따라 구비 서류가 다르므로 반드시 지역 교육지원청에 확인해야 합니다. 이에 대한 궁금한 점은 지역 교육지원청의 게시판이나 담당자에게 전화 문의를 하면 정확하게 안내받을 수 있습니다.

중학교 입학 등록

중학교 배정 결과가 발표되는 날은 모든 학생과 학부모님의 마음이 두근두근할 것입니다. 어떤 학교에 배정되었는가에 따라 중학교 3년, 그 이상이 달라질 수 있기 때문입니다. 배정 결과는 안내받은 발표일에 해당 교육지원청 홈페이지나 출신 초등학교에서 확인할 수 있습니다.

　일부 학생이나 학부모님의 경우 어느 중학교에 배정되었는지 '확인'만 하는 경우가 있습니다. 배정 발표를 확인했다면 출신 초등학교에서 배정통지서를 수령해 등록 기한이나 유의 사항 등도 살펴보아야 합니다. 서울의 경우 초등학교에서 배정통지서를 받아 마감 전까지 해당 중학교에 제출하면 입학 등록이 끝납니다. 이때 교복이나 체육복 구매와 관련된 안내 자료와 입학식 안내 가정통신문을 받게 됩니다. 가정통신문에는 교과서 배부나 예비소집 일정도 쓰여 있으니 꼼꼼히 살펴보아야 합니다.

입학 등록하기

◆◆◆

배정통지서를 분실했을 경우

중학교 입학 등록 기간이 되면 가장 많이 받는 질문이 '배정통지서 분실'과 관련된 내용입니다. 서울의 경우 출신 초등학교에서 배정통지서를 배부하는데, 배정 중학교에 입학 등록하기 전에 분실했다면 소속 초등학교나 배정된 중학교에 문의하면 해결할 수 있습니다. 재배정을 신청하는 경우 초등학교에서 분실확인서를 작성하고, 학교장 직인 날인 또는 최초 배정된 중학교에서 미등록 확인서를 작성한 후 학교장 직인을 받아 교육지원청에 제출하면 됩니다.

학생 혼자 가도 되나요?

중학교 배정 등록은 학교마다 다릅니다. 배정된 중학교에서 부모님 동행을 권장한다면 함께 가는 것이 좋습니다. 이 경우 중학교 입학지원금 등 신청 서류에 부모님이 작성해야 할 부분이 있어서 동행을 요청했을 수 있기 때문입니다. 정해진 시간 내에 각종 신청서를 처리해야 하는 학교에서는 이와 같은 방식으로 운영하므로 알아두어야 합니다.

별도 안내 사항이 없으면 초등학교에서 배정통지서를 수령한 후에 학생이 직접 친구들과 함께 가보는 것도 좋습니다. 학교 가는 길이나 버스 타는 법 등을 같은 학교에 배정된 친구들에게 듣는 경우가 많기 때문입니다. 물론 아이 혼자 배정되었거나 학교 가는 길이 어렵다면 부모님이 함께 가는 것을 추천합니다.

등록 기간에만 하면 되나요?

등록 기간은 대부분 2~3일 정도입니다. 오랜 기간 등록 업무를 담당한 제 입장에서는 가능하면 등록 기간 첫날에 해당 중학교를 방문하라고 권합니다. 나중에 해야지 하고서는 잊어버리거나 배정통지서를 분실하는 경우가 많기 때문입니다. 예전과 달리 코로나 19 방역과 관련해 학생들의 등록 일정을 문자로 안내하는 경우가 있으니 놓치지 않도록 해야 합니다.

가끔 등록 마감 기한이 지났는데도 배정통지서를 제출하지 않는 학생들이 있습니다. 중학교에서는 해당 학생을 포함해 미등록 학생 명단을 교육지원청에 제출하게 되므로 주의해야 합니다. 등록해야 하는 학생이 미등록 학생으로 보고되면 난처한 상황이 생길 수 있기 때문입니다. 이런 상황을 방지하기 위해 중학교에서는 둘째 날부터 등록하지 않은 학생들에게 문자나 전화로 등록을 독려하기도 합니다. 대부분 배정통지서를 받고 해당 중학교에 등록해야 한다는 것을 몰랐다거나 등록 마감 시간을 확인하지 않은 경우가 많았습니다.

배정통지서를 제출할 때 유의 사항

◆◆◆

중학교 입학 등록이 끝나면 중학교에서는 관련된 안내 사항을 배정통지서에 기록되어 있는 보호자의 연락처로 보냅니다. 그런데 가끔 예비소집일이나 입학식 일정 등을 전달받지 못했다고 전화하는 부모님들이 있습니다. 대부분은 보호자의 연락처가 중간에 변경된 경우입니다. 따라서 등록 시 제출하는 배정통지서를 꼼꼼히 살펴보고 이전 연락처가 기록되어 있는 경우에는 반드시 수정해야 합니다. 물론 등록 업무를 담당하는 선생님에게 직접 수정 사항을 알려주어도 됩니다. 등록 업무가 끝난 후에 휴대폰 분실 등의 이유로 연락처가 바뀔 수도 있는데, 이때는 해당 중학교에 전화해 수정된 번호로 등록하면 됩니다.

입학 등록을 하면서 받는 각종 안내 가정통신문은 꼼꼼하게 살펴보아야 합니다. 배부되는 안내 자료가 많아서 자칫 일정을 놓칠수도 있으니 아이와 함께 읽어보는 것이 좋습니다. 또한 가정통신문을 넣어주는 봉투에 학생들의 임시 반, 번호 등을 기록해서 배부하는 학교도 있으므로 반드시 체크할 필요가 있습니다.

중학생이 되면
달라지는 것들

아이가 초등학교에 입학할 때를 떠올려보세요. 초등 저학년은 부모의 도움이 절대적으로 필요하다고 강조되는 시기입니다. 아이가 학교생활에 잘 적응할 수 있도록 등하굣길을 함께하는 부모님들도 있습니다. 이 시기에 육아휴직을 고민하는 분들이 많은 이유이기도 하지요.

그렇다면 아이가 중학교 입학을 앞둔 지금은 어떤 생각이 드나요? 아이가 초등 6년을 잘 지내왔는데도 불구하고 중학교라는 시스템에 적응할 수 있을지 걱정하는 부모님들이 많습니다. 특히 초등학교를 졸업하는 2월과 중학교 1학년이 되는 3월 사이에 존재하는 '막연함'이라는 장애물을 뛰어넘기가 쉽지 않은 듯합니다.

지난 6년 동안의 익숙함을 버리고 낯설고 새로운 3년의 시간을 보내야 한다는 사실이 부모님들과 학생들에게는 불안하고 두려울 수 있습니다. 어려워진 입시와 달라진 교육 용어 등으로 중학교 시스템이 불편하게 느껴질 수도 있습니다. 이처럼 막막한 부모님들을 위해 '요즘 중학교'는 어떻게 달라졌는지 살펴보겠습니다.

서로 다른 초등학교 출신이 모입니다

하나의 중학교에는 주변 3~4개 정도의 초등학교 학생들이 배정됩니다. 그러다 보니 약간은 다른 초등학교 문화들이 모여 새로운 중학교 문화를 만들게 됩니다. 간혹 출신 초등학교에서 한 명만 배정되기도 합니다. 초등학교 때 이사를 했지만, 이사한 집 근처의 학교로 전학하지 않고 기존 학교를 다녔거나 사립초등학교를 졸업한 경우입니다.

이럴 때 부모님은 '아이가 친구 관계로 힘들어하지 않을까?' 혹은 '다른 친구들 사이에서 기죽지는 않을까?' 걱정합니다. 그러나 아이들의 적응력과 친화력은 생각보다 좋습니다. 서로 다른 초등학교를 졸업했지만 그들만의 또래문화로 새로운 중학생 문화를 만들어나가기 때문입니다. 다르기 때문에 다양성을 배우고 서로 맞춰가면서 양보와 배려의 가치관도 배우게 됩니다. 걱정과 불안보다는 믿음과 격려를 보내주면 됩니다.

수업 시간이 달라집니다

초등학교 수업 시간은 40분입니다. 하지만 중학생이 되면 수업 시간이 45분으로 늘어납니다. 5분밖에 늘어나지 않는다고 단순하게 생각할 수 있지만, 수업 시간 5분은 생각보다 긴 시간입니다. 초등학교에서도 40분 동안 오롯이 집중하기 힘들었는데, 45분 동안 집중하며 수업을 들을 수 있을까 걱정하는 부모님들이 있습니다. 그런데 고등학교 수업 시간이 50분이라는 점을 생각하면 중학생 때부터 45분 수업에 적응하도록 노력해야 합니다.

과목이 늘어납니다

초등학교 5~6학년에 배우는 과목은 ①국어 ②사회 ③도덕 ④수학 ⑤과학 ⑥실과 ⑦체육 ⑧음악 ⑨미술 ⑩영어입니다. 그렇다면 중학교 때는 어떤 과목을 배울까요? 중학교는 1학년부터 3학년까지 ①국어 ②사회 ③역사 ④도덕 ⑤수학 ⑥과학 ⑦기술·가정 ⑧정보 ⑨체육 ⑩음악 ⑪미술 ⑫영어 ⑬선택 과목을 배우게 됩니다. 과목의 개수와 분량이 초등학교 때와는 확연히 다릅니다.

초등학교 때 배웠던 사회 과목은 사회와 역사로 나누어집니다. 정보의 경우 코딩 교육이 중요해지면서 과학/기술·가정/정보 교과(군)으로 편성되어 한 학기 동안 주당 2시간씩 혹은 두 학기 동안 주당 1시간씩을 배우게 됩니다.

선택 과목은 학교 특색에 따라 편성할 수 있습니다. 같은 지역

초등학교 5~6학년		
교과(군)	국어	국어
	사회/도덕	사회
		도덕
	수학	수학
	과학/실과	과학
	체육	실과
	예술(음악/미술)	음악
		미술
	영어	영어

중학교 1~3학년		
교과(군)	국어	국어
	사회(역사 포함)/도덕	사회
		역사
		도덕
	수학	수학
	과학/기술·가정/정보	과학
		기술·가정
		정보
	체육	체육
	예술(음악/미술)	음악
		미술
	영어	영어
	선택	학교에 따라 다름

내의 중학교라도 선택 과목은 다를 수 있습니다. 대표적인 중학교 선택 과목으로는 진로와 직업, 보건, 한문, 환경, 종교와 생활, 생활 외국어(중국어, 일본어 등) 등이 있습니다. 제가 근무하던 학교에서 는 1학년은 진로와 직업, 보건을 배우고, 2학년은 한문, 인공지능 과 미래사회를 배웁니다. 선택 과목에 대해 알고 싶다면 해당 중학 교 홈페이지의 공지사항 등에서 교육과정 편제표를 확인하면 됩 니다.

과목을 배우는 시기가 학교마다 다릅니다

중학교의 경우 학교마다 과목을 배우는 시기가 다를 수 있습니

슬기로운 중학 생활

다. 3개 학년에 걸쳐 사회, 역사 과목을 매년 배우는 학교도 있고, 사회는 1, 2학년, 역사는 2, 3학년에 배우는 학교도 있습니다. 같은 지역 내에 있는 학교이지만 정보 과목을 서로 다른 학년에 배우기도 합니다.

학교는 교사 정원과 학급 수 등 학교 상황을 반영해 과목 운영 시기를 결정합니다. 따라서 학교에 따라 과목을 편성·운영하는 시기가 다를 수 있습니다. 또한 초등학교 때와 비교해서 교과목은 늘었지만 성적을 산출하는 과목 수를 제한(서울의 경우 한 학기당 성적 산출 교과를 8개 이내)하고 있는데, 이는 학생들의 학습 부담을 줄여주기 위한 노력이라고 볼 수 있습니다.

중학교 2학년이면 문제집도 사회2, 도덕2, 역사2 등을 구입해야 한다고 생각하는 부모님들이 많습니다. 교과명의 1, 2 표시가 학년을 나타낸다고 생각하기 때문입니다. 하지만 앞서 이야기했듯이 교과를 배우는 시기는 학교마다 다를 수 있습니다. 중학교 2학년이지만 해당 교과를 처음 배운다면 1 문제집부터 구입해야 하므로, 학년초에 문제집을 살 때는 이를 반드시 확인해야 합니다.

학교에 따라 교과서가 다릅니다

중학교에서는 검정교과서와 인정교과서를 사용합니다. 검정교과서는 민간에서 개발한 도서에 대해 교육부장관의 검정을 통과한 교과용 도서를 말합니다. 국어, 영어, 수학 등 대부분의 중학교 교과서는 검정교과서입니다. 인정교과서는 민간 혹은 기관, 시도교육청에서 개발한 도서에 대해 교육부장관이 인정하고 시도교육감이 승인한 교과용 도서를 말합니다. 대체로 선택 교과 중 신설 과목의 교과서가 이에 속합니다.

검정교과서의 경우 한 과목에 여러 종류의 교과서가 존재합니다. 출판사와 저자는 다르지만 학생이 배우는 내용과 범위가 다른 것은 아닙니다. 단, 교과서에 따라 개념 설명이나 활동, 단원 구성 등에 차이가 있을 수 있습니다. 학교는 교과별로 가장 적합한 교과서를 여러 절차를 거쳐 선정합니다. 학교마다 과목별 교과서가 다른 이유입니다.

같은 출판사이지만 저자명이 다른 교과서도 있습니다. 천재교과서의 국어(박영목), 국어(노미숙)의 경우처럼 말입니다. 따라서 학년 초 과목별 문제집을 구입할 때는 학교 홈페이지의 공지사항에서 교과서 출판사와 저자명을 반드시 확인해야 합니다.

과목마다 선생님이 다릅니다

초등학교 때는 담임 선생님이 몇 개의 교과를 제외하고는 거의 모든 과목을 가르칩니다. 이와는 달리 중학교에서는 모든 교과를 서로 다른 선생님이 가르칩니다. 기술·가정의 경우에는 기술과 가정으로 나누어 운영되기도 합니다. 과학은 물리, 화학, 생물, 지구과학 분야로 나누어 가르칩니다. 그러다 보니 시간표에는 교과명과 담당 교사명이 함께 적혀 있습니다.

학년초에는 다수의 학생이 과목별로 선생님이 다르게 들어온다는 점에 흥미로워합니다. 하지만 선생님의 성향이나 수업 방식에 적응해야 하는 어려움을 겪을 수 있습니다. 입학 후 2~3주 동안은 아이들도 적응 기간이 필요하다는 점을 기억하세요.

평가가 달라집니다

성적은 중학교 입학을 앞둔 학생들에게 가장 큰 걱정일 것입니다. 초등학교에서는 학급별로 수행평가와 단원평가가 이루어지고, 학기별로 학교생활통지표가 가정으로 전달됩니다. '잘함, 보통, 노력요함'으로 학생의 성취 정도를 나타내고, 이에 대해 선생님이 문장으로 서술해주는 방식입니다.

반면에 중학교는 초등학교와 다른 방식으로 평가가 실시됩니다. 지필평가(혹은 중간고사와 기말고사)는 2~4일 기간을 정해 하루에 2~3과목씩 시험을 보게 됩니다. 수행평가는 수시로 실시하는데, 수업에 참여하는 과정 자체가 평가로 이루어지기도 합니다. 지필평가와 수행평가 결과는 정해진 비율로 환산되어 학기별로 원점수와 과목평균, 성취도(수강자 수)로 성적이 산출됩니다. 평가 결과는 점수와 성취도(A, B, C, D, E)로 표시되므로 학생 입장에서는 부담이 클 수밖에 없습니다. (이에 대해서는 뒤에서 자세히 설명하겠습니다.)

초등학교와는 시스템이 다릅니다

중학교에는 교무부장, 연구부장, 생활부장, 인성부장, 과학부장, 창체부장, 체육부장, 상담부장, 1학년 부장, 2학년 부장, 3학년 부장 등 부장 선생님이 많습니다. 일단 교무부장, 연구부장, 생활부장, 인성부장, 과학부장, 창체부장, 체육부장, 상담부장(아래 그림에서 색이 들어간 부분)을 '행정지원팀'이라고 합니다.

각 학년의 담임 선생님은 해당 학년부에 속해 있습니다. 하지만 학급의 담임 선생님은 그 직책만 수행하는 것이 아닙니다. 예를 들어 1학년 1반 선생님의 경우 담임 업무와 함께 1학년부의 행정 업무를 맡고, 1학년 2반 선생님의 경우 담임 업무와 연구부 업무를 함께 맡는 식입니다.

초등학교 때는 문의할 내용이 있으면 담임 선생님에게 바로 문자 메시지나 카톡 등으로 상담하면 됩니다. 하지만 중학교의 경우 행정지원팀에서 학부모에게 별도로 보내는 가정통신문이 많기 때

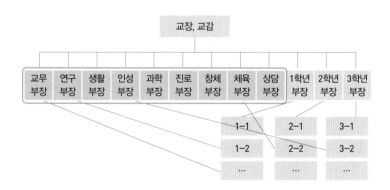

슬기로운 중학 생활

문에 담임 선생님이 그 내용을 그날 모두 파악하지 못할 수 있습니다. 그러다 보니 담임 선생님에게 궁금한 점을 문의했는데 답이 늦거나 잘 모르는 경우도 있을 수 있습니다. 그때는 중학교는 초등학교와 시스템이 다르기 때문임을 감안한다면 마음이 가벼워질 것입니다.

교복을 입고 학생증이 있습니다

초등학교와 달리 중학교는 '교복'을 입는 경우가 많습니다. 외모에 한창 관심을 가질 시기라 교복을 입는 것이 효율적이고 안심된다고 생각하는 부모님들이 많습니다.

'교복' 하면 빠질 수 없는 것이 명찰입니다. 금속이나 아크릴로 된 명찰, 목걸이식 명찰, 자수 명찰 등이 있는데, 학교마다 다릅니다. 자수 명찰의 경우 예전에는 상의 왼쪽 주머니 부분에 명찰 둘레를 모두 박음질해서 고정했지만, 요즘에는 명찰의 위쪽만 박음질하는 경우가 많습니다. 학교 밖에서는 안전을 위해 이름표를 주머니 안으로 넣기 위해서입니다. 최근에는 티머니카드 겸용 학생증을 배부하는 학교도 있습니다.

가끔 자수 명찰을 기본 수량보다 많이 주문하는 학생이 있습니다. 분실 방지를 위해 교복 자켓과 셔츠, 바지, 체육복 상하의 등에 모두 부착하기 위해서입니다. 요즘에는 이름을 쓸 수 있는 라벨이 있는 교복도 많으므로 이름표를 주문하기 전에 확인할 필요가 있습니다.

학년초에 빠지지 않는 준비물이 있습니다. 바로 증명사진인데, 학생증과 학교생활기록부에 사용하기 위해서입니다. 학교마다 교복을 입어야 하거나 이름표가 보이도록 찍어야 하는 등 정해진 규정이 있으니 참고해 준비하도록 합니다.

알림장이 사라집니다

초등 시절 아이들은 알림장을 의무적으로 썼습니다. 아이들의 알림장과 별개로 클래스팅 등을 이용해 학부모들에게 알림 사항을 전달하는 선생님도 있었습니다. '주간학습 안내지'를 통해 일주일 동안 배우는 과목과 진도, 학습 내용, 준비물과 학교 일정 등을 파악하기도 했습니다. 하지만 중학교에서는 담임 선생님이 알림장을 따로 적어주지 않습니다. 각 교과 선생님이 담당 시간에 알림 내용을 전달하기 때문에 아이들이 체크하지 않으면 놓치게 됩니다. 자기관리가 중요해지는 순간입니다.

점심시간이 달라집니다

그날의 급식 메뉴를 챙기는 것으로 하루를 시작하는 아이들이 많습니다. 수업 시간에는 기운 없어 보이던 아이도 점심시간이 되면 언제 그랬냐는 듯이 활기차게 변합니다. 학년별로 식사 시간이 정해져 있긴 하지만, 친한 친구와 식사를 하면서 여유를 가질 시간이지요.

　중학교에서는 3개 학년이 식사를 해야 하므로 대부분의 학교가 점심시간을 55분에서 60분 정도 운영합니다. 식사 후에는 친구들과 운동이나 놀이를 하거나 도서실에서 책을 읽을 수도 있습니다. 방송반이 활성화된 학교에서는 음악을 틀어주거나 교내 방송도 합니다. 학교 선생님들이 복도나 급식실에서 안전 지도를 하지만 아이들 입장에서는 자유로움을 만끽할 수 있는 최고의 시간입니다.

OMR카드를 사용합니다

　초등학교 때는 시험을 볼 때 문제지에 그대로 답을 써서 제출했습니다. 하지만 중학교에서는 문제를 푼 다음 OMR카드에 답을 표시해야 합니다. 서술형 문제는 별도의 서술형 답지에 작성합니다. 가끔 초등학교 때처럼 시험지에 답을 표기하고 OMR카드에 옮겨 적지 못해 0점을 받는 학생도 있습니다. 영어 듣기평가나 중간, 기말고사 등은 OMR카드를 제출해야 하니 시험 전 안내 사항을 주의 깊게 들어야 합니다.

교과교실제를 운영합니다

　지역마다 다르지만 교과교실제를 운영하는 학교가 많습니다. 교과교실제란 교과별로 정해진 교실에 담당 선생님이 상주하고, 학생이 시간표에 맞춰 해당 교실로 찾아가는 방식입니다. 교과실에는 수업에 필요한 모든 준비물이 갖춰져 있고, 선생님의 수업 방식에 맞게 책상이 배치되어 있습니다. 같은 학년 친구들의 작품이나 수행 결과물이 전시되어 있어서 또 다른 배움이 이루어지는 공간이기도 합니다. 공용 공간에는 개인 사물함이 비치되어 있는데, 교과서나 체육복 등을 보관할 수 있습니다.

다만 10분의 쉬는 시간 내에 해당 교실로 이동해야 하는 번거로움이 있습니다. 이동해야 하는 교실 위치가 너무 멀거나 화장실 이용, 사물함에서 교과서를 꺼내야 하는 등 시간이 부족할 수 있습니다. 신입생의 경우 교실의 위치를 몰라서 헤매는 경우도 있으니 교실 배치도 등을 미리 확인해두어야 합니다.

사춘기와 학교급의 변화를 동시에 겪습니다

초등학생에서 중학생이 되는 시기는 출생 후 첫 18개월을 제외하고 아이가 가장 많은 변화를 겪는 시기입니다. 신체적·정신적으로 변화하는 사춘기 시기에 접어듦과 동시에 초등학교에서 중학교로 학교급의 변화를 경험하기 때문입니다. 2월까지 초등학생이었는데 3월부터 중학생이 되는 것이지요.

학교급의 변화는 아이들에게 적지 않은 영향을 미칩니다. 초등학생이었을 때는 나름 최고 학년으로 학교생활에 대해 모르는 내용이 없었습니다. 그런데 중학생이 되어 신입생의 위치에서는 달라진 학교생활을 파악하고 선배들과의 관계에 대해서도 고민해야 합니다. 학업 이외에 새로운 환경에 적응해야 하는 상황 때문에 스트레스를 받는 아이들도 있습니다.

중학 생활 적응, 이렇게 도와주세요

아이가 중학교에 입학하면 부모님도 중학교에 입학하는 것과 마찬가지입니다. 초등학교를 막 입학했을 때처럼 아이들은 불안하고 두려울 수 있습니다. 달라진 학교 문화와 교육과정에 빨리 익숙해지고 중학 생활에 잘 적응할 수 있도록 가정에서 도와줄 수 있는 몇 가지 방법을 소개합니다.

먼저 기록하는 습관을 갖도록 해주세요. 중1 아이들에게 다음 시간 준비물을 알려주면 기록하는 아이들이 많지 않습니다. 초등학생 때처럼 일일이 기록하기보다 자신의 기억에 의존하는 것이지요. 하지만 이런 습관으로 자칫 중요한 내용을 놓치는 실수를 저지를 수 있습니다. 특히 교과별 준비물과 수행평가 내용, 단원평가예고 등은 꼼꼼히 기록해야 합니다. 기록할 수 있는 메모장이나 플래너 등을 구입해 스스로 작성할 수 있도록 해주는 것이 좋습니다.

규칙적인 생활을 할 수 있도록 도와주세요. 과제나 공부를 하거나 게임을 하느라 늦게 잠들면 다음 날 학교 수업 시간에는 집중하기 힘듭니다. 공부나 과제는 밀릴 수밖에 없고, 친구나 선생님과도 트러블이 생길 수 있습니다. 밤늦도록 공부하는 것이 대견해 보일 수도 있지만 다음 날 학교생활에 지장을 주지 않도록 도와주어야 합니다.

잔소리가 아닌 대화를 자주 하세요. 중학생이 되면 가정에서보다 학교와 학원에서 보내는 시간이 더 많아집니다. 아침저녁으로 같이 식사하는 날도 많지 않아 대화할 시간도 줄어들 수밖에 없습니다. 말이라도 붙여보려면 사춘기에 들어선 아이는 "제가 알아서 할게요"라고 대답합니다. 하지만 불안한 마음으로 낯선 환경에 적응해야 하는 아이가 혼자서 모든 것을 알아서 하기는 버거울 수 있습니다. 짧게라도 아이와 대화하는 시간을 갖도록 노력해주세요. 하교 후나 주말에라도 대화를 시도해보세요. 이 시기에는 지속적인 대화를 통해 아이가 자신의 고민이나 학교생활의 어려운 점을 언제라도 이야기할 수 있는 분위기를 만들어주는 것이 최고의 응원입니다.

중학교 입학에 필요한 것들

중학교 배정을 받고 3월에 입학하기까지 한 달여 기간은 생각보다 짧습니다. 교복과 체육복 구입부터 궁금한 내용이 너무 많은데, 물어볼 데라곤 해당 중학교에 먼저 아이를 보낸 이웃맘들뿐입니다. 그렇다고 사소한 궁금증이 생길 때마다 주위 엄마들을 귀찮게 할 수는 없고 답답할 때가 많습니다. 20년 넘게 중학교에 근무하면서 입학을 앞둔 아이의 부모님이 꼭 알았으면 하는 내용들을 정리해 보았습니다.

교복은 언제 구입하나요

◆◆◆

초등학교와 달리 중학교는 교복을 입는 학교가 많습니다. 그렇다면 입학식 당일부터 입어야 하는 교복은 언제, 어떻게 주문해야 할까요? 대부분의 중학교에서는 '학교주관 교복 구매'를 진행합니다. 교복 치수를 측정하고 원하는 수량을 주문하면, 교복을 제작하는 방식입니다. 교복을 제작하는 데 일정 시간이 소요되는 점을 고려할 때, 대체로 배정 발표일 이후 일주일 동안 주문을 받는 경우가 많습니다.

일부 업체에서는 바로 구매할 수 있도록 미리 제작해두기도 합니다. 이전년도에 생산된 물품을 할인된 가격으로 구입할 수도 있습니다. 다만 모든 사이즈가 충분히 있는 것은 아닙니다. 조금 늦게 가도 원하는 사이즈의 교복이 있을 것이라고 생각하면 안 됩니다. 바쁘다는 핑계로 교복 구매를 미루다가는 입학식 때까지 교복을 받지 못하는 경우도 있습니다. 교복은 정해진 기간 내에 빠르게 주문하고 구입하는 것이 좋습니다.

교복을 구입할 때 가장 고민되는 것 중 하나가 치수입니다. 교복은 편안하게 입을 수 있도록 넉넉한 사이즈를 고르는 것이 좋습니다. 그렇다고 졸업할 때까지 입혀야 된다는 마음으로 너무 큰 사이즈를 선택하면 오히려 아이의 자신감을 떨어뜨릴 수 있습니다. 사이즈가 고민될 때는 아이가 편안하게 자주 입는 셔츠와 바지, 치마를 가져가서 비교해보아도 좋습니다. 치수를 측정해주시는 분과 상의해도 됩니다.

교복과 함께 생활복을 입는 학교도 있습니다. 교복보다 신축성이 좋고, 시원해서 여름에는 생활복을 입는 학생들이 더 많습니다. 생활복과 체육복을 교복 대용으로 입을 수 있도록 규정으로 정해둔 학교도 있습니다. 따라서 교복을 구입할 때는 교복 착용 규정에 대해 학교에 문의하거나 학교알리미 사이트(www.schoolinfo.go.kr → 학교별 공시정보 → 해당학교 → 공시정보 → 교육활동 → 학교규칙 및 학교운영에 관한 규정)에서 미리 확인하는 것이 좋습니다.

최근에는 학생인권 친화적인 학교 문화를 위해 교복 디자인과 색상을 정해주고 개별적으로 구입하는 학교도 있습니다. 예를 들어 상의는 무늬와 상표가 없는 흰색 셔츠나 흰색 폴로 티셔츠를 입고, 하의는 네이비색 면바지를 입도록 지정해주는 식입니다. 이런 경우 입학 전까지 일반 옷가게, 인터넷 사이트 등에서 구입하면 됩니다.

체육복은 몇 벌 구매해야 할까요

◆◆◆

체육복은 입학 전후인 2월 말부터 3월 초까지 구매하는 학교가 많습니다. 가정통신문에는 체육복 사이즈와 구매 수량을 정해서 신청하도록 안내합니다. 아이가 직접 입어보고 구입하면 문제가 없겠지만, 구입한 후에 사이즈가 맞지 않아서 교환하는 경우가 많습니다. 교환 과정은 번거롭고, 사이즈가 없을 수도 있어서 사이즈를 미리 고민한 후 주문해야 합니다.

혹시 체육복 사이즈 선택이 어렵다면 스포츠의류 매장에서 아이에게 맞는 사이즈를 골라보는 방법을 추천합니다. 학교 체육복은 스포츠의류 사이즈와 비슷합니다. 간혹 오버사이즈로 입고 싶어 하는 아이들이 있는데, 너무 큰 사이즈를 선택하면 체육복으로서의 제 기능을 못 할 수도 있습니다.

교복과 달리 체육복은 구매 수량에 대한 질문도 많이 합니다. 체육 시간에만 입을 테니 한 벌 정도면 되지 않을까 생각하는 부모님들이 있습니다. 하지만 체육복을 구매할 때는 다음 3가지를 고려해야 합니다.

첫째, 일주일에 체육 시간이 몇 번인지 파악해야 합니다. 중학교에서는 주당 3~4시간의 체육 시간을 운영하고, 학교스포츠클럽 활동을 주당 1시간씩 운영합니다. 시간표로 볼 때 일주일에 4~5일은 체육 시간이 있다는 뜻입니다. 한마디로 아이는 매일 체육복을 입어야 될 수도 있으니 꼭 체크해야 할 사항입니다.

둘째, 학교생활규정을 살펴봐야 합니다. 최근에는 대부분의 중학교에서 교복 대신 체육복이나 생활복 착용을 허용하고 있습니다. 그래서 불편한 교복 대신 매일 편안한 체육복을 입고 등교하는 학생들이 많습니다. 체육복 구매 수량에 대해서는 학교생활규정을 참고해 정하면 됩니다.

셋째, 체육복을 얼마나 자주 갈아입을 수 있을지 생각해야 합니다. 예전에는 교복을 입고 등교하고, 체육 시간에만 체육복으로 갈아입었습니다. 하지만 요즘은 종일 체육복 차림으로 생활하는 아이들이 대부분입니다. 활동량이 많고 땀이 많은 아이들의 경우 종일 체육복을 입고 생활했다면 집으로 돌아와 바로 세탁을 해야 합니다. 이때 날씨로 인해 체육복이 바로 마르지 않거나 여러 사정상 바로 세탁할 수 없는 상황이라면 체육복은 2벌 이상 구매하는 것이 좋습니다.

입학 준비물

◆ ◆ ◆

책가방

초등학교 입학할 때 아이들은 주로 컬러감 있는 책가방을 선호합니다. 간혹 당시 유행하는 캐릭터가 들어간 가방을 고르는 아이도 있습니다. 그러다 초등 고학년이 되면 아이들 가방이 무채색 계열로 바뀝니다. 초6 아이들 가방만 보더라도 검은색이나 회색, 카키색 등이 대부분입니다.

그렇다면 중학생 아이를 위한 책가방은 어떤 것으로 구입해야 할까요? 직접 매장을 방문해 중고생들이 많이 사용하는 가방 디자인을 살펴보거나 인터넷으로 구매하는 것도 좋은 방법입니다. 이때 중요한 것은 아이의 취향을 존중해야 한다는 점입니다. 딱히 취향이 없다고 하더라도 2~3개 디자인 중에서 아이가 직접 선택하도록 하는 것이 좋습니다.

혹시 초등 고학년 때 사용하던 가방이 무난하다면 당분간 사용하면서 입학한 후에 다른 친구들의 가방을 살펴본 다음 아이가 고르게 해도 됩니다. 이는 아이가 또래집단의 특성을 스스로 파악할 수 있는 기회가 되기도 합니다. 입학 전에 부모님의 취향대로 가방을 구입했지만, 막상 친구들이 많이 쓰는 가방과 취향 차이가 난다며 사용하지 않으려고 하는 경우도 많기 때문입니다.

무엇보다 가방과 같은 입학 관련 물품들은 각종 할인 기간을 이용하면 좋습니다. 입학·졸업 시즌에는 수요가 많다 보니 할인 적용이 없지만, 나중에 인터넷으로 검색해보면 할인하는 경우가 많으니 그때 구입해도 됩니다.

필통이나 필기도구

중학생들은 주로 지퍼 달린 필통을 사용합니다. 플라스틱이나 철재 필통은 거의 사용하지 않습니다. 필통은 여러 가지 종류의 필기구를 넣어서 가지고 다닐 수 있을 정도의 크기를 구입하는 것이 좋습니다. 샤프와 샤프심, 각종 색깔 볼펜과 형광펜이 들어가야 하니 지퍼가 달린 중간 이상 크기의 필통을 선택합니다.

필기도구는 바꿀 필요가 없습니다. 초등 6학년 때 사용하던 샤프나 지우개, 볼펜을 그대로 사용해도 상관없습니다. 다만 새로운 환경에서 새 출발하는 아이 마음에 대한 충분한 이해와 응원은 필요합니다. 형광펜이나 삼색볼펜, 샤프심 등의 새로운 필기도구는 아이에게 적절한 자극이 될 수도 있습니다.

실내화

배정 등록을 하다 보면 사소하지만 많이 문의하는 것 중 하나가 '실내화'에 관한 내용입니다. 교실에서 실내화를 신는지, 만약 신는다면 어떤 모양으로 구입해야 하는지 등에 대한 질문입니다.

최근에는 슬리퍼를 신지 않는 학교도 있고, 하얀색 실내화를 신는 경우도 있습니다. 실내화 모양을 특정하지 않는 경우가 많아졌지만, 아직도 학생들에게 비슷한 모양의 실내화를 신도록 안내하는 경우도 많습니다. 실내화를 구입할 때 가장 좋은 방법은 학교 주변의 문구점을 가보는 것입니다. 학교 인근의 문구점에서는 배정받은 중학교에서 주로 신는 실내화 등을 판매하고 있으니 모양과 디자인을 참고해 구입하면 됩니다.

문제집

초등학교 때는 아이 수준에 맞게 문제집을 고르면 되었습니다. 하지만 중학교에서는 한 가지 주의해야 할 사항이 있습니다. 학교마다 교과서가 다를 수 있으니 해당 학교에서 사용하는 교과서 출판사를 반드시 확인해야 합니다.

해당 학교의 교과서 관련 내용은 학교 배정을 받고 등록하는 날에 가정통신문으로 안내해줍니다. 혹은 학교 홈페이지 공지사항에서도 확인할 수 있습니다. 같은 출판사라 해도 저자명이 다른 경우가 있으니 교과서 출판사와 저자명을 확인한 후 문제집을 구입해야 합니다.

자습서

중학생이 되고 열심히 공부하겠다며 모든 교과의 자습서를 구입하는 경우가 있습니다. 물론 궁금한 내용이 있거나 과제를 할 때는 언제든지 찾아볼 수 있으므로 도움이 됩니다. 하지만 자습서 구입 비용에 비하면 활용도는 낮아 가성비가 떨어질 수 있습니다. 학년초에만 몇 번 뒤적이다가 다음 학년이 되어 제대로 보지도 않고 버리는 일이 많기 때문입니다. 그러다 보니 자습서를 꼭 구입해야 하는 교과가 무엇인지 문의하는 부모님들이 있습니다. 이런 경우 학년초에 담당 교과 선생님의 수업과 안내를 받은 후에 구입해도 늦지 않다고 답해줍니다. 교과서만으로 수업 내용을 이해하기 어렵거나 학습 진도를 따라가기 힘들다면 그때 자습서를 살펴보고 구매하면 됩니다.

그 밖의 궁금한 점들

귀걸이 착용이나 염색 등 외모에 대한 문의도 많습니다. 복장이나 귀걸이, 염색 등에 대해서는 학교마다 기준이 다릅니다. 서울시교육청의 경우 두발 자유화와 편안한 교복 등의 일환으로 귀걸이나 머리카락 염색을 허용하는 학교도 많습니다. 배정받은 학교의 용의 복장 규정이 궁금하다면 학교알리미에서 학생생활규정(www.schoolinfo.go.kr → 해당학교명 → 교육활동 → 학교규칙 및 학교운영에 관한 규정 → 학생생활규정)에서 확인할 수 있습니다. 아이와 함께 입학 예정인 학교의 학생생활규정을 꼼꼼하게 살펴보는 것은 부모님의 백 마디 잔소리보다 훨씬 효과적입니다.

중학교의 학급 편성

해마다 11월에서 12월 사이에는 초등학교 학부모님들의 문의 전화가 많습니다. 자녀가 내년에 입학 예정인데, 반 편성을 위한 배치고사를 실시하는지 혹은 수준별 이동수업을 위해 사전에 영어와 수학 시험을 보는지 등에 관한 문의입니다. 아직 배정이 확정되지도 않았는데 반 편성 고사의 시험 범위도 궁금해합니다.

이런 문의 전화를 받으면 배정된 후에 문의해도 늦지 않다고 답합니다. 하지만 낯선 환경에 아이를 보내는 부모님의 입장에서는 모든 것이 궁금하고 막막할 것 같습니다. 과연 중학교에서는 신입생 학급 편성을 어떻게 하는지 살펴보겠습니다.

학급 편성의 기준

◆◆◆

중학교 1학년 학급 편성에는 고려해야 할 사항이 많습니다. 같은 초등학교 출신 학생들이 고르게 편성되었는지, 초등학교에서 드러나지 않았던 괴롭힘 등의 피해 학생과 가해 학생이 서로 다른 반으로 배정되었는지 등을 고민해야 합니다. 자칫 반 편성 결과가 공개되었을 때 민원의 소지가 없어야 하기 때문입니다. 이를 위해서는 정확한 학급 편성 기준이 있어야 합니다.

더불어 학급 간의 불균형을 줄일 수 있도록 균등한 학급 편성이 필요합니다. 어떤 반은 학습 분위기가 좋고, 어떤 반은 수업 진행조차 어려운 반이 있을 수 있기 때문입니다. 균등한 학급 편성은 학생들에게 함께 보고 배우고 성장할 수 있는 다양한 기회를 제공하기 위함입니다.

1. 반 편성고사를 활용하는 경우

2, 3학년의 경우 이전 학년도의 성적으로 학급 편성을 하는 경우가 많습니다. 먼저 남학생과 여학생으로 구분합니다. 그리고 각 성별 안에서 성적 순서대로 나열한 후 S자로 반을 배치합니다.

아래는 5개 반을 대상으로 학급 편성하는 방법을 나타낸 것입니다. A반의 경우 남1, 남10, 남11, 남20, 여5, 여6, 여15, 여16이 같은 반이 되는 것이지요. 성적으로 학급 편성을 하는 경우 평균 성

적을 동일하게 하는 방법, 남녀 각각의 성적을 S자로 나열한 후에
조합하는 방법 등이 있습니다.

학급 편성의 예시

A반	B반	C반	D반	E반	A반	B반	C반	D반	E반
남1	남2	남3	남4	남5	여5	여4	여3	여2	여1
남10	남9	남8	남7	남6	여6	여7	여8	여9	여10
남11	남12	남13	남14	남15	여15	여14	여13	여12	여11
남20	남19	남18	남17	남16	여16	여17	여18	여19	여20

중학교 1학년의 경우 이 방법처럼 S자로 나열할 수 있는 성적이
없기 때문에 모든 학급의 실력을 고르게 구분해 편성할 수는 없습
니다. 그래서 2월 말에 신입생 예비소집일에 반 편성 시험을 실시
하는 학교도 있습니다. 시험 범위는 대부분 초등학교 5, 6학년 국
어, 수학, 영어 교과 내용을 위주로 실시합니다. 이 시험 결과를 바
탕으로 앞에서 설명한 대로 남녀를 구분한 후 S자로 나열해 학급
을 편성합니다.

2. 심리검사를 활용하는 경우

최근에는 각종 심리검사 기관에서 실시하는 반 편성 심리검사
를 이용해 학급을 편성하기도 합니다. 심리검사를 통해 학교는 학
생들의 기초학업능력과 인성, 적성, 학습역량 등을 판단할 수 있어
서 객관성 확보와 균등한 반 편성을 진행할 수 있다는 평가를 받고

슬기로운 중학 생활

있습니다. 또한 이런 정보는 담임 선생님에게 제공되어 학생이나 학부모님과 상담하는 데 기초 자료로도 활용 가능합니다.

3. 생년월일이나 학생 이름을 기준으로 하는 경우

반 배치고사나 심리검사 결과로 반 편성을 한다는 것은 학급 간의 실력이나 기초학업능력을 기준으로 평균화하는 것입니다. 이는 학습 분위기나 학급 간 격차의 원인이 학생에게 있음을 의미합니다. 즉 이런 방법은 학생 개인의 성장보다 집단의 성장에 초점을 맞추었다고 할 수 있습니다.

이런 기준에 반대하며 학생이 가진 가장 기본적인 자료를 기준으로 학급을 편성하는 학교도 생겨나고 있습니다. 생년월일이나 학생 이름의 가나다 순으로 반 편성을 하는 것이지요. 남녀 합반의 경우 남녀를 각각 구분해 생년월일, 학생 이름 가나다 순으로 나열한 후에 그룹핑하는 식입니다.

배치고사나 심리검사의 활용

◆◆◆

반 배치고사 결과는 해당 과목에 대한 학생의 출발점이 어디인지를 알려줍니다. 예를 들어 수학의 경우 반 배치고사 결과를 보면 초5, 6학년까지의 수학 실력과 보완해야 할 부분을 찾을 수 있습니다. 반 편성 심리검사도 마찬가지입니다. 지능의 다중요소를 이용한 기초학업능력 정보는 학생이 가지고 있는 우수 요인과 부족 요인을 확인할 수 있어서 학년초 담임 교사에게는 참고 자료가 될 수 있습니다.

기초학력 진단평가로 출발점 확인

서울시교육청은 매년 중학교 1학년 학생 전체를 대상으로 기초학력 진단평가를 실시합니다. 학생이 기초학력을 지니고 있는지를 파악하는 것입니다. 국어, 영어, 수학 교과에 대한 학년초 진단평가는 지도 및 상담의 기초 자료로 활용됩니다. 기초학력이 부진한 학생은 그에 맞는 학습 지원을 해주고, 부족한 부분은 보완하는 기회가 될 수 있습니다. 다만 기초학력 진단평가를 실시하는 시기가 학년이 시작되는 시기가 아닌 학기 중에 실시한다는 점에서 출발점을 측정하기에는 아쉬운 점이 있습니다.

반 편성을 위한 기초자료 수집 기간

중학교 1학년의 경우 입학 전에 반 편성이 진행되므로 학생에 대한 정보가 부족합니다. 따라서 반 편성 담당자는 가정통신문이나 문자를 통해 학부모님 대상으로 학급 편성 시에 고려해야 할 사항을 수집하는 경우가 많습니다. 대부분 배정통지서를 등록하는 날에 반 편성을 위한 기초자료 수집을 하거나 기간을 공지하므로 꼼꼼하게 체크해야 합니다.

쌍생아를 한 반으로 혹은 서로 다른 반으로 배정 요청하는 경우, 특수 학생으로 교실 배치를 고려해 달라는 경우, 사촌인데 서로 다른 반으로 배정되길 원하는 경우, 초등학교 때 관계가 좋지 않은 경우 등을 조사하게 됩니다. 다만 학부모님 입장에서는 고려 사항이라고 생각하지만 학교에서는 반 편성에 큰 영향을 미칠 사안이 아니라고 판단할 수도 있습니다.

중학교 2, 3학년의 경우에는 나이스(www.neis.go.kr) 교육행정정보시스템을 이용해 성적 등의 기준으로 학급을 편성합니다. 이 결과를 바탕으로 2~3회 정도 담임 교사 회의를 거쳐 컴퓨터가 찾아내지 못한 사람 사이의 관계를 고려해 명단을 조정합니다. 이때도 쌍생아 등의 고려 사항은 필수로 적용해 학급을 편성합니다.

학급 편성 결과는 바꿀 수 없습니다

◆◆◆

학급 편성 결과를 공지하는 날이면 관련 홈페이지나 알리미 사이트의 접속이 느려집니다. 대학 합격자를 발표하는 것처럼 다들 떨리는 마음으로 확인하겠지요. 원하는 대로 반 편성이 되면 좋겠지만 그렇지 않은 경우도 있습니다. 물론 학부모님 입장에서는 공부 잘하고 인성 좋은 아이들이 많은 학급에서 아이가 마음 편히 공부하길 바랄 것입니다. 하지만 그 마음은 다른 부모님들도 마찬가지입니다.

편성 결과가 나왔다면 아이 앞에서는 불만을 토로하기보다 주어진 상황에서 가장 긍정적인 피드백을 해주시길 바랍니다. 부모님이 학급 편성에 대해 불평하면 아이의 마음과 행동에도 그와 똑같은 반응이 나타납니다. 특히 반 편성 이후에 "우리 부모님도 마음에 안 든대요"라고 자기도 모르게 표현하다 보면 주위 친구들이나 담임 선생님과의 관계도 나빠질 수 있으니 주의해야 합니다. 반 편성에 대해서는 아이가 속한 그룹인 만큼 긍정적인 인정과 기대감을 갖게 해주는 것이 가장 필요한 자세입니다.

그럼에도 학교로 전화해 학급을 바꿔달라고 요청하는 경우가 있습니다. 하지만 한번 발표된 학급 편성 결과는 돌리기 어렵습니다. 학생 한 명을 바꾸기 위해서는 다른 학급의 학생이 이동해야 하기 때문입니다. 이미 반 배정 결과를 확인했는데, 다시 수정된다면 반가워할 사람은 없을 것입니다. 따라서 학교에서는 아주 특별한 경우를 제외하고는 학급 변경을 하지 않습니다. 예를 들면 학교 폭력 가해 학생과 피해 학생이 한 학급으로 배정된 경우 등이 있습니다. 학년말에 반 배정을 위해 담임 교사들이 2~3회 회의를 하는 이유가 바로 이런 상황을 예방하기 위함입니다.

중학교 교육과정
편제표

중학교 배정 통지서를 등록하면 아이들은 각종 가정통신문을 받아 옵니다. 입학 전에 이루어져야 하는 각종 안내 사항이 포함된 가정 통신문을 보면 이해하기 어려운 부분들이 있습니다. 그중 대표적 인 것이 '교육과정 편제표'입니다. 각종 숫자들로 이루어진 편제표 는 처음엔 낯설고 복잡해 보입니다. 하지만 아이가 고등학교에 가 서도 봐야 하는 것이 교육과정 편제표인 만큼 이번 기회에 어떻게 읽고 이해할지 알아두면 좋습니다.

교육과정 편제표란

◆◆◆

교육과정 편제표란 쉽게 설명하면 아이가 학교에서 어떤 교과를 학년별로 얼마나 듣는지를 나타내는 표를 말합니다. 고등학교 교육과정 편제표는 고등학교를 선택하거나 고교학점제에서 교과를 선택할 때 매우 중요합니다. 이에 반해 중학교 교육과정 편제표는 해당 학교에서 학년별로 편성된 교과 시수와 자유학기제 운영을 위해 교과와 창의적 체험활동의 시수를 어떻게 조정했는가를 살펴볼 수 있습니다. 그나마 중학교 교육과정 편제표는 고등학교 교육과정 편제표에 비해 쉬운 편입니다. 중학교 교육과정 편제표를 읽는 방법을 알아두면 고등학교 교육과정 편제표를 읽는 데도 무리는 없을 것입니다.

중학교 교육과정 편제표에는 3년 동안 아이가 배우는 교과목에 대한 시간이 숫자로 적혀 있습니다. 이 숫자 때문에 교육과정 편제표를 읽는 것이 어렵다고 느끼는 학부모들이 많습니다. 자유학기제 운영을 위해 교과 시수와 창의적 체험활동 시수를 조정했다는 이야기까지 들으니 더 혼란스럽습니다.

교육과정 편제표를 살펴보면 기준 시수, 편성 시수, 증감 시수가 나옵니다. 기준 시수는 교육과정 내에서 해당 교과가 반드시 실시되어야 하는 범위를 정해주는 것입니다. 편성 시수는 해당 학교가 여건에 맞게 편성한 시수를 말하며, 증감 시수는 기준 시수와 편성 시수의 차라고 볼 수 있는데 기준 시수의 20% 이내에서 증감이 가능합니다.

중학교 교육과정 편제표 이해하기

중학교 교육과정 편제표의 교과별 시수는 모두 17의 배수입니다. 한 학기를 17주로 본다면 17시간은 주당 1시간, 68시간은 주당 4시간 이루어집니다. 중학교에서는 각 학기당 교과 시수의 총합이 510시간이고, 창의적 체험활동은 51시간으로 이루어져 있습니다. 이때 학교체육 활성화를 위한 학교스포츠클럽 활동 시간 확보를 위해 학기당 17시간씩을 늘려 창의적 체험활동으로 68시간을 사용하게 됩니다. 즉 학기당 교과 시수 510시간과 창의적 체험활동 68시간을 합하여 총 578시간을 운영하는 것입니다.

그렇다면 서울의 한 중학교 교육과정 편제표를 살펴보겠습니다 (68쪽 참조). 교육과정 편제표를 볼 때는 먼저 기준 시수와 편성 시수부터 살펴보아야 합니다. 기준 시수는 국가교육과정에서 권장하는 시수를 의미하고, 편성 시수는 일정 기준 내에서 학교의 실정에 맞춰 계획한 시수를 말합니다.

기준 시수보다 편성 시수가 많은 경우 그 학교에서 주력하는 교과를 짐작할 수 있습니다. 편성 시수가 기준 시수보다 상대적으로

구분	기준시수	편성시수	증감시수	1학년 1학기 편성	1학년 1학기 조정	1학년 1학기 운영	1학년 2학기 편성	1학년 2학기 조정	1학년 2학기 운영	소계 운영	소계 조정	2학년 1학기	2학년 2학기	3학년 1학기	3학년 2학기
교과(군)															
국어	442	425	-17	68	-17	51	68		68	119	-17	85	85	68	68
사회(역사 포함)/도덕 — 사회	170	153	-17	51	-17	34	51		51	85	-17			34	34
사회(역사 포함)/도덕 — 역사	170 (510)	170 (459)	(-51)									51	51	34	34
사회(역사 포함)/도덕 — 도덕	170	136	-34	34		34	34		34	68		34	34		
수학	374	391	17	68	-17	51	68		68	119	-17	68	68	68	68
과학/기술·가정/정보 — 과학	374	391	17	68	-17	51	68		68	119	-17	68	68	68	68
과학/기술·가정/정보 — 기술·가정	272 (680)	238 (663)	-34 (-17)	34		34	34		34	68		51	51	34	34
과학/기술·가정/정보 — 정보	34	34		17		17	17		17	34					
체육	272	289	17	51	-17	34	51		51	85	-17	51	51	51	51
예술(음악/미술) — 음악	136	119	-17	34	-17	17	34		34	51	-17			34	34
예술(음악/미술) — 미술	136 (272)	136 (255)	(-17)									34	34	34	34
영어	340	323	-17	68	-17	51	68		68	119	-17	51	51	51	51
선택 — 한문		68												34	34
선택 — 환경															
선택 — 생활외국어(중국어)	170	34	-34									17	17		
선택 — 생활외국어( )															
선택 — 보건															
선택 — 진로와직업		34		17		17	17		17	34					
선택 — 기타( )															
자유학기 교과 시수										901	-119				
교과 시수 합계	3060	2924	-136	510	-119	391	510		510	901	-119	510	510	510	510
B. 창의적 체험활동															
자율 활동		159		27	-19	8	30		30	38	-19	27	30	27	30
동아리 — 동아리 활동		102		10	-10		17		17	17	-10	10	17	10	17
동아리 — 스포츠클럽	306	102 (408)	102	17	-17		17		17	17	-17	17	17	17	17
봉사활동		12		6		6				6		6		6	
진로 활동		33		8	-5	3	4		4	7	-5	8	4	8	4
창의적 체험활동 합계(B)	306	408	102	68	-51	17	68		68	85	-51	68	68	68	68
C. 자유학기 활동															
진로탐색 활동		41	41				41			41	41				
주제선택 활동	170이상	68 (170)	68 (170)				68			68	68				
예술 체육 활동		34	34				34			34	34				
동아리 활동		27	27				27			27	27				
자유학기 활동 합계(B)									170	170	170				
총계 (시간수)	3,366			578	-170	578	578		578	1156	0	578	578	578	578
이수과목 수(체, 음/미, 교양 제외)	8			8		8	8		8	8		8	8	8	8

높은 교과가 있다면 더 낮은 교과도 있습니다. 교과 편성 시수의 총합이 학기별로 510시간 이상 되어야 하기 때문입니다. 예로 든 학교의 경우 수학, 과학 시수가 기준 시수보다 17시간씩 더 많이 편성되어 주당 1시간을 더 학습한다는 의미입니다.

1학년의 경우 2, 3학년에서는 볼 수 없는 편성, 조정, 운영이라는 용어가 보입니다. 조정이란 학교에서 자유학기제 운영을 위해 편성한 시수에서 일부를 늘리고 줄이는 시수를 의미합니다. 편성 시수와 조정 시수를 더하면 운영 시수가 나옵니다. 68시간을 편성했는데 -17시간 조정했다면 51시간을 운영하는 것입니다.

국어 교과를 예로 들면 1학기에 68시간을 편성했는데, 자유학기제 운영을 위해 1학기에 -17시간을 조정해 51시간을 운영하겠다는 의미입니다. 주당 4시간씩 수업하던 것을 1학기에는 3시간씩 운영하는 것입니다. 이처럼 1학기(국어, 사회, 수학, 과학, 음악, 체육, 영어) 시간을 총 -119시간을 조정해 510의 한 학기 교과 편성 시수 중에서 391시간을 운영하는 것입니다.

창의적 체험활동(창체)의 경우도 마찬가지입니다. 창체는 자율 활동, 동아리 활동, 봉사 활동, 진로 활동으로 운영됩니다. 체육교육 활성화를 위해 학교스포츠클럽 활동을 동아리에 추가로 편성하여 1학년부터 3학년까지 주당 1시간 이상을 운영하기도 합니다. 자유학기제 운영을 위해 창체 시간 136시간 중에서 -51시간을 조정하여 운영합니다.

그렇다면 조정해서 줄어든 교과 시간 119시간과 창의적 체험활동 시간 51시간은 어디로 갔을까요? 이렇게 조정해서 만든 시간은 자유학기 활동 시간으로 편성해 운영합니다. 예시의 경우 진로탐색 활동 41시간, 주제선택 활동 68시간, 예술체육 활동 34시간, 동아리 활동 27시간으로 총 170시간을 자유학기 활동으로 운영한다는 의미입니다.

입학 등록 기간에 배부되는 신입생 3개년 교육과정 편제표를 살펴보면 3년 동안 어떤 교과를 배울지, 주당 몇 시간씩 배울지를 파악할 수 있습니다. 예시의 경우 국어, 영어, 수학, 과학, 기술가정, 체육 교과는 6학기에 모두 편성되고, 도덕 교과의 경우 1, 2학년에 편성되어 있습니다. 정보교과는 1학년 때만 배우고 한문은 2, 3학년 때 배웁니다.

'이게 큰 의미가 있을까?'라고 생각할 수 있지만, 표의 제일 아래쪽에 있는 이수과목(체육, 음악·미술, 교양 제외) 숫자를 보면 이유를 알 수 있습니다. 서울의 경우 이 숫자는 교과학습발달상황에서 성취도를 낼 수 있는 교과의 수인데, 학생들의 학습 부담을 덜어주기 위해 8개 교과를 초과하지 않도록 권장하고 있기 때문입니다. 1학년의 진로와 직업의 경우 교양 교과에 해당되어 8개 교과에 포함되지 않습니다. 물론 자유학기제로 운영되는 1학년의 경우 8개 교과는 이 의미와 다를 수 있지만, 근본적으로는 학생들의 학업 부담을 줄이기 위한 노력이라고 생각하면 됩니다.

중학교 1학년 시간표 읽기

◆◆◆

그렇다면 교육과정 편제표는 어떻게 시간표로 만들어질까요? 학년초에 가정통신문으로 안내하지만 이 부분에 대해 정확히 알고 있는 학부모님들은 많지 않습니다. 아래의 시간표는 앞서 예시로 제시한 교육과정 편제표를 참고해 중학교 1학년 시간표를 임의로 만들어본 것입니다.

중학교 1학년 1학기(자유학기), 1학년 2학기

	월	화	수	목	금
1					
2	교과 23시간 + 자유학기 활동 10시간 + 창체 1시간				
3	(창체와 동아리 활동은 격주 혹은 전일제로 연계 운영)				
4					
5	주제 선택		주제 선택		
6		예술 체육		진로 탐색	동아리/창체
7					

	월	화	수	목	금
1					
2	교과 30시간 + 창체 4시간				
3	(창체 동아리는 격주 혹은 전일제로 연계 운영)				
4					
5					
6					창체 동아리
7		창체			

먼저 교과 시간이 1학기 391시간, 2학기 510시간이라고 하면 17주로 나누었을 때 각 학기마다 주당 23시간, 30시간이 됩니다. 여기에 창의적 체험활동과 자유학기 활동은 격주나 전일제로 연계해 운영합니다.

대부분의 학교들이 교과 시간은 오전에, 자유학기 활동과 창의적 체험활동은 오후로 편성합니다. 집중할 수 있는 오전에 안정적으로 수업에 참여하고, 오후에는 프로그램의 특징에 따라 다양한 활동을 하도록 하기 위함입니다. 일부 학교에서는 월~목까지 교과 수업을 진행하고, 자유학기 활동을 금요일에 집중 편성하기도 합니다. 전국의 중학교 숫자만큼 학교의 자율성에 따라 자유학기제를 운영하는 방식과 학기(1학기 운영, 2학기 운영)도 다양합니다.

왔쌤의 Tip

교육과정 편제표와 시간표를 꼭 확인하세요

중학교 입학 전후에는 아이들이 학교에 적응하는 것을 돕기에도 바쁜 나날입니다. 그러다 보니 각종 안내 가정통신문을 살펴볼 시간이 부족합니다. 내용이 어렵고 복잡하다는 평계로 꼼꼼하게 읽어보지 못할 때도 있습니다.

특히 이제 중학생이 된 1학년의 경우 자유학기제 기간에는 교과명 외에도 다양한 활동을 하게 되는데 새로운 용어들이 익숙하지 않습니다. 그래서 학생들과 이야기하다 보면 자기가 참여하고 있는 프로그램이 주제선택 활동인지 예술체육 활동인지조차 파악이 안 되어 월요일 프로그램 혹은 화요일 프로그램이라고 말하기도 합니다. 자기가 배우는 수업이 어떤 프로그램인지도 모르는 아이에게 해당 수업에 대한 집중도나 의미는 낮을 수밖에 없습니다. 따라서 교육과정 편제표와 시간표를 안내하는 가정통신문이 배부되면 아이가 3년 동안 어떤 교과를 배우고, 자유학기제는 무엇을 배우며, 창의적 체험활동은 어떤 것들을 체험하는지 아이와 함께 꼼꼼히 살펴보아야 합니다.

중학교 학부모 상담

3월이 되면 학부모 상담이 있습니다. 학부모 상담은 한 해 동안 아이와 함께할 선생님과 학부모가 일대일로 만나는 첫 대면 시간입니다. 설레기도 하지만 긴장되고 초조한 마음에 학부모님들은 상담에 관한 정보를 찾아보고 미리 준비합니다. 그런데 초등 학부모 상담에 관해서는 초등 선생님이 운영하는 유튜브 채널이나 교육부, 교육청에서 운영하는 블로그 등에서 쉽게 볼 수 있지만, 중학교 학부모를 위한 자료는 많지 않습니다.

  학부모 상담을 위해 부모님들이 꼭 챙겨 보아야 하는 것이 있는데, 바로 '가정통신문'입니다. 대다수 중학교의 경우 학기별로 1회 이상 가정통신문이나 이알리미를 통해 상담 기간을 안내합니다.

신청 방법 등은 초등학교 때와 조금 다릅니다. 초등학교의 경우 담임 선생님이 상담 가능한 시간을 선택하라고 알려주면 그중에서 가능한 날짜와 시간을 고르면 됩니다. 부득이하게 상담 날짜나 상담 시간이 몰리는 경우 담임 선생님이 일정을 조정해 다시 안내해 줍니다. 그러면 상담 당일에 늦지 않게 교실로 방문해 정해진 시간인 20~30분 정도 선생님과 상담을 진행했습니다.

중학교의 경우에는 가정통신문을 통해 상담 기간만 공지합니다. 그러면 그 일정을 보고 학부모가 담임 선생님에게 어떤 부분을 상담하고 싶은지, 언제 하고 싶은지 등을 서류로 제출하고, 이 일정을 받아서 담임 선생님이 조정하는 식입니다. (코로나19로 인해 유선 상담을 하거나 구글로 설문조사를 받아 진행한 학교도 있습니다.) 상담 시간은 기본적으로 초등학교와 비슷하지만, 아이 상태나 담임 선생님 성향에 따라 늘어나기도 하고 줄어들기도 합니다.

선생님과 어떤 내용을 상담하면 좋을까요

◆◆◆

학부모 상담을 가기 전에 고민해야 할 것은 '상담할 내용'입니다. 선생님과 어떤 내용을 어느 정도까지 이야기해야 할지 고민하는 학부모들이 많습니다. 그런데 학부모 상담을 위해 상담 기록지를 작성하다 보면 부모 스스로 결론을 찾기도 합니다. 그런 부분은 굳이 상담하지 않아도 됩니다. 그런 점을 미루어보면 아이에 대해 부모가 오래도록 고민하는 시간을 갖는 것, 그것이 학부모 상담 기간의 의미입니다. 그럼에도 선생님과 어떤 것들을 주로 상담할지 고민된다면 ①건강 ②친구 관계 ③학습 ④진로의 4가지로 요약할 수 있습니다.

'건강'의 경우 아이의 염려되는 부분에 대해 학부모가 담임 선생님에게 미리 알려준다고 생각하면 됩니다. 어린 시절 특정한 병명으로 아팠다거나 특정 식품에 대한 알러지, 우유를 마셨을 때 생길 수 있는 일 등을 말합니다. 학부모 입장에서는 사소한 일이고 아이가 중학생이 되었으니 알아서 하겠지 하고 생각하면 안 됩니다. 사소한 부분이라도 문제가 생길 수 있는 부분은 선생님과 공유하는 것이 좋습니다.

'교우 관계' 역시 마찬가지입니다. 아이가 특별히 친구 문제로 힘들었던 경험이나 그 과정을 극복하면서 주변의 도움을 어떻게 받았는지 등에 대해 담임 선생님과 공유하면 비슷한 문제가 발생했을 때 도움을 받을 수 있습니다.

다음으로 '학습'에 관해서는 선행 정도, 아이가 생각하는 진로를 위해 어떤 공부를 어떻게 하는지, 가정에서는 학습 환경을 어떻게 조성해주고 있는지 등에 대해 어떤 이야기를 나눌지 고민해보면 됩니다.

마지막으로 '진로'의 경우 특목고나 예술고를 염두에 두고 있다면 초등 때부터 준비하고 있던 내용 등을 체크해두었다가 담임 선생님과 이야기를 나누면 됩니다.

　학부모 상담에서 가장 중요한 것은 나와 함께 내 아이에 대해 고민해줄 '학교에서의 보호자'를 만난다는 점입니다. 아무리 오랜 시간 이야기를 해도 선생님에게 아이에 대한 모든 것을 전달하거나 고민거리를 전부 상담할 수는 없습니다. 1년 동안 담임 선생님과 함께 아이에 대해 고민하고 공감하는 것을 상담의 가장 큰 목표로 생각해야 합니다. 내 아이를 끝까지 믿어주고 아껴줄 사람은 담임 선생님이라는 점만 기억하면 됩니다. 내 아이에 대해 함께 고민해줄 보호자를 만나는 시간이 바로 상담 시간입니다. 그것이 학부모 상담에 대한 첫 출발점이면 됩니다.

상담할 때 절대 해서는 안 되는 것들
◆◆◆

학부모 상담에 대해 미리 걱정하고 상담 당일에는 긴장해서 떨린다는 학부모들이 많습니다. 개인사에 대해 어디까지 말해야 할지, 할 이야기가 없으면 어떻게 해야 할지 고민하는 분들도 있습니다. 그런데 담임 선생님은 부모님들이 사전에 제출한 자료를 미리 파악하고 면담을 시작하기 때문에 그리 걱정하지 않아도 됩니다.

　기본적으로 가정의 분위기, 아이의 건강 상태, 현재의 학습 정도나 진로 등에 대해 선생님과 간단하게 공유하고 출발점을 동일하게 하는 정도면 됩니다. 아이에 대해 선생님과 부모님의 인식 정도를 동일한 출발점으로 만들겠다는 마음이면 됩니다.

간혹 전년도에 있었던 친구 문제, 왕따 문제, 학교 폭력 등의 심각한 문제에 대해서는 담임 선생님에게 공유해주어야 주의하고 눈여겨볼 수 있습니다. 간혹 아이의 단점을 말해도 되는지 고민하는 학부모들이 있습니다. 고민이 된다면 일정 기간 동안 담임 선생님이 아이를 관찰한 후에 이야기를 전해도 좋습니다. 부모에게는 단점이라고 생각했던 면이 학교에서는 아이의 장점이 될 수도 있기 때문입니다.

이처럼 상담할 때 해야 하는 것도 있지만 절대 해서는 안 되는 것도 있습니다.

첫째, 젊은 담임 선생님을 만났을 때 말이 짧아지면 안 됩니다. 직접 만날 때는 그러지 않는데, 젊은 선생님과 통화할 때 부모님 중에서는 자기도 모르게 '음', '어' 등의 감탄사를 쓰는 경우가 있는데 조심해야 합니다. 선생님은 학교에서 아이의 보호자임을 항상 잊지 말아야 합니다.

둘째, 선생님에게 부모 대신 아이에게 조언을 해달라고 부탁하지 마세요. 간혹 부모의 말보다 선생님 이야기에 더 귀를 기울인다고 "선생님께서 이렇게 좀 말씀해주세요" 하는 식의 부탁을 하는 경우가 있습니다. 굳이 부탁하고 싶다면 "최선을 다해서 가정에서 노력해볼게요. 선생님께서도 격려해주시면 아이와 저에게 힘이 될 것 같습니다" 하면서 간접적으로 선생님이 한마디라도 이야기해주길 요청하는 게 낫습니다.

셋째, 특목고를 고려하고 있으니 학교생활기록부를 잘 써달라는 말은 하지 않는 게 좋습니다. 인성이 바르고 학교생활을 잘하는 아이라면 그런 이야기를 하지 않아도 관심을 갖고 알차게 기록해줄 것입니다.

넷째, 담임 선생님이 교육에 대한 정보가 부족한 것 같다는 생각이 들어도 자신이 알고 있는 모든 교육 정보를 가르쳐주듯 이야기할 필요는 없습니다. 학교 내에는 진로나 교육에 대해 알려줄 전문가들이 모두 있습니다. 나중에 정보가 필요하면 진로진학 부장교사나 담당 과목 선생님에게 상담을 신청하면 됩니다.

다섯째, 아이의 학교에서의 모습이 집에서와 다르다는 사실을 부정하지 않아도 됩니다. 상담 중에 선생님이 학교에서 본 아이의 모습을 이야기하는데, 부모님이 생각하는 모습과 다르다고 적극적으로 변명하거나 부정하지 말고 받아들이는 모습을 보여주세요. 아이의 새로운 모습에 '귀엽네요' 정도의 반응을 보이면 됩니다.

중학교 선생님이 아이의 상담을 간다면

◆◆◆

교사인 제가 아이의 상담을 간다면 다음 4가지 내용으로 상담하고 싶습니다.

첫째, 선생님이 질문하는 내용에 대해 답하겠습니다. 부모가 혼자 너무 많은 말을 하면 선생님의 이야기를 들을 수가 없습니다. 따라서 선생님이 아이에 대해 궁금해하는 내용을 물어보면 그에 대해 상세히 답하는 상담을 하겠습니다. 보통 가정의 분위기, 건강 상태, 학습 정도, 학교와 가정에서 아이의 모습 등에 대해 물어볼 테니 그에 대한 대답을 준비하면 됩니다.

둘째, 혹시 나중에 선생님에게 연락할 일이 생기면 어떻게 하면 좋을지 물어보겠습니다. 학교 전화번호나 선생님 휴대전화 번호 등을 알려주면 문자, 카톡, 전화 등 어떤 것이 편한지, 시간도 함께 물어보겠습니다. 상담 날이 아니어도 다음에 연락할 방법을 미리 생각하는 것입니다.

셋째, 아이의 기분이나 건강 상태가 좋지 않은 날이면 간단한 문자를 부탁한다고 요청하겠습니다. 물론 선생님이 너무 바쁘면 힘들 수 있습니다. 그리고 '정말 안 좋은 날'일 때만 알려주면 된다고 이야기하겠습니다. 가정에서도 아이를 잘 보살피겠지만 혹여나 하는 마음에 부탁하는 것이니 부담 갖지 말라고 당부하겠습니다.

넷째, 아이의 관심 분야에 대해 이야기하고 학교에 관련 행사가 있다면 알려달라거나 아이에게 작은 격려를 해달라고 부탁하겠습니다.

교과 선생님과의 상담 기회를 놓치지 마세요

가정통신문에 보면 모든 학부모는 교과 선생님과의 상담이 가능하다고 되어 있습니다. 특목고나 예술고 등을 고려하고 있거나 아이가 특별히 관심을 갖고 있는 교과, 잘했으면 하는 교과가 있다면 관련 교과 선생님과 상담해보는 방법을 추천합니다. 중학교 시스템의 특성상 선생님이 너무 바쁜 경우 상담이 어려울 수 있지만, 전화나 이메일, 문자메시지 등으로도 충분히 상담할 수 있습니다.

2장

자유학기제 이해하기

중학교 1학년,
'자유학기제'가 필요해

아이가 초등학교를 입학할 때면 육아휴직을 하는 부모들이 많습니다. 그만큼 초등 저학년은 부모의 도움이 절대적으로 필요하기 때문입니다. 그런 아이가 초등 중학년 정도가 되면 학원을 다니고 공부에 대한 안내를 받기 시작합니다. 그러다 초등학교를 졸업하고 중학교에 입학하면 모든 면에서 초등학교와는 다른 경험을 하게 됩니다. 한마디로 중학교에서는 차원이 다른 공부가 시작됩니다. 수학, 영어를 포함해 교과마다 어려운 용어가 등장하면서 공부가 생각보다 쉽지 않다는 것을 느끼게 됩니다. 중학교 과정에서 '수포자'라는 용어가 자주 들리는 것도 이런 이유 때문입니다.

입시 위주의 주입식 교육과 한 줄 세우기 교육에 익숙한 우리 사회에서 기존 교육 시스템으로 아이들의 성장을 도울 수는 없습니다. 이런 어려움을 극복하기 위해 교육의 기본으로 돌아가자는 것이 바로 '자유학기제'입니다. 자유학기제를 통해 아이들은 학습의 즐거움과 자기주도학습 방법을 배우고, 자신의 개성과 강점을 발견하며 협력과 소통을 통한 학습 등을 경험할 수 있습니다.

자유학기는 더 잘 가르치고, 더 잘 배우는 학년이라고도 할 수 있습니다. 학생은 깊이 있는 탐색 활동 등을 통해 자기주도적으로 배움에 몰입하는 경험을 하고, 교사는 창의적인 수업 설계와 학생 개개인에 대한 지도와 피드백, 과정 중심 평가를 통해 가르치는 전문성을 제고하는 등의 교육적 의미를 가지고 있습니다.

자유학기제의 특징

◆◆◆

중학교 1학년 한 학기 동안에는 학생들의 희망과 관심을 반영한 자유학기 활동을 연간 170시간 이상 편성 운영하며, '학생 참여형 수업'과 '과정 중심 평가'가 이루어집니다. 학생은 자신이 원하는 바를 찾기 위해, 교사는 더 잘 가르치는 교사가 되기 위해, 학부모는 아이의 건강한 성장을 돕기 위해 각자의 자리에서 공부하는 시기입니다. 그렇다면 자유학기제의 특징에 대해 살펴보도록 하겠습니다.

첫째, 자유학기제는 '학생 참여형 수업'과 '과정 중심 평가'로 이루어집니다. 그동안의 주입식 교육에 치중된 학습에서 벗어나 토론과 실습, 활동 중심의 참여형 수업과 과정 중심의 평가가 이루어지는 것이 자유학기제의 가장 큰 특징입니다. 또 중간·기말고사와 같은 정기 지필고사를 실시하지 않으므로 결과만 평가하던 기존 평가 시스템과 달리 수행 과정에 대한 평가와 피드백이 이루어져 학생의 성장을 이끌어줍니다.

둘째, 학생들에게 필요한 핵심 역량을 발굴할 수 있습니다. 미래 사회에서 가장 필요한 창의성을 기르는 교육은 학교에서 중점적으로 다루어져야 합니다. 자유학기제는 협동과 의사소통을 통한 토론 등의 프로그램으로 개인의 역량을 개발해 창의성을 기르는 교육 내용과 방식을 지향합니다.

셋째, 다양한 진로탐색의 기회가 주어집니다. 자유학기제는 아일랜드의 전환학년제와 덴마크의 애프터스쿨레와 유사한 모델로 두 학기 동안 진로 교육을 통해 학생들의 꿈을 찾게 도와줍니다. 오전에는 교과 수업이 이루어지고, 오후에는 학교가 자율적으로 예체능과 토론, 동아리 활동 등을 선택해 운영하거나 진로 심리검사와 같은 상담을 병행해서 운영할 수 있습니다. 다양한 프로그램을 통해 학생들이 자신의 적성과 소질을 찾을 수 있도록 기회를 제공합니다.

아이의 중학교 입학을 앞둔 많은 부모님들은 공부에 대해 가장 많이 걱정합니다. 자유학기제 동안 시험이 없다 보니 아이들이 공부를 소홀히 한다는 선배맘들의 이야기에 더 불안해합니다. 여기에 자유학기일수록 선행 진도를 통해 이후 과정을 미리 준비하는 아이들이 많다는 사교육업체의 이야기를 들으면 불안감은 더 커집니다.

걱정하고 불안해하기보다 이 기간에는 아이 스스로 학습하는 방법을 배워야 합니다. 중학생이 되면 양적 질적으로 초등 과정과는 달라져야 합니다. 부모님이 설계해준 스케줄대로 움직이기보다 스스로 계획을 세우고 자신에게 가장 알맞은 공부 방법을 찾아야 합니다. 자유학기제 기간 동안 마음껏 도전하면서 자신만의 효율적인 학습법을 찾는다면 자유학기제가 아닌 학기와 학년의 중간고사에서 성과를 확인할 수 있습니다.

부모님들이 걱정하는 만큼 사실 아이들도 중학생이 되면 교복을 입고 초등학교 때와는 다른 학교 규정을 접하면서 긴장합니다. 그런 시기에 자유학기제는 중학 생활에 안정적으로 정착할 수 있는 기회가 됩니다. 가장 걱정하는 지필평가와 성적 등에 대한 고민은 잠시 접어두고, 내실 있는 중학 생활을 위해서 학습 자세와 능력, 마음가짐 등을 다질 수 있습니다.

자유학기제를 처음 접하는 부모의 자세

자유학기제는 아이와 부모가 어떻게 받아들이고 준비하느냐에 따라 앞으로 나아갈 방향을 찾는 기회가 될 수도 있고, 아무것도 대비하지 않은 채 허송세월을 보낸 한 해가 될 수도 있습니다. 한 학기간의 자유학기제를 아이가 유용하게 활용할 수 있도록 돕기 위해 부모님이 해야 할 것들을 정리해보았습니다.

첫째, 학기 초에 배부되는 자유학기제 관련 가정통신문을 자세히 살펴보세요. 3월에 입학하자마자 자유학기제가 시작되기 때문에 학기 초에 나오는 가정통신문은 하나도 빠뜨리지 말고 꼼꼼히 살펴봐야 합니다. 학교에서 진행하는 다양한 프로그램 중에서 아이와 상의해서 신청해야 할 것들이 많으니 참고하면 좋습니다.

둘째, 아이가 적극적으로 참여할 수 있도록 북돋아 주세요. 2, 3학년이 시험을 치르는 기간 동안 1학년은 체험 활동을 신청합니다. 이때 인원이 많이 몰려 아이가 원하지 않는 프로그램이나 체험을 하게 될 수도 있습니다. 그렇더라도 아이를 다독여주며 관심 없는 분야라 할지라도 적극적으로 참여할 수 있도록 해주어야 합니다.

중학교 때는 진로탐색을 하는 시기라서 좋아하는 것을 잘할 수 있는 것으로 발전시켜 나가는 것도 중요하지만, 전혀 관심 없는 분야에 도전함으로써 자신도 몰랐던 다른 재능을 찾을 수도 있습니다. 중학 3년의 교육과정에서 아이가 좋아하는 분야뿐 아니라 관심 없던 분야에 도전하는 것도 의미 있다는 태도를 갖는 것이 중요합니다.

셋째, 진로 심리검사 결과는 참고용입니다. 학기 초에 실시하는 흥미, 적성 등 진로 심리검사 결과와 자신의 성향이 다르다고 생각하는 학생들이 많습니다. 진로 심리검사 결과를 모두 받아들일 필요는 없습니다. 다만 다양한 경험을 해보는 것이 자신의 성향을 정확히 파악하는 데는 도움이 될 것입니다.

넷째, 교과 및 자유학기 활동에 적극적으로 참여하도록 격려해 주세요. 한 해 동안 시험이 없다고 좋아만 할 것이 아닙니다. 새로운 방식의 교육과정에 적극적이고 긍정적으로 참여하는 태도가 필요합니다. 중학교의 교과 수업은 토의토론, 거꾸로 수업, 발표 수업, 프로젝트 수업, 모둠 활동 등 학생 활동 중심으로 진행되며, 교사는 학생의 참여 과정을 평가합니다. 적극적인 참여가 자존감과 자신감을 키우고 학력도 높이는 원동력이 됩니다.

자유학기 활동

자유학기 활동은 학생들에게 핵심역량을 길러주고 유의미한 학습 경험을 줄 수 있어야 합니다. 그런데 자유학기제에 대해 자세히 모르는 경우 중학교에 입학하자마자 선택해야 하는 것들이 너무 많아 힘들 수 있습니다. 부모님들 역시 자유학기 활동에 대한 이해도가 높지 않아서 아이의 선택을 도와주는 것이 버거울 수 있습니다. 이번에는 다양한 자유학기 활동에 대해 살펴보도록 하겠습니다.

자유학기 활동은 교과와 창의적 체험활동 시수를 조정하여 170시간을 운영합니다. 자유학기 활동을 크게 구분해보면 ①주제선택 활동 ②예술체육 활동 ③동아리 활동 ④진로탐색 활동으로 나눌 수 있으며, 학교 여건에 따라 다르게 운영되기도 합니다.

먼저 주제선택 활동은 학생의 흥미와 관심사를 반영한 교과 연계 전문 프로그램이라고 할 수 있습니다. 교과에서 확장된 다양한 주제를 배우는 수업으로, 학생들에게 학습 동기를 유발하고 전문적인 학습 기회를 제공합니다. 특히 주제선택 활동은 주어진 프로그램 중에서 흥미와 관심이 있는 분야를 선택하게 되므로 학생들의 참여도가 매우 높은 편입니다.

예술체육 활동은 음악, 미술, 체육 과목에서 확장된 다양하고 내실이 있는 문화, 예술, 체육 활동입니다. 경쟁 대신 학생들의 소질과 잠재력을 계발하고, 행복감을 높이는 활동을 통해 학생의 인성과 감성 역량을 높일 수 있습니다. 예를 들면 연극이나 뮤지컬, 오케스트라, 작사와 작곡, 디자인, 축구 등이 있습니다. 학교에 따라 '예술과 수학의 만남', '종이접기 수학', '학교폭력예방 뮤지컬 만들기' 등 여러 가지 융합 프로그램이 운영되기도 합니다.

다음으로 동아리 활동은 공통된 관심사에 따른 자발적 참여가 바탕이 됩니다. 학생의 자율성을 최대한 보장하는 학생 주도의 자치 활동도 있고, 관심 분야의 특기 적성을 개발하는 동아리 활동도 있습니다. 기존 창의적 체험활동의 동아리 활동과 비슷하다고 생각하면 됩니다.

마지막으로 진로탐색 활동은 학생들이 자신의 적성과 소질을 탐색해 스스로 미래를 설계할 수 있도록 능동적 자기주도학습 기회를 제공합니다. 자기 탐색이나 세상 탐색, 직업 탐색 등의 프로

슬기로운 중학 생활

그램을 운영하고, 교과 연계 프로그램이 진행되기도 합니다. 학교에서 이루어지는 각종 적성검사나 자기이해검사, 진로직업체험 프로그램 등이 진로탐색 활동에 해당합니다.

주제선택 활동과 예술체육 활동

◆◆◆

주제선택 활동과 예술체육 활동은 학급 수보다 추가적으로 프로그램을 편성해 학생들에게 선택의 기회를 주고 있습니다. 학급 수보다 더 많이 편성하면 프로그램 종류는 늘어나고 학생 수는 그만큼 줄어들어서 학생 개개인에 대한 교사의 피드백도 내실 있게 운영됩니다. 만약 1학년이 8개 학급이라면 10개 프로그램 정도를 준비해 학생들이 그중에서 2개를 선택하는 것입니다. 프로그램 회차는 대부분 8주씩 1기와 2기로 나누어 운영하는데, 1회당 2시간씩 운영하면 회당 2시간 × 8주 × 2기 운영으로 안내됩니다.

대부분 학교에서는 2월에 주제선택 활동과 예술체육 활동 담당교사가 정해집니다. 이전년도 교육과정위원회에서 시수가 조정된 교과 선생님들이 포함되는 경우가 많습니다. 특히 담당 교사들이 해당 교과와 연계해 운영하는 경우가 많은데, 수학 교사의 경우에는 수학체험반, 수학역사탐구반 등을 운영하는 방식입니다.

다음은 서울 한 중학교의 주제선택 활동 안내 자료 중 일부입니

다. 이 학교는 1학기에 주제선택 활동을 2시간씩×8회×2기×주2
회 운영합니다. 즉 학생은 주어진 주제선택 활동에서 A요일에서 2
개, B요일에서 2개를 선택할 수 있습니다.

중학교 자유학기제 주제선택 활동 예시

A요일 주제선택 활동			B요일 주제선택 활동		
순	프로그램	연계교과	순	프로그램	연계교과
1	내가 만드는 세계여행	영어	1	독서통합논술	국어
2	미드로 배우는 미국 문화	영어	2	나도 작가	국어
3	문학 속으로 떠나는 즐거운 여행	국어	3	노래로 배우는 영어	영어
4	나만의 소설쓰기	국어	4	영어로 우리문화 소개하기	영어
5	과학원리탐구반	과학	5	작은 수학자	수학
6	숨은 과학 찾기	과학	6	삶다수(삶 속의 다채로운 수학)	수학
7	체험수학	수학	7	지구가 온몸으로 하는 말	과학
8	보드게임과 퍼즐	수학	8	연극! 놀이와 배우	과학
9	기업가정신 'CEO창업 체험'	진로	9	일상생활에서 만나는 보건	보건

예술체육 활동도 예를 들면 다음과 같습니다. 체육활동과 예술
활동으로 구분한 다음 각각을 선택합니다. 체육 활동은 1시간씩 8
회로 2개 프로그램, 예술 활동은 2시간씩 8회로 2개 프로그램에
참여할 수 있습니다. '개인 위탁'이라는 말은 외부 전문강사와 학교
선생님이 함께 수업을 진행한다는 의미입니다.

중학교 자유학기제 예술체육 활동 예시

순	체육 활동	지도	순	예술 활동	지도
1	방송댄스	개인위탁	1	종이접기 수학	교사
2	놀이체험 I	교사	2	우쿨렐레 삥빵뽕	개인위탁
3	놀이체험 II	개인위탁	3	더빙&스피치	교사
4	탁구	교사	4	내 안의 아티스트	개인위탁
5	구기 1	교사	5	베이킹 예술	교사
6	구기 2	개인위탁	6	문방사우 캘리	교사
7	요가 및 필라테스	교사	7	보컬리스트	개인위탁
8	자전거	개인위탁	8	D.I.Y.	교사
9	스포츠 직업 탐색	교사	9	즐거운 기타	개인위탁

동아리 활동

◆◆◆

동아리 활동은 1학년을 중심으로 자유학기 동아리 활동으로 운영
할 수도 있고, 창의적 체험활동과 연계해 3개 학년을 함께 모아 운
영할 수도 있습니다. 1학년만을 대상으로 운영하면 동아리 종류는
많지 않습니다. 하지만 한 학년만으로 구성되어 있어서 의사소통
이 원활하고, 같은 학년 내에서 리더십을 키울 기회가 더 많을 수
있습니다. 반면 3개 학년을 통합해 운영하면 다른 학년들과의 교
류를 통해 새로 배울 수 있는 내용이 많다는 장점이 있습니다. 이
경우 기존 창의적 체험활동의 동아리 활동과 유사하게 진행됩니
다. 동아리 활동과 관련된 내용은 학교생활기록부에서 '창의적 체
험활동_동아리 활동'에서 자세한 내용을 확인할 수 있습니다.

진로탐색 활동

◆◆◆

진로탐색 활동이란 학생이 자신의 소질과 적성을 탐색해 스스로 미래를 설계하는 능동적인 자기주도학습 기회를 갖도록 해주는 것입니다. 단순 일회성 체험이 아닌 교과와 연계한 학습 과정으로서 사전-체험-사후 활동이 유기적으로 연계된 학습 경험을 제공합니다. 이를 위해 학교에서는 진로 학습, 진로 상담과 검사, 진로 체험, 진로 포트폴리오 활동 등으로 기회를 확대하기 위해 프로그램을 설계합니다.

진로탐색 활동에서는 현장 직업 체험활동이나 진로 콘서트, 직업인과의 만남, 찾아가는 진로체험 등을 함께 운영합니다. 진로탐색 및 상담지도 활동을 체계적으로 기록 관리할 수 있도록 진로 포트폴리오를 활용하기도 합니다.

자유학기 활동을 선택하는 기준

◆◆◆

학교생활기록부의 자유학기 활동에는 이수 시간과 영역별 특기 사항을 기록해야 합니다. 모든 학생을 대상으로 활동 내용이나 참여도, 흥미도 등을 종합 평가해 활동 과정이나 참여 및 태도, 활동 후 성장 정도 등을 학생의 개별적 특성이 구체적으로 드러나도록 입력합니다.

자신이 참여한 프로그램에 대해 모든 학생들은 서술식으로 평가 결과를 받게 됩니다. 그러다 보니 주제선택 활동이나 진로탐색 활동에서 아이의 진로와 연관된 프로그램을 반드시 선택해야 할지 묻는 경우가 있습니다. 아이가 특목고 진학을 생각하는 경우 자기소개서 작성이나 학교생활기록부 관리 차원에서 유리할 것이라고 판단하기 때문입니다. 예를 들어 과학고 진학을 고려하는 학생이 과학원리탐구반이나 숨은과학찾기 등을 선택하거나 세무사를 꿈꾸는 학생이 세무사 직업 체험을 하는 것처럼 말입니다.

물론 진로직업과 연관된 프로그램에 참여하면 자기소개서를 작성하거나 학교생활기록부를 관리하는 것이 수월할 수 있습니다. 하지만 중학교 진로 교육의 목적이 진로탐색인 만큼 학생이 반드시 그 시기에 진로를 결정해야 하는 것은 아닙니다. 이와 마찬가지로 학생이 원하는 진로와 관련된 프로그램을 반드시 경험해야 하는 것도 아닙니다.

그렇다면 어떤 프로그램을 선택해야 아이에게 도움이 될까요? 다년간의 자유학기 활동 운영 경험으로 볼 때 아이가 가장 관심을 갖는 프로그램을 선택하는 것이 좋습니다. 창업 프로그램에 대해 아무것도 모른 채 참여했지만 높은 관심과 참여도를 나타내면서 창업가로서의 자질을 키울 수도 있습니다. 가끔 진로와 연관성 높은 프로그램에 참여하면 도움된다는 정보를 접한 부모님이 프로그램을 선택하는 경우 아이들이 편성 결과를 변경해달라고 요청하는 경우도 있습니다. 따라서 아이가 평소에 관심 있었던 분야, 자신이 해보고 싶은 분야에 도전할 수 있도록 해주는 것이 가장 좋습니다.

자유학기제의
수업과 평가

초등학교와 마찬가지로 중학교에서도 학부모를 대상으로 연 2회 이상 공개 수업을 진행합니다. 중학교 수업은 어떤 방식으로 진행되고, 아이들이 어떻게 수업에 참여하는지를 볼 수 있는 기회라 중학교 1학년 학부모님들이 가장 많은 관심을 보이고 참여합니다. 그런데 수업참관록을 받아보면 기대에 못 미친다는 의견이 많습니다. 예전의 강의식 수업이나 발표식 수업에 익숙한 부모님들이 보기에 자유학기제로 달라진 수업과 평가 방식이 낯설다고 느낄 수 있습니다.

달라진 수업 방식

◆ ◆ ◆

예전에는 '나 홀로 45분'이라는 별명을 가진 선생님들이 있었습니다. 아이들과 주고받는 소통 없이 45분 동안 혼자서 수업하는 선생님을 말합니다. 지금도 간혹 이런 수업을 진행하는 선생님이 있기도 하지만 수업에 대한 의미는 많이 바뀌었습니다. 요즘은 수업을 교사와 학생들이 서로 교류하면서 성장하는 과정이라고 말합니다. 교사는 학습 안내자나 조력자로 역할이 바뀌었고, 수동적 학습자의 역할에 불과했던 학생은 주도적 학습자로 변했습니다. 교육 목표는 지식 전달 위주의 학습에서 실천 중심의 체험과 탐구형 학습으로 이동했고, 교육 영역도 학교 밖으로 확장되어 삶과 배움을 연계하는 교육으로 바뀌었습니다.

그렇다면 학교 수업은 인터넷이나 동영상 강의와 무엇이 달라야 할까요? 이제 학교 수업은 학습 개념을 이해할 수 있는 역량을 기르는 데 초점을 두어야 합니다. 자신이 기존에 가지고 있던 지식과 새로운 지식을 받아들여 결합시킬 수 있는 힘 말입니다. 이를 위해 학교에서는 교과 특성에 맞게 다양한 수업 방법을 활용해 학생들의 참여와 활동, 그리고 배움을 이끌어내고 있습니다. 대표적인 수업 방법을 몇 가지 살펴보겠습니다.

먼저 '거꾸로 수업'이 있습니다. 거꾸로 수업은 온라인으로 먼저 학습을 한 후에 오프라인 강의에서는 토론이나 협력 학습 등을 진

슬기로운 중학 생활

행하는, 이른바 역진행 수업 방식으로 '플립러닝Flipped Learning'이라 고도 합니다. 기존의 전통적인 수업 방식과 반대되는 개념으로 수 업에 앞서 학생들이 교사가 제공한 강의 영상을 미리 학습하고, 수 업 시간에는 토론이나 과제 풀이를 진행하는 형태의 수업 방식입 니다. 이는 수업 시간에 부족한 부분을 보완하면서 학습 영역을 확 장할 수 있다는 이점이 있습니다. 하지만 영상을 미리 학습해야 한 다는 것이 학생 입장에서는 불편하고 귀찮을 수 있다는 단점이 있 습니다.

두 번째로 '하브루타havruta 수업'이 있습니다. 하브루타 수업은 짝을 지어 질문하고 대화, 토론, 논쟁하는 것으로 친구끼리 배우고 가르치는 수업 방법을 말합니다. 히브리어 '하베르(친구)'에 어원이 있으며 유대인들의 탈무드 공부법이 기원입니다. 대화나 토론, 논 쟁을 통해 하나의 정답을 찾는 것이 아니라 가장 좋은 답을 얻는 것을 목적으로 합니다.

세 번째로 '비주얼씽킹visual thinking 수업'이 있습니다. 비주얼씽킹 수업은 생각과 정보를 글, 도형, 기호, 색상 등을 활용해 시각적으 로 표현하고 공감하며 나누는 수업 방식입니다. 대부분의 학교급 이나 교과, 비교과 활동에 적용할 수 있으며, 다양한 수업 방식과 자유롭게 연계할 수 있습니다. 수업 중 학생들의 사고 과정을 관찰 할 수 있으며, 빠르게 결과물을 파악할 수도 있습니다. 비주얼씽킹 수업은 학습 동기를 부여하고, 흥미를 유도할 수 있으며, 학생 간에 활발한 상호작용을 할 수 있습니다. 창의력과 표현력, 집중력을 향상시킬 수 있고, 생각정리 기술과 기억력도 높일 수 있습니다.

예전과 다른 수업 방식은 거꾸로 수업, 하브루타 수업, 비주얼씽킹 수업만 있는 것이 아닙니다. 수업 방법 사이에 높은 벽이 있는 것도 아닙니다. 다양한 수업 방법이 결합해 새로운 수업을 만들어 낼 수도 있습니다.

학생은 교사가 제공하는 영상을 보며 미리 학습하고, 수업 시간에는 친구들과 짝을 지어 서로 배우고 가르치는 시간을 갖는다면 거꾸로 수업과 하브루타 수업의 결합이라고 할 수 있습니다. 미리 학습한 내용에 대해 시각적으로 표현하고 공감하며 나눈다면 거꾸로 수업과 비주얼씽킹 수업의 결합이지요. 이외에도 다양한 수업 방법이 독립적이고 상호보완적으로 결합해 또 다른 수업 방법을 만들어냅니다.

가장 중요한 것은 학생이 학습의 주체로서 참여하고 활동할 수 있도록 배움 중심의 학습이 이루어지도록 하는 것입니다. 이러한 교사의 노력에 학생이 능동적 학습자로서 수업에 임한다면 타인과의 소통 능력과 협업 능력은 물론 다양한 역량을 배우며 성장할 수 있습니다.

과정을 중시하는 교육

◆◆◆

자유학기제 기간에는 지필평가 대신에 '학습 과정'에 초점을 둔 수행평가 중심으로 평가가 이루어집니다. 학습 결과만을 평가하는 기존의 평가 방식과는 달리 수업 중에 이루어지는 수행과정 전반을 평가한다는 뜻입니다. 다시 말해 수업에 참여하는 학생의 태도와 모든 학습 과정이 평가의 대상이 됩니다. 예를 들어 수학 시간에 작도를 배우고 이를 활용해 주어진 문제를 해결하는 과정, 조별로 협력해 과제를 완성하는 과정 자체가 과정 중심의 평가가 될 수 있습니다.

학생 중심의 수업과 과정 중심의 평가에 대한 결과는 학교생활기록부의 교과학습발달상황에 학업 성취도는 기록되지 않고 과목별 세부능력 및 특기사항만 기재됩니다. 수업과 과정 중심 평가를 통해 교사가 관찰한 학생의 성취 수준과 성장 정도, 역량 등을 기록하게 됩니다.

기존에는 활동 중심의 수업을 하다가도 수행평가를 위한 시간을 별도로 마련해 운영했습니다. 학교생활기록부 기록도 수업이나 평가 과정에서 보여주는 학생 개인별 특성보다는 교과별 교육과정에서 제시하는 문항을 변형해 일괄적으로 입력하기도 했습니다. 하지만 자유학기제에서는 학생의 개별적 성장을 중시하고 있어 학생의 참여와 활동, 과정 중심 평가가 일직선상으로 기록됩니다.

자유학기제를 대비하는 학습 방법

◆◆◆

많은 학생들이 '자유학기제는 시험이 없는 학년'이라는 함정에 빠지는 것 같습니다. 학교에서 지필고사를 보지 않고 정량적인 성적이 기재되지 않는다는 생각에 자유학기 동안의 과정을 허투루 보내는 경우가 있습니다. 선행학습을 쫓아가느라 중1 과정을 소홀히 하는 경우도 보았습니다. 그런데 고등 수학까지 선행한 아이가 중1 수학 개념을 정확히 이해하지 못해 헤매는 경우도 꽤 있습니다.

달라진 수업과 과정 중심 평가는 자유학기제가 아닌 학기, 학년에서도 같은 방식으로 운영됩니다. 다만 지필평가가 실시되고 학업성취도를 산출한다는 점만 다를 뿐입니다. 중학교 자유학기제 기간에 수업에 적극적으로 참여하고 과정 중심 평가에 익숙해질수록 다음 학년 수업과 과정 중심 평가에서 좋은 결과를 받을 수 있습니다. 이를 위해 중1 때부터 실천할 수 있는 방법은 다음과 같습니다.

먼저 예습과 복습 습관을 지켜야 합니다. 자유학기 활동을 하느라 교과 수업이 조정되었지만, 주어진 교과 진도는 모두 나가기 때문에 수업 진도가 평소보다 빠르다고 느낄 수 있습니다. 따라서 수업 내용을 제대로 이해할 수 있도록 예습과 복습을 습관화해 자신만의 학습 기반을 마련해두어야 합니다.

다음으로 과정 중심 평가에 대한 적응력을 키워야 합니다. 자유

슬기로운 중학 생활

학기제가 아닌 학기와 학년부터는 지필평가와 수행평가를 합산해 성적을 산출하므로 수행평가에 대한 적응력을 미리 키워야 합니다. 대부분이 과정 중심 평가로 이루어지는 자유학기제는 수행평가에 대한 적응력을 키울 수 있는 가장 좋은 기회입니다.

마지막으로 과목별 공부 방법을 익혀야 합니다. 자유학기제 기간 동안 지필평가는 보지 않지만, 형성평가 형식의 간단한 평가를 통해 학생의 실력을 확인하기도 합니다. 그런데 학업성취도를 산출하지 않기 때문에 미리 준비하지 않는 학생도 있습니다. 이런 경우 현재 학년의 학습결손으로 이어지기 쉽고, 다음 학기 혹은 학년의 교과 학습에서 문제점이 발생할 수 있습니다. 시간적으로 여유가 있는 중학교 1학년 자유학기 기간에 교과별 학습 방법과 학업 역량을 키워야 합니다.

왔쌤의 Tip

자유학기제 기간에 아이의 수업 태도를 본다면

자유학기제로 인해 중학교 교실은 이전과 많이 달라졌습니다. 학생이 학습 자료를 직접 만들어 발표하거나 가르치기도 합니다. 새롭게 배운 내용을 그림과 기호만을 사용해 표현하기도 합니다. 이러한 활동의 결과뿐만 아니라 모든 과정이 평가 항목이 될 수 있습니다. 시험과 점수로 아이의 실력을 가늠하는 데 익숙한 부모로서는 전혀 이해하기 어려운 상황일 수 있습니다. 중학교의 달라진 수업 방식과 평가에 적응할 수 있도록 부모가 해줄 수 있는 방법을 소개할까 합니다.

먼저 과제나 발표 준비의 과정을 시간 낭비라고 생각하지 마세요. 간혹 부모님 중에 학원 숙제할 시간도 부족한데, 학교 과제가 너무 많다고 불만을 제기하는 경우가 있습니다. 학원보다 학교가 우선시되어야 함은 당연합니다. 부모가 먼저 학교 수업보다 학원 수업을 높이 평가하는 자세는 자제해야 합니다. 또한 중학생이 된 아이들은 모든 과제와 발표가 처음입니다. 시간적 여유가 있는 중학교 1학년 시기에 과제나 발표 준비에 대해 경험을 쌓아간다고 생각해주세요. 그러면 학년이 올라갈수록 요령 있고 세련된 과제 수행 능력을 갖추게 될 것입니다.

다양한 수업에 대해 긍정적인 사인을 보내주세요. 강의식 수업은 학습 내용을 한번에 설명해주는 식이라 효율적이라고 여겨지곤 합니다. 하지만 교사가 자신의 방식대로 지식을 재구성해 전달하게 되므로 학생 입장에서는 주체적으로 받아들이기 어려울 수 있습니다. 이런 수업 방식으로는 새로운 정보를 능동적으로 받아들일 수 있는 학생의 역량을 키우지 못합니다.

미래 사회를 살아갈 학생들에게는 다양한 수업 방법으로 지식과 정보를 능동적으로 조직할 수 있는 힘을 키워주어야 합니다. 그러려면 강의식 수업 외에 다양한 수업 방법을 시도하는 선생님들에게 긍정적인 사인을 보내야 합니다. 부모님들의 긍정적인 믿음이 교사에겐 힘이 되고, 학생들에게는 다양한 수업 방법을 통해 자신의 역량을 키우는 기회가 될 것입니다.

자유학기제 활동보고서, 학교생활통지표

자유학기제 기간에는 지필평가를 실시하지 않습니다. 그래서 아이가 공부를 잘하고 있는지, 프로그램에 참여하는 태도가 어떤지를 알 수 없어 답답하다는 부모님들이 있습니다. 실제로 과정중심 평가 결과만으로는 학생의 학습 수준이나 상태를 파악하기가 어려울 수 있습니다. 이를 감안해 학교에서는 학생성장기록지나 학교생활통지표 등으로 아이의 교과 활동과 성취 수준 등을 안내하고 있습니다. 다만 학생의 성취도와 성장 정도는 학교생활기록부에 문장으로 기록되기 때문에 숫자와 등급에 익숙한 학부모님들 입장에서는 어떻게 해석해야 할지 몰라 어리둥절해하기도 합니다.

학교생활통지표 이해하기

◆◆◆

학교생활통지표는 과목별 서술 평가와 자유학기 활동의 교육 활동, 출석 상황, 가정통신문으로 구분됩니다. 과목별 서술 평가의 경우에는 학습 영역과 그에 따른 성취 기준, 학생의 활동에 대한 평가 내용이 포함됩니다. 자유학기 활동의 경우에는 주제선택 활동, 예술체육 활동, 진로탐색 활동, 동아리 활동 영역별로 활동명과 그에 대한 교육활동 내용으로 기록됩니다. 다음은 국어와 수학 과목의 서술 평가 예시입니다.

과목	학습 영역	영역 성취 기준
국어	말하기	토론 주제에 관하여 자신의 의견을 논리적으로 말할 수 있다.
	듣기	상대방의 의견을 듣고 의미를 이해할 수 있다.
	쓰기	주제에 대한 자신의 생각을 표현할 수 있다.
	급우들의 발표에 적극적으로 호응하며 최선의 답을 찾기 위하여 노력하는 적극적인 수업 태도를 보임. 짝과 함께 갈등 상황에서 공감적 대화가 오가는 상황극 대본을 만들어 발표하는 활동을 통해 대화 상대의 처지와 기분을 이해하는 말하기를 체험해 보였음. 한편 시의 표현 방식을 배우고 이를 활용해 다른 사람도 이해하기 쉬운 한 편의 시를 완성함. 표현 방식을 보다 다양화한다면 더 좋은 시를 쓸 수 있을 것으로 기대됨. 표현 능력이 뛰어나지는 않지만, 타인과 대화하기를 좋아하고 급우들의 발표를 경청하는 태도로 보아 앞으로 발전 가능성이 높음.		

수학	기본도형	기본도형의 개념을 이해하고 삼각형을 작도하며 삼각형의 합동여부를 판별할 수 있다.
	평면도형과 입체도형	다각형, 부채꼴, 다면체, 회전체의 성질을 이해하고 입체도형의 겉넓이와 부피를 구할 수 있다.
	통계	자료를 정리하고 해석할 수 있다.
	기본도형, 평면도형과 입체도형, 통계 단원의 수학적 개념을 이해하고, 해당 응용문제를 해결할 수 있음. 변신 입체도형 전개도를 작도하여 사각뿔과 사각기둥의 부피 관계를 설명할 수 있음. 종이로 트러스 아치형 구조를 만들고, 무게 버티기 실험을 통해 삼각형 구조물의 안정성을 확인함. 신문 기사 속의 통계 그래프 오류를 찾아 내용을 수정할 수 있음. 수학 기호를 사용하여 문제 풀이 과정을 논리적으로 서술할 수 있고, 문제해결력능력 함양을 위해 노력하는 모습이 인상적인 학생임.		

국어 과목의 경우 학습 영역을 '말하기', '듣기', '쓰기'와 같이 행동으로 나누었고, 각 영역별로 '~할 수 있다'와 같이 학생이 성취해야 하는 수준을 제시하고 있습니다. 서술 평가의 경우 점수나 등급을 포함해 문장으로 서술하는데, 예시에서 보면 영역 성취 기준에 활동 내용이나 태도 및 역량 등을 포함해 기록했습니다.

수학 교과의 경우에는 단원별 학습 영역에 따른 성취 기준을 보여주고, 그에 따른 성취 수준을 기록했습니다. 성취 수준이란 성취 기준에 따라 '잘함', '보통', '미흡' 혹은 A, B, C 등으로 수준을 정해둔 것인데, 이러한 성취 수준을 활용해 학교생활통지표를 입력하는 경우입니다.

위의 예시에서 '응용문제를 해결할 수 있음'은 A, '기본문제를 해결할 수 있음'은 B, '간단한 문제를 해결할 수 있음'은 C 수준에 해당한다고 볼 수 있습니다. 또한 수업 시간에 활동한 내용과 참여 태도 등을 함께 기록해 학생의 인지적, 정의적 성장을 서술하기도 합니다.

다음은 자유학기 활동의 교육 활동에 관한 내용입니다. 교육 활동에는 성취 기준에 따른 성취 수준을 입력하거나 학생의 활동 내용과 참여도, 성장 정도를 기록합니다.

영역 구분	활동명	교육 활동
진로탐색 활동	진로탐색 및 체험	다양한 전문직업 분야를 이해하기 위한 진로탐색 과정에 참여하고, 관련 직업체험 활동을 통해 해당 직업을 이해하는 활동을 함. 다양한 생물들의 주요 특징, 축양, 사육 시 적정 먹이 공급 및 먹이 반응을 살펴보고, 관심 있는 생물의 서식 형태와 질병 및 안전사고 예방법을 배우며 특수 동물사육사라는 직업을 이해하는 기회를 가짐.
주제선택 활동	영상 스토리 창작	동영상 편집 프로그램을 잘 다루고 미디어 활용 능력이 우수함. 모둠 구성원들과 함께 스토리를 만들고 촬영, 연기, 편집 작업에 즐겁게 참여하여 영상 작품을 완성함. 영상으로 이야기하는 활동을 체험하면서, 자신을 적극적으로 표현하고 다른 사람들의 이야기에 귀를 기울이는 등 모둠 구성원들과 의사소통을 잘하고 협력적인 태도를 보임.
예술체육 활동	배구	배구 언더핸드 토스의 원리와 쓰임에 대해 바르게 이해함. 언더핸드 토스 시 공의 위치에 따라 신체를 빠르게 이동시킬 수 있음. 무릎의 반동을 이용할 수 있으며 정확한 위치에서 공을 쳐서 올릴 수 있고, 목표를 성취하기 위해 열심히 노력하는 모습이 돋보임.
동아리 활동	와이즈 수학탐구반	알지브릭스, 나이트투어, 스트링타워, 이미지 인식의 원리 배우기 등의 쌍방향 수업 활동에 적극적으로 참여함. 칼레이도사이클과 스파이드론, 프랙탈의 원리에 대해 익히고, 그 배움의 과정을 동영상으로 제작하여 동아리 시간에 공유하였음. 매사에 적극적인 자세로 프로그램에 참여하는 모습이 돋보였고, 활동보고서 등에 자신의 학습 과정을 꼼꼼하게 서술하였으며 배우고 느낀 점을 성실하게 작성함.

자유학기 활동에서는 각 영역별로 학생이 참여한 프로그램과 세부적인 활동이 기록되어 있습니다. 프로그램명과 그에 따른 세부적인 활동 내용과 학생의 성장이 포함됩니다. 4가지 영역 모두 학생이 참여한 프로그램 명칭과 함께 활동한 내용, 학생의 수준, 역량과 태도 등을 확인할 수 있습니다.

　아쉬운 점은 많은 부모님들이 영역별 각 프로그램에서 학생이 보여준 활동 내용과 수준에만 주목한다는 것입니다. 저는 각 영역에서 보여준 학생의 역량 또는 태도만 살펴보라고 이야기해주고 싶습니다.

　앞의 예시에서 (주제선택 활동) '자신을 적극적으로 표현하고 다른 사람들의 이야기에 귀를 기울이는 등 모둠 구성원들과 의사소통을 잘하고 협력적인 태도를 보임', (예술체육 활동) '목표를 성취하기 위해 열심히 노력하는 모습이 돋보임', (동아리 활동) '매사에 적극적인 자세로 프로그램에 참여하는 모습이 돋보였고, 활동보고서 등에 자신의 학습 과정을 꼼꼼하게 서술하였으며 배우고 느낀 점을 성실하게 작성함'에 밑줄을 그어보세요. 이 아이는 '적극', '의사소통', '협력', '노력', '성실'이라는 단어가 떠오르는 학생입니다. 각 영역을 담당하는 4명의 교사가 각자 다르게 입력했지만 학생의 모습이 구체화되는 느낌입니다. 이런 방법으로 학교생활통지표 전체에서 역량이나 태도 부분만 밑줄을 그어보면 아이의 학교생활을 미루어 짐작할 수 있습니다.

출석 상황은 나이스에 기록된 지각, 조퇴, 결과, 결석 등으로 확인할 수 있습니다. 미인정 결석이나 지각, 조퇴, 결과가 포함된 경우 고등학교 입학전형을 위한 내신성적에 반영되므로 반드시 꼼꼼하게 확인해야 합니다. 가정통신문은 담임 선생님이 학생 개인의 행동이나 특성을 관찰한 내용을 포함합니다. 가정에서 보는 아이의 특성과 차이가 크다면 담임 선생님과 상담해보는 것도 하나의 방법입니다.

학급 전체 학생과 학부모에게 전달해야 하는 내용은 전체 가정통신문란에 기록합니다. 학생 개개인에게 다르게 전달하는 내용은 개인 가정통신문에 작성합니다. 아이의 학교생활통지표에서 전체 가정통신문 내용은 있는데, 개인 가정통신문 내용이 없다고 당황해하는 경우가 있습니다. 이는 담임 교사가 가정에 전달하고 싶은 내용을 전체 가정통신문으로 모두 입력했기 때문입니다. 교사마다 입력 방법이 다르다는 것을 기억하세요.

학교생활통지표 활용하기

◆ ◆ ◆

학교생활통지표를 보면 모든 교과와 활동 내용이 문장으로 기록되어 있어서 보통 3~4페이지 정도의 분량이 나옵니다. 학기 말에 받는 경우가 많고, 글밥이 많아서 다음번에 읽어야지 하고 미루는 부모님들도 있습니다. 하지만 학교생활통지표는 아이에게 부족한 부분이나 취약점 등을 찾을 수 있는 좋은 기회입니다. 학교생활통지표를 꼼꼼하게 읽고 피드백하는 방법은 다음과 같습니다.

먼저 성취 수준으로 서술된 경우 미흡하거나 보완해야 할 단원이나 학습 역량 등을 파악할 수 있습니다. 단원별로 학습 영역이 정해진 경우에는 해당 단원에 대해 복습할 수 있도록 해주세요. 단순하게 취약한 교과라고 생각해서 한 학기 전부를 복습하는 경우 아이가 지루해할 수 있으니 부족한 부분만 복습할 수 있도록 하면 됩니다.

다음으로 아이의 생활 태도를 파악해 칭찬하고 격려해주세요. '성실하게 참여한다면 성장이 기대되는 학생임'이라는 문장을 보고 불성실하게 참여했다며 아이를 나무라는 경우가 있습니다. 아이의 행동 하나하나에 부정적으로 대응하면 오히려 역효과가 날 수 있습니다. 학교생활통지표에서 아이를 칭찬할 수 있는 생활 태도를 찾아 긍정적인 반응을 보여주세요. 해당 영역에 대해 더 노력하는 아이가 될 것입니다.

마지막으로 아이의 성향을 파악하는 기회로 활용해보세요. 학교생활통지표에는 아이가 참여하는 모든 교과와 활동에 대해 교과별 담당 선생님이 관찰하고 평가한 결과가 기록되어 있습니다. 여러 선생님의 문장을 하나로 모아보면 아이의 성향을 파악할 수 있습니다. 배려심이 있다거나 모둠 활동을 좋아한다거나 등등 아이의 전반적인 성향을 파악할 수 있습니다.

학교생활통지표 내용에 대해 어떻게 이해하고 해석해야 할지 모르겠다면 담임 선생님이나 교과 선생님과 상담해보는 것도 방법입니다. '아이가 공부를 못해서 상담이나 할 수 있을까?', '담임 선생님께서 관심을 가져주실까?'라고 생각하며 시도조차 하지 않는 부모님도 많습니다. 하지만 학교의 모든 선생님은 학생들의 성장과 발전을 위해 존재한다는 것을 기억하고 필요하다면 언제든 상담을 신청하면 됩니다.

학습 방법과 교과 내용에 대한 전문가인 선생님들과 상담하다 보면 아이를 지원해줄 수 있는 방법을 찾을 수도 있습니다. 또 부모는 미처 생각지도 못한 아이의 장단점을 들을 수도 있고, 보완해야 할 부분이나 방법 등을 들을 수 있는 기회가 될 수 있습니다.

왔쌤의 Tip

학교생활통지표의 행간 읽기

학교생활통지표를 아무리 들여다봐도 아이가 무엇을 잘하는지 못하는지를 구분하기 어렵다는 부모님들이 있습니다. 사실 학교생활통지표를 보면 나쁜 말은 찾아볼 수 없고, 좋은 말도 확실히 잘한다는 느낌의 문장은 아닐 수 있습니다. 학생의 성장을 목표로 하는 학교생활통지표에 부정적인 문장은 조심스러울 수 있기 때문입니다.

그렇다면 학교생활통지표에서 행간의 의미는 어떻게 파악할 수 있을까요? 문장 속에서 '미흡', '부족', '보완' 등의 단어가 나온다면 해당 항목에 대한 성취 수준이 낮다고 볼 수 있습니다. 반대로 '매우 우수', '정확하게' 등의 단어가 포함되어 있다면 높은 성취 수준을 보인다고 생각할 수 있습니다. 물론 전국의 모든 선생님의 표현이 같을 수는 없으므로 대체로 그렇다는 의미로 파악하면 됩니다.

자유학기제 200% 활용하기

몇 년 전부터 예비 중1 학부모님들을 대상으로 자유학기제 도입의 취지와 자유학기 기간을 의미 있게 보내자는 내용으로 연수를 진행해오고 있습니다. 연수가 끝난 후 학부모님들은 중학교 1학년이 얼마나 중요한지 깨닫고 아이에게 결정적인 시기를 만들어주겠다고 다짐하곤 합니다. 하지만 막상 아이가 중학생이 되고 보니 지필평가가 없는 대신 각종 수행평가로 자유학기제의 의미를 생각할 틈도 없이 정신없이 한 학기를 보내버렸다는 분들이 많습니다. 자유학기제 도입 초창기부터 운영해온 저로서는 이 부분이 굉장히 아쉽습니다.

사실 자유학기제를 어떻게 활용하느냐에 따라 그 결과는 큰 차이가 납니다. 해마다 중학교 1학년 학생들을 만나는 교사의 관점에서 학부모님들이 기억했으면 하는 점들을 정리해보았습니다.

아이의 성장에 관심을 갖는 시간입니다

◆◆◆

아이가 중학교에 입학하면 학교와 학원에서 보내는 시간이 길어집니다. 사춘기에 접어들면서 가족보다 친구들과 있는 시간이 더 많아지고, 가족들과 대화 시간도 현저히 줄어듭니다. 부모 또한 아이의 변화에 '이제는 컸으니까' 혹은 '중학생이 되었으니 스스로 알아서 하겠지' 하며 관심의 빈도가 줄어듭니다.

하지만 아이에게 자율권을 주는 것과 관심을 갖는 것은 다른 차원의 문제입니다. 아이가 스스로 선택하고 결정할 수 있는 자기주도권을 주면서 아이에 대한 관심까지 걷어버린다면 아이의 결정적인 성장 시기를 놓칠 수 있습니다. 다음은 자유학기제 기간 동안 학부모님의 관심을 두어야 할 내용입니다.

첫째, 아이가 좋아하는 음식이나 간식 리스트를 점검해보세요. 갑자기 뜬금없이 먹는 이야기냐고요? 중학생이 되면 초등학생 때와 비교해서 친구들과 함께 편의점을 가거나 간식을 사 먹는 경우가 많아집니다. 친구 관계나 관심사도 다양해져서 부모님이 모르는 사이에 식습관이 달라지기도 합니다.

학교에서 상담하다 보면 아이가 시험 공부를 하기 위해 커피나 에너지 드링크를 마시는 모습을 보고 놀랐다는 학부모님들을 종종 만납니다. 일주일간 특정 음료만 먹고 다이어트를 한 여학생이 쓰러진 경우가 있었는데, 부모님은 전혀 몰랐던 일도 있었습니다.

초등 때와 달리 음식에 대해서까지 간섭하는 것이 아이를 불편하게 할까 봐 잔소리하지 않는다는 부모님들이 많습니다. 하지만 건강한 체력을 위해 건강한 방향으로 음식을 섭취해야 하는 시기가 바로 중학교 때입니다. 한창 성장하는 시기에 인스턴트 음식을 과하게 섭취한다거나 무리한 다이어트를 하지 않는지 지속적인 관심이 필요합니다. 아이와 편의점 데이트를 통해 어떤 음식이 좋은 음식이고 해로운 음식인지를 알려주는 것도 좋은 방법입니다.

둘째, 치과와 안과의 정기적인 검진 시기를 놓치지 마세요. 중학생이 되어 공부에 집중하다 보면 가장 놓치기 쉬운 부분이 치과와 안과의 정기검진입니다. 방학 시기에는 치과와 안과 정기검진을 해야 한다고 체크해두세요. 그것도 어렵다면 병원에 정기검진 관련 문자를 부탁해두는 것도 좋습니다. 이때 자주 방문해야 하는 교정 치과 등의 경우에는 왕복 시간과 거리 등을 고려해서 병원을 선택해야 합니다. 예약하기 어려운 병원일수록 아이의 일정을 일방적으로 맞춰야 할 수 있으니 신중한 선택이 필요합니다.

셋째, 아이의 걸음걸이와 앉는 자세를 관찰하고 교정해주세요. 팔자걸음으로 걷거나 한 시간 내내 다리를 꼬고 앉아서 수업을 들는 아이들이 있습니다. 다리를 꼬고 앉으면 골반이 비틀어져서 아름다운 체형에 방해가 된다거나 구부린 상태에서 온종일 앉아 있으면 키가 안 큰다고 말하면 아이들은 약속이라도 한 듯 바른 자세로 앉습니다.

가정에서는 아이의 걸음걸이나 앉는 자세를 볼 기회가 많지 않아 타이르지 못했을 수 있습니다. 이야기한다고 듣지 않을 수도 있습니다. 이때는 아이들이 관심을 가질 만한 유튜브 등을 보여주면서 같이 스트레칭 해볼 것을 추천합니다. 자유학기제 기간에 스트레칭 강습이나 PT 참여 등을 경험하는 것도 자신의 신체에 관심을 갖는 좋은 기회가 될 수 있습니다.

넷째, 예술체육 활동 시간에 하는 스포츠 종목을 함께 해보세요. 수업 시간에 경험하는 체육 활동들, 예를 들면 배드민턴이나 줄넘기 등을 함께 해보는 것도 좋습니다. 아이가 학교에서 하는 활동이다 보니 학교생활에 대해 자연스럽게 이야기할 수 있습니다. 초등학생 때는 운동에만 집중했다면 중학생이 된 지금은 함께 운동하면서 건강에 대해 대화할 기회가 되기도 합니다.

아이를 긍정적으로 바라보는 시간입니다

◆ ◆ ◆

부모님들과 상담하다 보면 아이가 중학 생활을 잘할지 걱정하는 분들이 생각보다 많습니다. 아이마다 성격과 성향이 다르고 성장의 정도도 다릅니다. 부족해 보일지라도 아이가 성장할 수 있도록 부모님의 여유로운 마음 자세가 필요합니다. 중학생 아이를 긍정적으로 바라보는 부모의 3가지 자세를 살펴보겠습니다.

첫째, 아이에게 선택의 기회를 주세요. 자유학기제 기간 동안 아이들은 여러 번의 선택을 하게 됩니다. 그런데 학부모님 대상으로 자유학기제 설명회를 하다 보면 아이들이 자신의 흥미와 적성을 고려하기보다 부모님의 선택에 의존하는 경우가 많아 안타까울 때가 있습니다. 자유학기제 기간 동안만이라도 아이에게 선택권을 주세요. 많은 장점을 발견할 수 있을 것입니다.

프로그램을 선택하려면 아이는 고민하게 됩니다. 자신이 무엇을 좋아하고, 어떤 분야에 흥미를 느끼는지 생각하는 시간을 갖는 것만으로도 자유학기제의 취지에 부합합니다. 그리고 선택한 프로그램을 통해 아이는 자신이 좋아하는 것과 흥미를 느끼는 것이 무엇인지를 알게 됩니다. '친구 따라' 프로그램을 선택했다고 해도 좋아하는 친구가 누구인지는 알게 된 것입니다. 또한 자신이 직접 선택했기 때문에 적극적으로 참여하게 됩니다. 수학, 과학 프로그램을 하다 보면 부모님이 신청해서 하기 싫다고 말하는 아이들이 있습니다. 아이가 직접 선택했더라면 잘못된 선택이더라도 받아들이기가 쉬웠을 것입니다.

선택의 기회를 준다는 것은 아이에게 책임의 의무를 준다는 것과 같습니다. 본인이 원하는 프로그램을 선택할 기회와 함께 본인의 선택에 대해 책임지는 연습을 하는 것이죠. 이것이 자유학기제가 원하는 수업 방향입니다.

둘째, 부모님이 원하지 않는 프로그램에 배정되었을 때 아이를 탓하지 마세요. 자유학기 활동 프로그램은 선택의 기회가 많지 않아 원하는 프로그램에 배정되지 않을 수 있습니다. 이 경우 아이나 학교를 탓하는 부모님들이 있습니다. 그보다는 원하는 프로그램과의 연관성을 찾아 배정된 프로그램을 알차게 경험할 수 있도록 지원해주는 것이 좋습니다.

셋째, 활동 결과물에 대해 관찰하고 긍정적인 반응을 보여주세요. 유치원 때 아이들이 그려온 그림은 냉장고나 벽에 붙여놓고 한동안 자랑스러워했습니다. 그러나 중학생이 된 아이들의 그림이나 작품에 대해서는 어떤가요? 오늘부터라도 자유학기 활동 결과물을 가져온다면 호의적으로 표현하고, 어떤 시간에 어떤 식으로 진행했는지 대화를 이끌어내 보세요.

아이와 대화할 시간이 부족하다고만 생각하지 말고 이런 작은 기회를 이용해보는 것도 좋습니다. 아이가 활동 결과에 대해 만족스러워하지 않더라도 앞으로 잘할 수 있다고 격려해주는 것이 중학생 학부모로서 할 일입니다.

사회성을 기르는 시간입니다

◆◆◆

자유학기제 기간에는 다양한 활동들을 하다 보니 많은 사람들을 만나게 됩니다. 친구 사이로 만나는 게 아니라 수업 시간에 선생님과 학생으로 만나는 사이인 만큼 주의해야 할 점들이 있습니다.

먼저 진로탐색 활동을 할 때는 지역사회 전문가 선생님들을 만납니다. 선생님을 처음 만났을 때 인사하는 방법이나 궁금한 점이 있을 때 어떻게 질문할지, 바른 말이나 정돈된 말, 의미 있는 말로 표현할 수 있게 알려주어야 합니다.

다음으로 활동 중심 수업이나 과정 중심 평가를 위해 조별 학습을 하는 경우도 있습니다. 이때 원하지 않는 친구와 한팀이 되었을 경우 대처법이나 문제 발생 시 어떻게 해결하면 좋을지 등 아이와 수시로 이야기를 나누는 것이 좋습니다.

마지막으로 친구 관계에서 생길 수 있는 여러 가지 문제들을 어떻게 슬기롭게 극복할 수 있을지 식사 시간 등을 이용해 사전에 지도해주면 아이에게 분명 도움될 것입니다.

관심 있는 대회에 적극적으로 참여하는 시간입니다

◆◆◆

자유학기제는 아이가 자신이 관심 있는 분야에 마음껏 도전할 수 있는 시기입니다. 최근 들어 지역사회나 공공단체에서 청소년을 대상으로 한 그림 그리기 대회나 영상 대회 등을 많이 개최합니다. 아이가 유치원생이나 초등학생 때 대회에 나갔던 것처럼 가벼운 마음으로 참여하도록 해주세요. 주제선택 활동이나 예술체육 활동, 동아리 활동 시간에 배운 내용을 활용해 참여해보는 것이지요. 대회 참여를 위해 고민하다 보면 아이는 자신이 흥미로워하는 것, 좋아하는 것, 잘하는 것에 더 관심을 갖게 되고, 자신의 주변에 대해 더 세심히 관찰하는 아이로 성장할 것입니다.

자신에게 맞는 학습 방법을 발견하는 시간입니다

◆◆◆

학원이나 공부법에 대한 고민은 정말 많습니다. 그런데 그 고민은 이제 학부모님이 아니라 아이가 해야 합니다. 자유학기제 기간을 아이가 자신에게 가장 적합하고 효율적인 공부 방법을 찾아보는 시기로 생각해보세요.

예를 들어 수학은 학원과 과외 중 어떤 것을 선택할지, 진도는 어떤 방식으로 나갈지 고민해보는 것입니다. 영어도 마찬가지입니다. 내신 위주의 학원과 인터넷 강의를 들으면서 일주일에 한 번씩 모의 테스트를 보는 것이 맞을지 고민하는 것이지요. 공부법을 스스로 고민하고 직접 경험한 다음 자신에게 가장 효율적인 방법을 선택할 수 있다면 학습에 대해 이보다 큰 성과는 없을 것입니다.

영어, 수학뿐 아니라 다른 교과 역시 교과 특징에 따라 학습 방법을 터득할 수 있도록 지원해주세요. 예를 들어 SQ3R(개관하기 Survey – 질문하기Question – 읽기Read – 되새기기Recite – 복습하기Review의 5단계로 이루어진 읽기 훈련 방법), 백지정리법 등 교과 특징에 맞고 자신에게 가장 적합한 학습법을 찾도록 다양한 도전의 기회를 주는 것이 이 시기에 가장 좋은 공부법입니다.

진로를 알아보는 다양한 검사

일찍부터 자신의 진로를 정한 학생은 중학 생활에서 방향을 잡기가 수월합니다. 자유학기제 기간에 이루어지는 각종 프로그램이나 동아리를 자신의 진로와 연계해 선택할 수 있기 때문입니다. 중학교 1학년 입학 전이나 자유학기 기간 동안 아이와 함께 가정에서 해볼 수 있는 각종 진로검사와 학습 전략 검사 등을 실시할 수 있는 사이트를 소개합니다. 중학교 학습의 첫 단추를 끼우는 아이가 자신에 대해 더 자세히 알아보고 성장할 수 있는 기회를 갖는 것도 자유학기제 기간에 해볼 수 있는 훌륭한 공부입니다.

슬기로운 중학 생활

다양한 진로적성검사

◆◆◆

초행길을 운전하는 데 내비게이션은 중요한 역할을 합니다. 목적지를 입력하면 가장 빠르고 쉬운 길을 안내해주기 때문입니다. 진로검사도 마찬가지입니다. 진로검사를 100퍼센트 신뢰할 수는 없지만, 자신이 잘할 수 있는 것과 좋아하는 것을 정확히 파악하면 진로나 직업을 선택할 때 단초가 되거나 도움을 받을 수 있습니다.

어렸을 때부터 탁월한 능력이나 명확한 목표가 있다면 진로를 결정하는 것이 쉽습니다. 하지만 대부분의 아이들은 자신의 능력이나 성향을 정확히 파악하지 못합니다. 결국 다양한 경험을 통해 자신에게 적합한 진로를 찾는 것이 최선인데, 이는 시간과 비용이 많이 들기 때문에 현실적으로 어렵습니다. 그래서 중학교에서는 진로탐색 활동이나 창의적 체험활동의 진로활동 시간을 활용해 진로적성검사를 해보고 학생의 성격과 능력, 진로에 대한 이해도를 점검하는 시간을 갖습니다. 그렇다면 학교에서 하는 진로적성검사 외에 다른 진로 관련 검사들은 어떤 것들이 있는지 알아보고, 아이의 진로적성에 대해 지속적이고 체계적으로 관리를 해보면 어떨까 합니다.

커리어넷(www.career.go.kr) 진로심리검사

가장 대표적으로 커리어넷을 활용하는 방법이 있습니다. 진로정보망 커리어넷에 들어가면 진로심리검사를 누구나 쉽게 해볼 수 있습니다. 커리어넷 → 진로심리검사 → 중학생 혹은 중고등학생용 심리검사를 선택하면 직업적성검사, 직업가치관검사, 진로성숙도검사, 직업흥미검사, 진로개발역량검사가 가능합니다. 각 검사 결과에 대한 해석 가이드도 제공되므로 주기적으로 해보면 학생의 변화를 직접 확인할 수 있습니다.

서울진로진학정보센터(www.jinhak.or.kr) 진로종합검사

서울진로진학정보센터 → 진로검사 → 진로종합검사는 성격, 다중지능, 흥미, 직업가치관 검사 결과를 종합 분석해 공통된 관심 직업군과 관련된 진로 정보를 제공합니다. 4개의 검사를 각각 실시할 수도 있지만 한꺼번에 하는 경우 대략 1시간 30분 정도 소요됩니다. 검사 결과에 따른 추천 직업을 확인할 수 있고, 관련학과와 필요한 자격증 정보도 볼 수 있습니다. 무료로 가입 가능하며 결과의 흐름을 꾸준히 파악할 수 있습니다.

서울진로진학정보센터(www.jinhak.or.kr) 학습자유형검사

서울진로진학정보센터 → 진로검사 → 학습자유형검사에서는 성격과 두뇌 유형에 따른 학습 영역에서의 행동과 사고 유형을 측정하기 위한 검사입니다. 검사 결과는 표현적/숙고적, 구체적/추상적, 과제적/관계적, 체계적/개방적. 좌뇌형/우뇌형으로 구분되어 있습니다. 각 유형에 따른 특징과 학습법, 교수법이 제시되어 있어서 아이에게 적합한 학습법을 찾고자 할 때 도움이 됩니다.

EBSi(www.ebsi.co.kr) 진로탐색검사

EBS를 통해서도 진로적성검사를 해볼 수 있습니다. EBSi → 입시정보 → 진로탐색검사는 직업과 관련된 능력을 어느 정도 가지고 있는지를 스스로 진단할 수 있는 검사입니다. R/I/A/S/E/C 직업 유형에 따라 특정 영역에서 발휘할 수 있는 잠재적인 가능성을 진단할 수 있습니다. 총 192개의 문항으로 선택형 180문항, 선다형 12문항으로 구성되어 있습니다. 세부 진단을 통해 직업적 흥미와 능력, 적성에 맞는 학과 및 직업 등을 확인할 수도 있습니다. 다음은 EBSi 진로탐색검사 결과로 나오는 R/I/A/S/E/C별 특징입니다.

직업 유형	특징
현장형 (Realistic)	현장형의 사람들은 실제적이고 분명하며 체계적인 것을 좋아하고, 기계나 도구, 사물을 조작하는 일, 그리고 신체적 활동에 소질이 있습니다. 대표적인 직업으로는 군인, 운동선수, 건축가 등이 있습니다.
탐구형 (Investigative)	탐구형의 사람들은 문제를 해결하거나 논리적 사고를 요구하는 활동을 좋아하고, 수학이나 과학 같은 논리적이고 비판적인 영역에 소질이 있습니다. 대표적인 직업으로는 교수, 수학자, 의사 등이 있습니다.
예술형 (Artistic)	예술형의 사람들은 상상력과 창의성을 발휘할 수 있는 활동을 좋아하며 음악, 디자인, 문학 등과 같은 예술적인 영역에 소질이 있습니다. 대표적인 직업으로는 배우, 작가, 디자이너 등이 있습니다.

사회형 (Social)	사회형의 사람들은 친절하고 사교적이며 다른 사람과 함께 일하는 것을 좋아하고, 다른 사람을 가르치거나 도와주고 상담하는 영역에 소질이 있습니다. 대표적인 직업으로는 간호사, 교사, 사회복지사 등이 있습니다.
리더형 (Enterprising)	리더형의 사람들은 진취적이며 타인을 설득하고 이끄는 활동을 좋아하고, 효율적으로 목표를 달성하기 위해 조직을 관리하고 리더십을 발휘하는 데 소질이 있습니다. 대표적인 직업으로는 CEO, 정치인, 판사 등이 있습니다.
사무형 (Conventional)	사무형의 사람들은 원칙과 계획에 따라 구체적인 자료를 다루는 활동을 좋아하고, 꼼꼼하게 순서와 절차에 따라 일하는 영역에 소질이 있습니다. 대표적인 직업으로는 은행원, 회계사, 사무원 등이 있습니다.

EBSi(www.ebsi.co.kr) 학습유형검사

EBSi → 입시정보 → 학습유형검사에서 EDT 학습유형 진단은 학습하는 과정에서 선호하는 사고 유형, 학습 성격, 행동조절 방식을 중심으로 학습자의 특성을 유형화한 검사로, 자신의 학습 특성을 이해하고 효과적인 학습 전략을 세우기 위한 검사입니다. EDT 학습유형 진단은 인지, 정의, 행동적 측면을 모두 고려하여 플라톤형, 가우디형, 마리 퀴리형, 슈베르트형, 루스벨트형, 스티븐 스필버그형, 셜록 홈즈형, 나이팅게일형의 8가지 학습자로 나눌 수 있습니다. 학습 유형을 파악하는 것뿐 아니라 8명의 인물에 대해서 살펴보는 것도 흥미로운 과정입니다.

학습 유형	특징
플라톤형	절대적 참실재인 '이데아'를 추구한 플라톤과 같이 종합적인 이해를 위해 노력하는 학습자입니다. 공부를 통해 스스로 성장하는 것에 관심이 있으며 냉철한 이성으로 자기관리를 해나갑니다.
가우디형	종합적인 구조를 자신만의 개성으로 표현한 건축가 가우디와 같이 전체 구조를 이해하고 스스로 공부를 하는 목적을 찾아가는 학습자입니다. 기분과 상황에 따라 자유롭게 공부하는 것을 선호합니다.
마리 퀴리형	모든 원소를 빠짐없이 조사하기 위해 철저하게 자기관리를 했던 마리 퀴리와 같이 공부하는 주제에 대한 꼼꼼한 확인, 외부 환경에 굴하지 않고 공부에 집중하려는 태도, 냉정하게 감정을 조절하려는 학습 특성을 가지고 있습니다.
슈베르트형	섬세하고 개성적으로 자신의 감성을 표현한 슈베르트와 같이 공부하는 내용을 자세히 이해하고 스스로 즐기면서 공부하는 학습자입니다. 자신의 마음 변화에 즉각적으로 반응하며, 이를 공부에 반영하려고 노력합니다.
루스벨트형	많은 사람들에게 미치는 영향을 세심하게 고려하여 미국 경제 정책의 큰 그림을 그려낸 루스벨트 대통령과 같이 공부하는 내용의 큰 구조에 관심을 두는 학습자입니다. 공부하는 과정에서 다른 사람들과 비교하면서 철저하게 계획을 실천해나가려고 합니다.
스티븐 스필버그형	영화의 큰 흐름을 중심으로 관객과 감성적으로 소통하는 스티븐 스필버그와 같이 공부하는 내용의 큰 흐름을 이해하기 위해 노력합니다. 자신의 감정과 상황들을 수시로 살펴보며 다른 사람들과 자신의 실력을 견주어보며 공부를 합니다.
셜록 홈즈형	사건의 증거들을 세심하게 살피고 의뢰인을 위해 사건을 해결하는 셜록 홈즈처럼 공부하는 내용을 자세하고 명확하게 확인하려고 노력하는 학습자입니다. 다른 사람들을 의식하면서 신중하고 체계적으로 자신을 관리하려는 모습을 보입니다.
나이팅게일형	환자들의 회복을 위한 방안들을 꼼꼼하게 세심하게 고민한 나이팅게일과 같이 구체적인 정보에 집중하고 다른 사람들을 의식하면서 공부하는 유형입니다. 편안한 마음으로 자신의 기분에 맞춰 공부하는 것을 선호합니다.

한국가이던스(www.guidance.co.kr) 개인 온라인 심리검사

한국가이던스 → 개인 온라인 심리검사 → 무료검사에서는 자아 · 성격, 정신건강 · 중독, 학업 · 진로, 대인관계 등에 대해 검사할 수 있습니다. 온라인상에서 무료로 검사하고 결과도 바로 확인할 수 있습니다. 부모-자녀 의사소통검사(부모용, 자녀용)로 효과적인 의사소통 방법을 고민해볼 수 있고, 학교생활 적응검사나 학습고민 영역검사를 통해 아이의 학교생활과 학습 영역도 살펴보면서 의견을 나눌 수 있습니다.

MBTI 성격유형검사(www.16personalities.com)

MBTI 성격유형은 이미 많이 알려져 있는데 아이의 성향을 확인하는 데 도움이 됩니다. 무료로 진행할 수 있으며 결과도 바로 확인할 수 있습니다. 16가지의 성격 유형과 행동 특성에 대해 파악하면서 아이와 맞는 진로에 대해 이야기를 해봐도 좋습니다.

Trost(www.trost.co.kr)

심리검사, 성격검사, 우울증검사, 자존감검사, MBTI 우울증 검사 등을 무료로 실시할 수 있습니다. 회원 가입 없이 다양한 심리검사를 하고 결과를 확인할 수 있습니다.

검사보다는 결과 활용이 중요합니다

◆◆◆

학교에서 진로검사나 학습유형 검사를 하고 나면 아이들은 "저는 문과형이라 수학이 안 맞는 것 같아요"라는 말을 많이 합니다. 검사 결과에 따라 자신의 성격이나 학습 유형을 확신하고 진로의 방향을 정해버리는 것이지요. 혈액형에 따라 사람의 성격을 단정 짓듯이 말입니다.

사실 진로에 대한 성향이나 학습 유형은 아이가 성장하는 과정에서 얼마든지 바뀔 수 있습니다. 검사 결과를 보고 자신에 대해 하나의 틀로 단정 짓기보다 스스로를 이해하는 기초 자료 정도로 생각해야 합니다. 진로적성검사는 해보는 것보다 그 결과를 어떻게 받아들이고 바르게 활용할지를 고민하는 것이 더 중요합니다.

3장

학교생활기록부로 알아보는 중학 생활

학교생활의 기본,
출결 상황

"원격수업 시간에 늦어서 미인정 결과가 1회 있는데 고입에 영향이 있을까요?" 온라인 수업 시간에 늦어 미인정 결과 처리가 되었다고 걱정하는 중2 학생의 질문입니다. 아마 이 학생은 미인정 결과나 미인정 결석이 고등학교 입시에 영향을 준다는 이야기를 들은 적이 있을 것입니다. 하지만 이에 대해 정확히 알고 있는 학생은 많지 않습니다. 부모님들도 예외는 아닙니다.

출결과 관련된 여러 가지 사항들은 중학교 적응 교육이나 책자로 안내되곤 합니다. 하지만 학교에 적응하기도 바쁜 때라 아이들은 눈여겨보지 않고, 학부모님들도 특별한 일이 생기지 않는 한 들여다보지 않게 됩니다. 이번에는 중학 생활의 가장 기본인 출결에 대해 살펴보겠습니다.

학교생활기록부의 출결 상황 살펴보기

◆ ◆ ◆

학교생활기록부의 출결 상황을 살펴보면 익숙하지만 명확하게 짚고 넘어가야 할 용어들이 있습니다. 학년초에 중학 생활을 안내하면서 '미인정 결석'과 같은 용어에 겁먹는 부모님들이 있습니다. 하지만 하나씩 꼼꼼히 읽고 따져보면 어렵지 않습니다.

먼저 수업 일수란 '초·중등교육법 시행령' 제45조에 따라 학교장이 정한 학년별 학생이 연간 총 출석해야 하는 일수를 말하며, 초·중·고등학교와 고등기술학교 및 특수학교(유치부 제외)는 매 학년 190일 이상입니다. 학생의 각 학년 과정의 수료에 필요한 출석일수는 '초·중등교육법 시행령' 제45조의 규정에 따른 수업 일수의 3분의 2 이상으로 합니다. 만약 수업 일수가 190일인 학교에 다니는 학생이 64일을 결석하면(126일 출석) 3분의 2 이상이 되지 않으므로 수료를 하지 못한다는 의미입니다.

결석이란 학칙에 따라 출석해야 할 날짜에 출석하지 않았을 때 결석으로 처리합니다. 지각이란 학교장이 정한 등교 시각까지 출석하지 않은 경우를 말하고, 조퇴란 학교장이 정한 등교 시각과 하교 시각 사이에 하교한 경우를 말합니다. 결과란 수업 시간의 일부 또는 전부에 불참하거나 학교장이 정한 시각 이후에 수업에 참여한 경우, 교육 활동을 고의로 방해한 경우 등을 말합니다. 미인정이란 합당한 사유가 없을 때의 결석, 지각, 조퇴, 결과를 의미하고 이전의 '무단'을 의미합니다.

학교생활기록부에는 다음과 같이 나타납니다.

학교생활기록부의 출결 상황

학년	수업 일수	결석일수			지각			조퇴			결과			특기 사항
		질병	미인정	기타	질병	미인정	기타	질병	미인정	기타	질병	미인정	기타	
1														

출석 인정 결석

◆◆◆

출석하지 않았지만 출석으로 인정해주는 결석이 있습니다. 지진이나 폭우, 폭설 등의 천재지변 또는 법정 감염병 등(학교 내 확산 방지를 위해 학교장이 필요하다고 인정하는 비법정 감염병을 포함)으로 출석하지 못한 경우, 공적 의무 또는 공권력의 행사로 인하여 출석하지 못한 경우, 학교 내의 봉사, 사회봉사, 특별교육 이수 기간, 경조사로 인해 출석하지 못한 경우, 교외체험학습, 기타 부득이한 사유로 학교장의 허가를 받아 결석하는 경우 등입니다. 그중에서 주로 많은 경조사, 교외체험학습, 생리통으로 인한 출석 인정 결석에 대해 살펴보겠습니다.

경조사로 인한 결석

"선생님, S의 할머니께서 오늘 새벽에 돌아가셔서 가족 모두 장례식장에 있습니다."

"네, 어머님. 얼마나 마음이 힘드시겠어요. 관련 서류와 S가 등교하면 되는 날을 문자로 보내드리겠습니다. S가 등교하는 날 함께 보내주시면 됩니다."

이 대화처럼 담임 선생님이 학부모님에게 아이의 등교 가능 날짜를 알려줄 때는 경조사 일수를 참고합니다. ①형제, 자매, 부, 모의 결혼식에는 1일 ②부모나 조부모, 외조부모 사망 시에는 5일 ③증조부모, 외증조부모, 형제·자매나 그의 배우자 사망 시에는 3일 ④부모의 형제·자매 및 그의 배우자 사망 시에는 1일이 출석

경조사 관련 출석 인정 결석 일수

구분	대상	일수
결혼	· 형제, 자매, 부, 모	1
입양	· 학생 본인	20
사망	· 부모, 조부모, 외조부모	5
	· 증조부모, 외증조부모 · 형제·자매 및 그의 배우자	3
	· 부모의 형제·자매 및 그의 배우자	1

으로 인정됩니다. 다만 경조사 일수에는 재량휴업일과 공휴일, 토요일은 포함되지 않습니다. 더 자세한 내용은 앞의 표를 참고하고, 아이가 등교할 때 안내받은 증빙 서류(출석인정확인서-학교 양식, 사망진단서 또는 부고장, 가족관계증명서, 주민등록등본 등)를 아이 편에 학교로 보내면 됩니다.

교외체험학습으로 인한 결석

가족 여행을 가는데 사전에 서류를 제출하지 않는 경우가 간혹 있습니다. 체험학습신청서는 무조건 제출해야 합니다. 안타깝게도 제출하지 않았다면 미인정 결석에 해당됩니다. 어떻게 그런 중요한 서류를 놓칠 수 있을까 생각하겠지만, 가족 동반 여행이나 집안 행사를 준비하는 경우 챙겨야 할 것들이 많으면 이런 일들이 종종 일어나곤 합니다.

학교장의 허가를 받은 교외체험학습은 출석으로 인정합니다. 기간이나 횟수는 교육과정 이수에 지장이 없는 범위 안에서 학칙으로 정하고 있으므로 반드시 학년초에 안내 자료를 확인해야 합니다. 내용으로는 현장체험학습이나 친인척 방문, 가족 동반 여행 등으로 기록할 수 있으며, 감염병 위기 경보 단계가 심각, 경계 단계인 경우에는 교외체험학습 승인 사유에 가정학습도 포함됩니다. 물론 원격수업 기간에는 가정학습을 신청할 수 없습니다.

교외체험학습을 위해서는 사전에 신청서나 가정학습계획서를 제출하고, 학교장 심사 후 승인 통보를 받아야 합니다. 체험학습 후에는 기한 내에 보고서를 제출하고, 사실이 확인되면 출석 인정 결석으로 처리하게 됩니다.

사소한 실수로 출석 인정을 받지 못하는 경우가 있는데 주의해야 합니다. 첫 번째로 사전에 신청하지 않는 경우입니다. 가족 동반 해외여행을 준비하다가 깜빡하고 체험학습신청서를 제출하지 않고 출발한 경우, 아이가 제출한 줄 알았는데 제출하지 않고 출발한 경우 등이 있습니다. 사전에 담임 선생님에게 먼저 연락이라도 했더라면 하는 아쉬움이 있습니다. 두 번째는 체험학습보고서를 기한이 지난 다음에 제출하거나 제출하지 않은 경우입니다. 초등학교 때는 부모님들이 챙겨주는 서류를 아이들이 제때 제출합니다. 서류를 제출했는지 부모님이 아이에게 계속 묻기 때문입니다. 그런데 중학생 아이들은 서류를 챙겨주었는데도 깜박하고 기한 내에 제출하지 못하는 경우가 종종 있습니다. 아이가 알아서 제출했을 것이라는 믿음도 중요하지만, 체험학습 후에는 서류를 제출했는지 반드시 아이에게 물어보는 챙김도 필요합니다.

생리통으로 인한 결석

생리통이 심해 출석이 어려운 경우에는 월 1일 출석으로 인정합니다. 생리통으로 한 달에 한 번 결석 혹은 지각, 조퇴, 결과를 합해 3회를 1일로 산정해 출석으로 인정받을 수 있습니다. 생리 인정 결석에 대한 출결 산정 기준은 월 1일의 범위 내에서 학업성적 관리위원회를 통해 학교장이 정합니다. 이에 대한 내용은 학교규정집이나 학년초 안내 사항을 체크해보면 됩니다.

질병으로 인한 결석

◆◆◆

질병으로 인한 결석도 결석한 날로부터 5일 이내에 병명이나 진료 기간 등이 기록된 증빙 서류(의사의 진단서나 소견서 등)를 첨부한 결석계를 제출해 학교장의 승인을 받으면 됩니다. 다만 상습적이지 않은 2일 이내의 결석은 질병으로 인한 결석임을 증명할 수 있는 자료가 첨부된 결석계를 5일 이내에 제출해 학교장의 승인을 받으면 가능합니다. 이 밖에도 기저질환이나 만성질환, 환경부로부터 가습기 살균제 건강 피해 인정증명서를 발급받은 학생이 의사의 진단서를 첨부한 결석계를 5일 이내에 제출해 학교장의 승인을 받으면 질병으로 인한 결석으로 인정됩니다.

미인정 결석

◆◆◆

미인정 결석이란 말 그대로 학교에서 인정하지 않은 결석입니다.

예전에는 '사고 결석'이라는 명칭으로 사용되었지만 '사고'라는 의미가 긍정적이지 않아 변경된 듯합니다. 학교폭력예방 및 대책에 관한 법률에 따른 출석 정지, 교원의 지위 향상 및 교육활동 보호를 위한 특별법에 다른 출석 정지, 범법 행위로 인한 책임 있는 사유로 결석한 경우, 태만이나 가출 도는 출석 거부 등 고의로 결석한 경우, 기타 합당하지 않은 사유로 결석한 경우를 의미합니다. 미인정 유학이나 미인가 대안학교를 다니는 경우에도 미인정 결석에 해당됩니다.

늦잠으로 원격수업에 참여하지 못한 학생들도 미인정 결석으로 처리됩니다. 등교 수업을 했다면 문제없이 수업에 참여했을 아이들인데, 온라인 수업으로 전환되는 경우 늦잠을 자거나 수업에 대한 정보가 부족해서 참여하지 못하면 미인정 결석으로 처리될 수 있으니 주의해야 합니다.

출결 상황이 왜 중요한가

◆◆◆

해당 학년 동안 1회의 결석, 지각, 조퇴, 결과도 없는 경우 특기사항에 개근으로 입력됩니다. 3년 개근상은 졸업할 때 제일 큰 박수를 받아야 할 상입니다. 3년 동안의 성실성을 인정받는 것이니까요.

그렇다면 왜 출결 상황에 대해 신경 써야 할까요? 중학교 3년 동안의 출결 결과는 고입 전형을 위한 고입 석차백분율 산출의 비교과 점수에 반영되기 때문입니다. 서울의 경우 고입 점수 총점을 300점으로 했을 때 출결은 학년별 8점씩 총 24점을 차지합니다. 학년별로 결석, 지각, 조퇴, 결과의 횟수를 합산해 결석 일수를 산출하되, 기타 및 질병으로 인한 결석, 지각, 조퇴, 결과는 결석일수 계산에 포함하지 않습니다. 결국 미인정 결석과 미인정(지각, 조퇴, 결과)을 합산해 다음의 표를 기준으로 산출합니다. (경기도교육청의 고등학교 입학전형 기본 계획은 왔쌤TV 채널에서 확인하실 수 있습니다.)

2024 서울시교육청 고등학교 입학전형 기본계획

고입점수 총점	고입 교과점수	고입 비교과점수(60점, 20%)			
		출결	행동발달	창체활동	봉사활동
300점	240점	24점	12점	12점	12점
	80%	8%	4%	4%	4%

결석일수	학년당 점수	조기진급·조기졸업(예정)자 학년당 출결 점수	
		2년 이수	1년 이수
0일	8점	12.0점	24점
1~2일	7점	10.5점	21점
3~4일	7점	9.0점	18점
5~6일	7점	7.5점	15점
7일 이상	7점	6.0점	12점

이해를 돕기 위해 예를 들어 설명해보겠습니다. A학생은 1학년 때 미인정 결석이 1일, 즉 결석 1일이 있습니다. 이 경우 A학생의

1학년 출결 점수는 7점이 됩니다. 2학년은 미인정 결과가 5회 있는데, 3회를 1일로 하고 2회는 버림 처리하므로 마찬가지로 7점이 됩니다. 3학년은 미인정이 없어 출결 점수가 8점입니다. 결국 A학생의 3년 동안의 출결 점수는 24점 만점에 22점이 됩니다.

그리 큰 점수가 아니라고 생각할 수도 있지만 성실하게 학교생활을 하면 누구든 만점을 받을 수 있는 부분입니다. 그런데 사소한 실수로 만점을 받지 못하면 고입에서 불이익을 받을 수 있으니 주의해야 합니다. 왜 그런지를 더 자세히 설명해보겠습니다.

만약 A학생이 자기주도학습전형으로 서울 소재의 한 외고를 지원한다고 해봅시다. 자기주도학습전형 1단계는 영어교과성적(160점)과 출결(감점)로 정원의 1.5배수를 선발합니다. 출결만 살펴본다면 3개 학년의 미인정 결석 일수 × 1점으로 총 10점까지 감점시킬 수 있습니다. 이때 미인정 지각, 미인정 조퇴, 미인정 결과를 합산해 미인정 결석 1일로 간주하며, 나머지 2회는 버립니다. 이 경우 이 학생은 미인정 결석이 총 2일이 되는 것입니다. 이 학생의 영어 성적이 160점 만점이라 해도 1단계 점수 총점은 아쉽게도 158점이 됩니다. 마찬가지로 학교장 선발 자사고도 미인정 결석 등을 감점으로 처리하므로 유의해야 합니다.

출결이 중요한 만큼 학년초에 원격수업에 아이들이 제때 참여할 수 있도록 하는 방법이 없을지 고민한 적이 있습니다. 학생들 스스로 출결의 중요성을 깨닫게 하기 위해 학교생활기록부에 출결

슬기로운 중학 생활

이 어떻게 기록되는지 설명해주었습니다. 그 결과 원격수업에 늦으면 절대 안 되겠다는 생각을 했다는 아이들이 있었습니다. 열 번의 잔소리보다 한 번의 자료 제시가 더 효과적인 셈이었지요. 출결에 대해 사소하게 생각하는 아이가 있다면 앞서 A학생의 예를 설명해주면 됩니다.

수상 경력

사실 초등학교 때는 학교에서 주최하는 대회도 많았고 아이들도 상장을 종종 받아왔습니다. 아이들을 격려하기 위해 학교에서 주는 상장도 많았습니다. 그런데 학년이 올라갈수록 상장이 줄어들더니 중학생이 된 이후에는 상장 구경조차 하기 힘들다고 말하는 부모님들이 많습니다. 혹시 중학생이 된 후 아이가 의욕이나 자신감이 떨어져서 그런 건가 걱정하는 부모님들도 있습니다. 그래서 이번에는 중학교의 수상 경력에 대해 살펴보겠습니다.

중학교에는 학생이 수상한 상의 명칭이나 등급(위), 수상 연월일, 수여 기관, 참가 대상(참가 인원)을 학교생활기록부의 수상 경력에 입력할 수 있습니다. 이때 학교생활기록부의 공신력을 높이고 사교육을 유발하는 입학전형 요소를 배제한다는 차원에서 교내 상만 입력하고 교외 상은 입력하지 않습니다.

특히 교외 상은 학교생활기록부의 어떠한 항목에도 입력할 수 없습니다. 창의적 체험활동의 특기사항이나 교과학습발달상황의 과목별 세부능력 및 특기사항, 자유학기활동상황의 특기사항, 행동특성 및 종합의견 등에도 쓸 수 없습니다. 교내 상의 경우도 학교생활기록부의 수상 경력에만 입력하며 그 외에는 입력할 수 없습니다. 다음은 학교생활기록부에 수상 경력을 입력한 예시입니다.

학교생활기록부 기재 요령

수상명	등급(위)	수상연월일	수여기관	참가대상 (참가인원)
교과우수상 (국어, 사회, 정보)		0000.00.00.	○○학교장	수강자
표창장(선행부문)		0000.00.00.	○○학교장	전교생(1200명)
과학탐구대회 (실험부문, 공동수상, 3인)	금상(1위)	0000.00.00.	○○학교장	1학년 중 참가자 (80명)
드론날리기대회	금상(1위)	0000.00.00.	○○학교장	1학년 중 참가자 (38명)
독후감쓰기대회	장려상(3위)	0000.00.00.	○○학교장	1·2학년 (720명)
정보통신대회 (정보검색부문)	대상(1위)	0000.00.00.	○○학교장	전교생 중 참가자(185명)
컴퓨터경진대회 (문서작성부문)	우수상(2위)	0000.00.00.	○○학교장	전교생(1200명)
예술제(시화부문)	우수상(2위)	0000.00.00.	○○학교장	전교생(1200명)
독서논술대회	1위	0000.00.00.	○○학교장	1학년(410명)
학생토론대회 (공동수상, 3인)	우수상(2위)	0000.00.00.	○○학교장	전교생 중 참가자 (60명)

표에서 보듯이 학교생활기록부에는 교내 상에 대해서만 기록할 수 있습니다. 아무리 다양한 대회에 참여하고 교외 상을 받아도 학교생활기록부에는 기록할 수 없습니다.

교내 상이라고 무조건 입력할 수 있는 것도 아닙니다. 학년초 학교교육계획서에 따라 실시한 교내 상의 경우에만 쓸 수 있습니다. 특별한 경우 2학기 시상 계획을 학교장의 결재를 받아 변경하고, 그 계획을 공개한 후에 수상 실적 내용을 기입할 수도 있습니다. 따라서 교내 상에 대한 욕심이 있다면 학교 홈페이지나 가정통신문으로 안내되는 교내 상 운영 계획 등을 미리 체크하는 것이 좋습니다.

간혹 대회에 참가한 경력을 활용할 수 있는지 문의하는 부모님들이 있습니다. 만약 과학탐구토론대회에 참가했다면 창의적 체험활동의 진로활동 특기사항 항목에 '과학탐구토론대회에 참여함'이라는 식으로 선생님이 써주지 않을까 기대하는 것이지요. 하지만 이런 문장은 학교생활기록부에 사용할 수 없습니다. 중학교에서는 대회에 참가했다는 자체를 기록하기 위한 참가는 아무런 의미가 없음을 알아야 합니다.

수상 경력에 기록할 수 없는 상도 있습니다

나이스 학부모서비스를 살펴본 후 자녀의 수상 경력이 기록되지 않았다고 확인 요청을 하는 경우가 있습니다. 앞서도 이야기했듯이 교내 상 수상 계획에 포함되지 않는 대회에서의 결과는 수상 대장에 등록할 수 없습니다. 가끔 학교에서 학교생활기록부 기재 와는 관계없이 학생 격려 차원에서 시상하는 경우에도 학교생활기록부의 수상 경력에는 입력할 수 없습니다. 반드시 학교교육계획서에 학교장상 운영 계획이 포함된 교내 상만 기록할 수 있습니다.

참가자가 적을수록 좋을까요?

3명이 출품해서 3명 전원 1, 2, 3등 상을 받으면 학교생활기록부에 기록할 수 있을까요? 극단적인 예이긴 하지만 교내 상의 경우 참가자의 20% 이내만 시상할 수 있습니다. 따라서 참가 학생 3명 모두에게 상을 주기는 어렵습니다. 다만 참가 학생의 20% 이상에게 시상할 수 있음을 학업성적관리위원회에서 결정할 수는 있습니다. 이는 공신력을 높이고 사교육을 유발하는 요소를 배제하기 위해서입니다.

수상 경력이 많을수록 좋을까요?

상급학교 진학 시 수상 경력은 학생당 한 학기에 1개씩만 쓸 수 있습니다. 중학교 1학년 때부터 학기당 1개의 상을 받았다면 총 6개의 수상 경력을 제출할 수 있다는 뜻입니다. 단, 일부 고등학교에서는 수상 경력을 미포함한 학교생활기록부 출력물을 요청할 수도 있으니 입학전형요강을 꼼꼼하게 체크해야 합니다.

어떤 대회에 나가야 도움이 될까요?

중학교 교내대회는 횟수가 적은 만큼 입상하기도 어렵습니다. 나가는 대회마다 수상하는 학생도 있지만, 아무리 많은 대회에 나가도 상 받기가 어려운 아이도 있습니다. 대회 참가 결과가 생각보다 좋지 않을 때 시간 낭비라며 잔소리하는 부모님들도 있습니다. 그렇다면 내 아이에게 도움이 되는 대회는 무엇일까요? 자신의 진로가 확실하고 진학 희망 고등학교가 정해져 있다면 그에 맞는 대회에 참가하는 것이 좋습니다.

하지만 중학교는 진로 결정의 시기가 아닌 진로탐색의 시기입니다. 아직 자신의 진로나 흥미, 관심사 등이 확실하지 않다면 여러 대회에 참가해보라고 말해주고 싶습니다. 참가하는 과정에서 자신이 좋아하는 것, 흥미로워하는 것을 찾을 수도 있기 때문입니다.

중학교 1학년 자유학기제를 활용하세요

자유학기는 일반학기에 비해 내신성적에 대한 부담이 없는 학년입니다. 이 시기에는 자신이 관심 있는 분야에 마음껏 집중할 수 있도록 아이에게 기회를 주어야 합니다. 학교생활기록부에 기록되지 않는다고 아무것도 하지 않는다면 자유학기제를 전혀 활용하지 못한다는 의미입니다.

중학교 1학년 때는 아이가 여러 대회에 도전할 수 있도록 지원해주세요. 학교뿐 아니라 지역사회 청소년센터, 여러 기관에서 운영하는 대회에 참가하다 보면 대회 참가 요령이나 평가 기준을 살펴보는 능력 등을 기를 수 있습니다. 대회 참가가 계기가 되어 자신의 진로를 찾을 수도 있습니다. 문화상품권이나 각종 장학금이 걸린 대회에 참가해 문제해결력을 키우는 것도 값진 경험이 될 수 있습니다.

학교생활의 꽃,
자율 활동

중학교 학생자치회에서는 입학식과 졸업식을 진행하고, 급식실에서 잔반 줄이기 캠페인을 전개하기도 합니다. 교장 선생님과의 면담을 통해 학생들의 건의 사항을 전달하고, 학교의 각종 문제를 해결하기 위해 노력합니다. 이처럼 창의적 체험활동의 자율 활동은 학생들이 변화하는 환경에 대응하는 자세를 기르고, 공동체 구성원으로서의 역량을 높이는 것을 목표로 합니다.

　중학교 학교생활기록부에서 창의적 체험활동의 자율 활동은 그동안 크게 주목받지 못했습니다. 학급회장이나 학생회 임원 경력, 각종 예방 교육, 수학여행이나 수련 활동, 학교 행사 등을 서술하는 정도였기 때문입니다. 자율 활동이 학급 단위로 이루어지는 경우가 많아서 학급 전체 학생들의 특기사항이 별반 차이가 없는 경우도 많았습니다. 그러나 최근에는 학생들이 주변의 문제를 인식하고 스스로 해결하기 위해 노력하는 활동 자체가 성장 과정이라고 여기는 분위기입니다. 그런 만큼 '학교생활의 꽃'이라 할 수 있는 자율 활동에 대해 알아보고, 중학교 때는 어떤 활동을 할 수 있는지 살펴보도록 하겠습니다.

자율 활동이란

◆◆◆

중학교 시기의 학생들은 자아에 대해 인식하기 시작하고 사회적 관계를 중요하게 생각합니다. 따라서 소규모 집단을 단위로 시작해 학급이나 학년, 학교로 시야를 넓혀 관계를 형성하고, 자기주도적으로 자신의 역할과 정체성에 대해 변화할 수 있어야 합니다. 또한 또래 친구들과의 관계에서 상대를 인정하고 존중하는 바람직한 인성을 길러야 합니다. 학교에서 이루어지고 있는 자율 활동으로는 자치 활동, 각종 예방 교육, 현장체험학습, 학교 행사 등이 있습니다.

시간과 노력이 필요한 자치 활동
학생들은 자치 활동을 통해 학교와 학급에서 일어나는 여러 가지 문제에 대해 민주적인 방법으로 의사결정을 하고, 한 가지 이상의 일을 분담해 자율적으로 실천합니다. 학급회나 학급 부서활동, 학생회, 토론회 등의 자치 활동을 통해 민주시민으로서의 기본 자질을 배울 수도 있습니다.

교육적으로 높은 효과에도 불구하고 많은 학생과 학부모님들이 학생 자치 활동을 망설이는 데는 이유가 있습니다. 시간과 노력에 비해 결과가 두드러지게 드러나지 않기 때문입니다. 수업과 수행평가 준비, 학원 등 바쁜 학생들을 대상으로 의견을 모으고 실천하는 일은 쉽지 않습니다. 자치 활동은 형식뿐이고 결국 선생님이 정하는 것이라고 인식하는 학생들도 있습니다. 또 영어나 수학처럼 교과목으로 운영되는 것이 아니라서 학생들의 관심이 낮을 수밖에 없고, 결정된 내용들이 실현되지 못할 것이라며 더 소극적으로 참여하기도 합니다. 자치 활동에 대한 성공 경험이 없다는 뜻이지요.

하지만 최근에는 학급자치회나 학생자치회에서 건의되거나 결정되는 사항들을 학교에서 긍정적으로 수용하는 분위기입니다. 교사들의 이해도를 높이기 위해 자치 활동과 관련된 다양한 연수도 진행되고 있습니다. 인권 친화적인 학교문화 조성을 위해 학생들의 의견을 수렴해 학교 규칙 등이 수립되기도 합니다.

참여 중심의 예방 교육
학교에서 필수적으로 교육하도록 요구되는 각종 예방 교육은 자율 활동의 많은 부분을 차지하고 있습니다. 학교폭력 예방 교육, 성폭력 예방 교육, 안전 교육, 흡연 예방 교육, 정보통신 윤리교육 등 다양한 주제로 운영됩니다. 이러한 예방 교육은 시수와 시간이 법적으로 정해져 있어서 학교에서는 별도의 시간을 확보해 운영합니다.

정해진 시간 내에 의무적으로 실시해야 하는 예방 교육은 시청각 자료나 강의 중심으로 이루어지기 쉽습니다. 학생들의 입장에서는 강의 형식의 예방 교육이 지겹다고 느껴질 수도 있습니다. 최근에는 학교폭력 예방을 위한 캠페인 자료를 만들거나 안전교육 체험 부스를 직접 운영하는 등 학생들의 참여와 활동을 유도하는 방식으로 변화하고 있습니다.

배움의 연장선, 현장체험학습

현장체험학습은 수련회, 수학여행, 문화체험, 답사 등으로 학교 밖에서 이루어지는 다양한 활동이 포함됩니다. 학생들이 현장체험학습을 가장 선호하는 이유는 바쁜 학교생활에서 벗어나 친구들과 자신들만의 문화를 확인하고 공감할 수 있는 기회가 되기 때문입니다. 물론 교과서에서 배운 내용을 실제로 확인하고, 문제 상황을 해결할 수 있는 경험도 됩니다. 현장체험학습은 배움의 연장선이라고 할 수 있습니다.

학생이 주인공인 학교 행사

예전의 학교 행사는 선생님의 사회와 교장 선생님의 훈화로 이루어져 경직된 분위기였습니다. 학생들 앞에서 굳은 표정으로 지켜보는 선생님들, 줄 서 있는 아이들 사이로 걸어다니며 주의를 주는 담임 선생님의 모습이 떠오릅니다. 하지만 최근에는 학생들이 스스로 기획하고 만들어가는 입학식이나 졸업식 등의 학교 행사로 변화하고 있습니다.

교사는 자율 활동을 어떻게 기록할까

◆◆◆

한동안 자율 활동은 학생회와 학급자치회 활동, 안전과 성폭력 등 여러 주제의 교육, 수련회, 체육대회, 축제 등 자치·적응활동에 대한 기록이 주로 기재되었고, 학생이 무엇을 어떻게 했는지에 대한 정보가 거의 없거나 구체적이지 않았습니다. 하지만 최근의 자율 활동은 학교, 학년, 학급 단위의 특색 활동 프로그램이 다양화되었고, 자기주도적인 활동이 학생부에 많이 기재되고 있는 추세입니다.

학교마다 차이는 있지만 학교생활기록부 자율 활동은 대부분 담임 교사가 기록합니다. 자율 활동 시간에 학생이 어떠한 주제에 관심을 갖고 발표했는지, 학급별로 이루어지는 활동에서 어떤 역할을 담당했는지에 대해서 관찰한 결과를 누적해 기록합니다. 대체로 자치 활동, 각종 예방 교육, 현장체험학습, 학교 행사에서의 활동 내용을 포함합니다. 이때 활동 결과에 대한 평가보다는 활동 과정에서 드러나는 개별적인 행동특성이나 참여도, 협력도, 활동 실적 등을 평가하고 상담 기록 등의 관련 자료를 참고해 실제적인 역할과 활동 위주로 입력합니다. 다음은 학교생활기록부 기재 예시에 수록된 자율 활동 특기사항입니다.

학생자치회 바른생활부원으로서 학교폭력 예방을 위한 캠페인과 친구 사랑 캠페인, 흡연예방 캠페인에 주도적으로 참여함. 학생자치위원회의에 참석하여 단순히 구호를 외치는 기존의 캠페인 문화에 문제를 제기함. 전교생들이 참여하여 표어를 만들고, 홍보 팻말 만드는 이벤트를 마련하여 학생들의 참여를 높이자는 의견을 제시하는 등 학생들의 행동 변화를 이끌어내기 위해 노력함. 학생간부수련회에 참여하여 청소년 리더십 연수를 듣고, 공동체를 이끌어가기 위해 필요한 '실천하는 리더십'을 주제로 발표함.

자율 활동에 대한 차별화된 기록을 원한다면

◆◆◆

같은 활동이지만 학생마다 자율 활동에 대한 생각은 다릅니다. 지겨운 영상을 한 시간 동안 시청해야 한다고 생각하는 학생이 있는가 하면, 자기가 미처 생각하지 못한 주제에 대해 새로 알아가는 시간이 된다고 여기는 학생도 있습니다. 주어진 프로그램에 수동적으로 참여하는 학생이 있는 반면, 스스로 프로그램을 기획하고 능동적으로 활동하는 학생도 있습니다. 따라서 같은 활동이라도 참여하는 자세에 따라 자율 활동의 특기사항은 다르게 기재될 수 있습니다. 그렇다면 차별화, 개인화된 자율 활동 기록을 위해서는 어떤 노력이 필요할까요?

먼저 학사력을 참고해 평소 관심 있었던 자율 활동 일정을 체크하고 사전에 준비합니다. 환경 문제에 관심이 있었다면 최근 이슈가 되는 동영상을 미리 시청하거나 관련 책을 읽고 신문기사를 스크랩하는 것도 좋은 방법입니다. 활동 전 준비는 적극적인 참여로 이끌 수 있습니다.

둘째, 자율 활동 주제에 맞게 자신의 역할을 만들어 참여합니다. 수학여행이나 체육대회, 학급회의 등에서 작은 비중이라도 자신이 할 수 있는 역할을 수행하고, 그 과정에서 의미를 찾아보는 것도 도움이 될 수 있습니다.

셋째, 자율 활동을 통해 얻은 유의미한 변화를 기록합니다. 학습에 대한 흥미나 진로에 대한 관심이 높아진 사례 등 학교생활 전반에 미친 긍정적인 변화가 있다면 모두 해당됩니다. '해당 주제에 관심이 생겨서 관련 독서를 꾸준히 하게 되었다' 등의 구체적인 노력도 기록하면 좋습니다.

넷째, 자율 활동을 통해 변화한 점을 담임 선생님과 적극적으로 소통합니다. 창의적 체험활동의 각 영역은 동아리 활동을 제외하고는 담임 교사가 입력하므로 학급당 학생 수가 많은 경우 모든 학생을 관찰하고 평가하기는 어렵습니다. 따라서 개인의 특성을 드러낼 수 있는 요소나 우수한 활동 내용이 기록되길 원한다면 담임 교사에게 자율 활동을 통한 자신의 변화에 대해 적극적으로 표현할 필요가 있습니다.

왔쌤의 Tip

자녀의 자율 활동, 이렇게 생각해주세요

"아이가 학급회장에 출마하는 것이 좋을까요?" 중학교 1학년 학급회장 선거일이 다가오면 이런 질문을 하는 학부모님들이 많습니다. 학급회장을 하면 공부 시간을 빼앗기거나 리더로서 어려움을 겪을까 봐 걱정되기 때문입니다. 예전과 다르게 학급자치회에서는 각자의 역할이 있습니다. 학급회장의 역할을 하느라 다른 아이들보다 공부할 시간이 줄어들었다고 보긴 어렵습니다. 또 학급회장이 되었다는 것은 리더로서의 역할에 대한 가능성을 인정받았다는 의미입니다. 학급회장으로서 겪는 어려움도 아이를 리더로 성장하게 하는 밑거름이 될 수 있습니다.

"엄마가 직장에 다니니까 학급회장은 하지 않는 게 좋겠어." 아이가 학급회장이 되면 어머니도 학급 대표를 맡아야 한다고 생각하는 분들이 많습니다. 하지만 아이와 학부모님은 각자의 역할이 있습니다. 학급회장이 아이들 대표인 것처럼 학부모 대표도 희망 학부모님 중에서 대표를 맡을 수 있습니다. 최근에는 교육에 대한 관심이 높아져서 자발적으로 참여하는 분도 많으니 직장맘이라서 혹은 엄마가 바쁘다는 이유로 아이의 학급회장 지원을 막지 않아도 됩니다.

"학급회장도 아닌데 너무 열심히 하는 것 아니니?" 학교 행사에 적극적인 아이를 보면 걱정하는 학부모들이 있습니다. 하지만 학교 행사에서는 각자의 역할이 있습니다. 축구에 관심 많은 아이가 축구팀 주장을 맡을 수 있고, 댄스를 좋아하는 아이라면 댄스 경연대회 팀장이 될 수도 있습니다. 비중이 크건 작건 아이들은 자신만의 역할이 있고, 학교 행사에 적극적으로 참여함으로써 배움도 크다는 것을 기억하길 바랍니다.

동아리 활동

학년초가 되면 동아리와 관련된 가정통신문이 나오는데, 동아리 종류도 많고 정규 동아리와 자율 동아리 등 이름도 다양해서 부모 님들은 물론 아이들도 헷갈려하는 경우가 많습니다. 그래서 이번 에는 창의적 체험활동의 동아리 활동에 대해 하나씩 살펴보도록 하겠습니다.

창의적 체험활동의 동아리 활동 영역

◆◆◆

창의적 체험활동의 동아리 활동 영역에는 ①정규교육과정 내 동아리 활동 ②학교교육계획에 의한 정규교육과정 이외의 자율동아리 활동 ③학교교육계획에 의한 정규교육과정 이외의 청소년단체활동 ④정규교육과정 내 학교스포츠클럽 활동 ⑤학교교육계획에 의한 정규교육과정 이외의 학교스포츠클럽 활동이 있습니다. 용어만 보면 복잡하고 다양합니다.

학교생활기록부를 보면 다음의 표와 같이 기록됩니다. 여기에서 정규교육과정 내 동아리 활동(①)과 정규교육과정 내 학교스포츠클럽 활동(④)은 활동 시간과 내용 입력이 필수이고, 나머지는 학생의 선택과 활동 유무에 따라 입력됩니다.

학교생활기록부 동아리 활동

활동	입력 예시
정규교육과정 내 동아리활동	(영어회화반)(34시간) 영어에 관심이 많고~
학교교육계획에 의한 정규교육과정 이외의 자율동아리활동	(로봇반: 자율동아리)
학교교육계획에 의한 정규교육과정 이외의 청소년단체활동	(○○단: 청소년단체)
정규교육과정 내 학교스포츠클럽활동	(발야구반: 학교스포츠클럽)(34시간) 역할을 정확히 숙지하고 있으며~
학교교육계획에 의한 정규교육과정 이외의 학교스포츠클럽활동	(축구발리킥클럽: 방과후학교스포츠클럽)(68시간)

정규교육과정 내 동아리 활동: 정규 동아리

학생들은 연간 1개 이상의 정규교육과정 내 동아리 활동에 참여해야 합니다. 대부분의 학교가 1년 동안 1개 동아리를 선택해 활동하게 합니다. 이때 동아리는 학년(학기)초에 구성해 학년(학기) 말까지 활동하는 것을 원칙으로 합니다. 단, 부득이한 사유로 동아리를 변경하는 경우 학생의 활동 내용을 동아리별로 모두 기록해야 합니다.

동아리 활동 영역은 자기평가, 학생상호평가, 교사 관찰 등의 방법으로 평가하고, 참여도, 협력도, 열성도, 특별한 활동 실적 등을 참고해 실제적인 활동과 역할 위주로 입력합니다. 다음은 교육부에서 발표한 2017학년도 학교생활기록부 중 정규 동아리 활동에 대해 기재한 내용의 일부입니다. 학교생활기록부에는 어떤 식으로 기록되는지 참고하면 됩니다.

| 생명과학탐구반 | (○○시간) 실험 설계 능력과 데이터 분석 능력이 우수하고, 실험 장비에 대한 기본 지식이 풍부하여 평소 부원들에게 과학 실험 장비의 사용법과 주의 사항을 친절하게 알려줌. 과학의 달 행사 때 해부현미경 조작이 서툰 부원들에게 자신의 사용 경험을 바탕으로 사용법을 안내하고, 분리 시료의 농도 조절이 중요한 전기영동 실험에서 모둠 장으로 참여하여 가장 오차가 작은 실험 결과를 도출함. 동아리 발표회에서 참여 학생들이 직접 진드기 퇴치제와 효모 비누를 만들 수 있는 체험 부스를 운영하면서 체험 활동에 어려움을 겪는 학생들에게 친절하고 상냥하게 설명해주는 모습이 인상적이었음.

자율 동아리: 학교교육계획에 의한 정규교육과정 이외의 자율동아리 활동

학교교육계획에 의한 자율 동아리는 학생이 희망하는 경우에만 참여하는 활동입니다. 자신이 원하는 자율 동아리가 있다면 원하는 동아리를 선택해 참여할 수 있습니다. 하지만 여러 자율 동아리에 가입하더라도 1개만 입력할 수 있으므로 선택과 집중이 필요합니다. 본인에게 가장 맞는 자율 동아리가 무엇인지 생각해보고, 적극적이고 성실하게 활동해 학년말에 활동이 입력되게 하는 것이 중요합니다. 학교생활기록부에 자율 동아리명을 입력하고, 필요시에는 동아리 소개를 동아리명과 공백을 포함해 30자 이내로 입력할 수 있습니다.

자율 동아리는 활동 계획과 동아리 구성 인원, 지도교사 등의 내용을 포함한 운영계획서를 제출해 학교장의 승인을 받고, 입력 대상 학생 범위도 학업성적관리위원회의 심의로 결정해야 합니다. 다음은 학교생활기록부 기재 요령에서 제시된 자율 동아리 구성 절차이니 참고하면 됩니다. 학기 중에 구성된 자율 동아리는 입력

담당부서	학생	담당부서	담당부서	학생/지도교사
학교교육 계획에 자율동아리 운영 계획 수립	동아리 구성, 지도교사 섭외, 동아리 운영 / 계획서 작성 및 제출	동아리 담당교사 취합 및 결재	학교장 승인, 교육정보 시스템에 자율동아리 부서명 등록	동아리활동 전개, 학교생활 기록부 기재

이 불가하므로 사전에 준비해야 합니다.

정규교육과정 내 학교스포츠클럽 활동

학교스포츠클럽 활동은 학교폭력 문제를 완화하고 학생들이 바람직한 인성을 기를 수 있도록 하기 위해 2012년 2학기부터 전국 모든 중학교 1~3학년 학생을 대상으로 시행되었습니다. 학교마다 학교스포츠클럽 활동 편성 및 운영 방법은 다르지만, 대체로 종목과 내용은 학생들의 희망을 반영해 다양한 종목을 개설합니다. 예를 들어 4개 반을 대상으로 배구, 농구, 축구, 필라테스, 댄스 5개의 스포츠 종목을 개설하면 학생들은 그중에서 1개 종목을 선택해 참여할 수 있습니다. 학교스포츠클럽 활동은 1학년의 경우 자유학기제의 예술체육 활동과 연계 운영할 수 있고, 동아리 활동으로 운영할 수도 있습니다.

동아리 활동의 선택 기준

◆◆◆

동아리 활동은 학생이 자발적으로 집단 활동에 참여해 협동하는 태도를 기르고, 자신의 취미와 특기를 기르기 위해 운영합니다. 이를 위해 상당수의 학교들이 신입생을 대상으로 흥미와 관심사를 파악하기 위해 사전조사를 실시합니다. 그런데도 학생들은 동아리 활동을 선택할 때 원하는 동아리에 들어가지 못했다는 이야기를 많이 합니다. 동아리 활동이 결성되는 과정을 살펴보면 그 이유를 알 수 있습니다.

신학년도를 준비하면서 교사들은 자신들이 지도하고 싶은 동아리를 제출합니다. 이때 사전 수요조사를 한 학교라면 아이들이 원하는 프로그램이 무엇인지 참고하고, 이전에 운영해왔던 프로그램이나 담당하고 있는 교과와 연계하거나 교사 본인의 장점을 살리는 동아리를 운영하려고 계획합니다. 이렇게 만들어진 동아리 목록은 학교 관리자와 담당 부서가 함께 논의하면서 다양한 동아리가 고르게 분포되어 있는지를 확인합니다. 이전년도의 학교 평가에서 학생과 학부모님의 건의 사항이 잘 반영되었는지, 학교를 대표하거나 전통 있는 동아리의 경우에는 지도 교사도 배정됩니다.

그다음으로 방송반이나 댄스반과 같이 학생을 선발해야 하는 동아리가 홍보와 오디션 기간을 거쳐 미리 동아리원을 선발합니다. 동아리 자체적으로 학생을 선발하는 것이지요. 이 과정이 끝나면 그제야 다른 동아리들은 모집하는 학년과 동아리별 배정 가능한 학생 수를 확정합니다. 이렇게 2월부터 3월 초까지의 신청과 조정, 검토 기간을 거쳐 동아리 활동에 대한 가정통신문이 만들어집니다.

그런데 동아리 목록이 공개되면 학생들의 신청률이 높은 동아리가 있습니다. 이를 보완하기 위해 동아리별로 가입 가능한 인원

수를 배정해 학급 내에서 조정하는 방법, 온라인 동아리 신청 프로그램을 이용해 선착순 또는 1~3순위까지 선호도를 고려해 배정하는 등 다양한 방법으로 신청을 받습니다.

이 과정에서 학생들은 자신이 원하는 동아리에 배정되지 못해 아쉬워하기도 하고, 원하지 않는 동아리에 배정되어 불만스러워할 수도 있습니다. 물론 인기 있는 동아리는 인원수를 늘리거나 반을 늘리면 되지 않느냐고 건의하는 학부모님들이 있습니다. 그런데 인원수를 늘리면 교사 1명당 담당해야 할 학생 수가 많아져 양질의 교육을 하기 힘들 수 있습니다. 또 반을 늘리면 담당할 교사가 부족해 강사 채용을 위한 비용을 써야 합니다. 이런저런 이유로 학교에서 안내하는 가정통신문의 동아리 목록이 최선의 방법이라고 할 수 있습니다. 아이가 동아리 배정에 대해 불만을 토로할 때는 동아리 활동으로 무엇을 어떻게 배울 수 있을지를 함께 고민하는 현명한 자세를 보여주세요.

동아리를 고를 때는 자발적인 활동과 참여, 협동하는 태도, 취미와 특기를 키울 수 있는 동아리를 선택하는 것이 좋습니다. 창의적 체험활동에서 동아리 활동은 학생의 소양을 넓히는 기회가 될 수 있습니다. 교과 수업 외에 하는 활동을 통해 학생들은 다양한 경험을 할 수 있습니다.

그렇다면 과학연구원을 희망하는 학생에게는 배드민턴반보다 과학탐구반이 더 의미 있는 활동일까요? 여기에서는 학생이 선택한 동아리의 종류가 중요한 것이 아닙니다. 배드민턴 동아리에 참여한 학생이 경기를 통해 팀워크의 중요성을 배웠다면 과학연구에서도 팀원 간의 배려와 존중이 필요함을 아는 것처럼 의미 있는 성장입니다. 또한 과학탐구반에 참여한 학생이 실험 도중에 생긴 조원 간의 의견 충돌을 해결하는 과정에서 조정자의 역할을 잘했다면 이는 리더십을 기르는 계기였다고 할 수 있습니다. 어떤 동아리를 선택하든 동아리 활동을 통해 학생이 무엇을 배우고 어떻게 성장했는지가 가장 중요합니다.

봉사활동을 넘어 봉사 학습으로

봉사활동이란 대가를 바라지 않고 자발적인 의도에서 다른 사람을 돕거나 사회에 기여하는 지속적인 활동입니다. 봉사활동은 그 자체로 교양 있는 민주 시민의 필수 덕목이며, 학생들에게 나눔과 배려, 참여의 삶을 직접 배울 수 있는 훌륭한 기회입니다. 따라서 봉사활동에 참여한다는 것이 삶을 얼마나 풍요롭고 행복하게 하는지를 깨닫는다면 나중에도 스스로 참여할 수 있는 어른으로 성장할 수 있을 것입니다.

초등학교 때는 봉사활동에 대한 사항이 학교생활기록부에 기록되지 않았고, 학생 자율로 이루어지는 활동이었습니다. 하지만 중학교 봉사활동은 학교생활기록부에 기재되고, 시도교육청에 따라

고입 내신성적에 반영되는 활동입니다. 그럼에도 단순히 시간만 채운다면 무의미한 시간이 될 수 있습니다. 따라서 봉사활동을 할 때는 아이들에게 목적과 의미를 이해시켜야 하는 것이 우선입니다. 단순한 참여를 넘어 학습으로 이어지는 봉사활동이야말로 진정한 봉사 학습이 될 수 있습니다.

학교교육계획에 의한 봉사활동

◆◆◆

봉사활동은 ①학교교육계획에 의한 봉사활동 ②개인 계획에 의한 봉사활동으로 나눌 수 있습니다. 그중에서 학교교육계획에 의한 봉사활동은 창의적 체험활동 시간에 운영되는 봉사활동과 수업 시간 외의 교내 봉사활동이 있습니다.

먼저 학교교육과정 중 창의적 체험활동의 한 영역으로 실시되는 봉사활동은 '창체 봉사활동'이라고 합니다. 연간 학사일정에서 볼 수 있는 봉사활동 사전교육이나 학급별 봉사의 날을 예로 들 수 있습니다. 학교별 연간 계획에 의해 추진되고 학교, 학년, 학급 또는 그룹 단위로 이루어질 수 있습니다. 이처럼 학교교육계획에 의한 봉사활동은 학생의 발달 단계 및 요구, 학교 및 지역의 특성 등을 고려해 결정되므로 학교마다 운영 시간이 다를 수 있습니다.

한편 학교교육계획에 의한 수업 시간 외의 교내 봉사활동은 급식 도우미나 장애 학생 도우미, 학급도서 관리 등을 예로 들 수 있습니다. 쉬는 시간이나 점심시간, 수업 시간 이외 시간에 교내에서 참여할 수 있는데, 학년초에 지원 학생을 모집합니다.

개인이 하는 봉사활동

◆ ◆ ◆

개인 계획에 의한 봉사활동은 봉사활동과 관련된 것들이 개인 차원에서 이루어지는 것을 말합니다. 개인 봉사활동을 하기 위해서는 봉사활동계획서를 사전에 제출해 담임 선생님에게 봉사활동이 인정되는지를 확인해야 합니다. 간혹 학생에게 안전하지 않거나 인정받기 어려운 활동도 있기 때문입니다. 봉사활동 이후에는 확인서를 제출하면 학교에서는 입력 가능 여부를 평가해 학교생활기록부에 기재됩니다.

1365자원봉사포털(www.1365.go.kr)이나 VMS(ww.vms.or.kr 사회복지자원봉사인증관리), DOVOL(www.youth.go.kr 청소년활동정보서비스 e청소년) 등의 실적 연계 사이트를 이용하는 경우에는 봉사활동계획서나 확인서를 제출할 필요가 없지만, 사전에 상담은 필요합니다. 이곳에 등록되어 있는 봉사기관이나 활동이라도 해당 시도교육청의 봉사활동 운영계획에서 벗어날 경우 인정하지 않기 때문입니다. 특히 영리를 목적으로 하는 기관이나 단체, 종교적 정치적 목적이나 소속 회원의 이익을 목적으로 활동하는 기관이나 단체, 공익 목적에 위배되는 기관이나 단체에서 운영하는 활동은 인정되지 않는다는 것을 기억해야 합니다.

봉사 실적과 관련된 사이트

개인 봉사활동을 하려면 실적 연계 사이트를 이용하면 편리합니다. 예전에는 자원봉사를 하고 나면 봉사활동을 했던 기관에서 확인서를 출력하고, 기관 도장을 받은 후 학교에 제출하면 인정되었습니다. 그런데 요즘에는 인증된 사이트에서 봉사 시간을 확인, 확인증을 출력해 학교에 제출하거나 나이스로 바로 실적을 전송하면 됩니다. 실적 연계 사이트는 다음과 같습니다.

1365자원봉사포털(www.1365.go.kr)은 전국의 자원봉사 정보를 한곳에서 확인할 수 있고, 조회-신청-실적 확인과 봉사활동확인서를 직접 발급받을 수 있습니다. 1365자원봉사포털 사이트는 한 번만 가입하면 언제든 봉사활동과 관련된 정보 검색이나 개인별 신청이 가능합니다. 또한 이곳을 통해 실시한 봉사활동은 학교 나이스 시스템과 연계되어 사전계획서 작성 및 봉사활동확인서를 출력해 제출할 필요가 없습니다. 따라서 1365자원봉사포털에 가입하면 중·고등학교 재학 중 봉사활동에 대해서는 체계적으로 관리할 수 있어 많은 학교에서 가입을 권장하고 있습니다.

VMS(www.vms.or.kr)도 1365자원봉사포털과 유사하게 운영됩니다. 다만 VMS가 '사회복지'에 초점을 두고 간단한 봉사부터 전문적인 활동까지 지원하고 있다면, 1365자원봉사포털은 '자원봉사'에 초점을 맞춰 사회복지뿐 아니라 공공기관에서의 자원봉사 등도 포함해 더 폭넓은 활동을 지원하고 있습니다.

DOVOL(www.youth.go.kr)에서는 봉사활동을 포함해 청소년을 위한 활동이나 복지, 보호 지원 정보 등을 통합적으로 확인할 수 있습니다. 특히 청소년이 스스로 봉사활동 목표를 세우고 달성했을 때의 성취감과 보람을 통해 지속적이고 적극적으로 참여하도록 Do Project(두 프로젝트)를 시행하고 있습니다.

봉사활동 시간과 내신의 상관관계

◆◆◆

봉사활동 실적은 1일 8시간 이내로 인정하는 것이 원칙입니다. 평일 수업 시간이 7교시이면 1시간, 6교시이면 2시간이 인정됩니다. 8시간에서 수업 시간을 제한 만큼만 인정한다는 의미입니다. 단, 헌혈은 수업 시간과 관계없이 4시간으로 인정됩니다. 교외체험학습 기간 등 학교장 출석 인정 결석 기간에 8시간 봉사활동을 했더라도 당일 학교 수업이 7교시이면 봉사활동 시간은 1시간만 인정 가능합니다.

또한 봉사활동은 다른 창의적 체험활동 시간과 중복해서 인정되지 않습니다. 자율 동아리를 포함한 동아리 활동의 일환으로 봉사활동을 했다면 동아리 활동으로만 인정하고 봉사활동 실적으로는 인정하지 않습니다. 봉사활동 관련 교육이나 회의, 사전교육 등은 인정하지만, 봉사활동과 연결되지 않는 소양 교육, 회의 참석, 평가단 참여 등은 인정되지 않습니다. 기타 봉사활동 인정 가능한 기관인지에 대해서는 시도교육청 홈페이지의 봉사활동 안내 페이지에서 확인할 수 있습니다. (서울시교육청의 경우 '학생 봉사활동 이것이 궁금해요'를 참조합니다. 매뉴얼은 교육청 홈페이지 → 교육정보 → 서울교육자료 → 학생봉사활동활성화 → 자료실에서 확인 가능합니다.)

봉사활동은 내신 총점에서 12점

해마다 봉사활동 마감일이 다가오면 개인별 봉사활동 시간을 확인합니다. 고입 내신성적에 봉사활동이 반영되기 때문에 정확한 확인이 필요합니다. 서울의 경우 봉사활동은 300점의 고입 내신 총점에서 12점입니다. 전체에서 4% 비중으로, 다른 학생들이 전부 12점을 받는다면 큰 점수라고 할 수 있습니다. 따라서 고입 내신이 필요한 학교를 지원할 계획이라면 학년초부터 자신이 원하는 분야의 봉사활동을 꾸준히 실천해야 합니다.

또한 코로나19 상황으로 고등학교 입학 내신성적 산출 항목에서 봉사활동 권장 시수가 폐지된 지역도 있으니 참고해야 합니다. (서울의 경우 봉사활동 권장 시수를 폐지했습니다. 이는 3년 동안 모든 학생들의 봉사활동 점수가 동일하다는 의미입니다.)

봉사활동 시간 인정 기준

봉사활동 실적은 시간 단위로 기록합니다. 학교생활기록부에는 분 단위를 절사해 기록한다는 점도 기억해야 합니다. 예를 들어 2시간 50분을 활동해도, 2시간 30분을 활동해도 2시간으로 입력됩니다. 단, 동일 기관에서 같은 내용의 봉사활동을 지속적으로 한 경우 학기말이나 학년말에 합산이 가능하므로 활동 기간과 시간을 고려해야 합니다.

그런데 2월 말에 봉사활동을 했는데 3월 초가 되어야 확인서를 발급받을 수 있는 경우가 있습니다. 운영기관의 절차 때문이지요. 이런 경우 학생들은 기한이 지나서 실적을 입력할 수 없다고 여겨 확인서를 제출하지 않는 경우가 있습니다. 학년말 학교생활기록부가 마감된 이후 실시한 봉사활동 실적은 다음 학년도 담임 선생님에게 제출하면 입력할 수 있습니다. 학년도는 3월 1일부터 2월 말일이므로, 2월 말까지의 실적도 인정되니 꼭 챙겨야 합니다.

과학고, 외고 등 특목고를 준비하는 경우 어떤 봉사활동이 필요한지에 대해 묻는 질문이 많습니다. 제출해야 하는 학교생활기록부에는 봉사활동 항목이 포함되어 출력되고, 자기소개서의 인성 영역에서는 봉사활동 경험이 중요한 소재가 될 수 있기 때문입니다. 자신의 진로와 적성에 맞는 봉사활동을 체계적으로 실천하고,

배우고 느낀 점을 자기소개서에 서술한다면 더할 나위 없이 좋을 것입니다. 하지만 '어떤' 봉사활동을 했느냐보다는 '어떻게' 실천했는지가 더 중요합니다. 아무리 진로와 연계된 봉사활동을 했더라도 배우고 느낀 점이 없다면 의미 없는 활동이 될 수 있습니다. 어떤 봉사활동을 할지에 주목하지 말고 그 과정에서 자신의 진로와 연계해 배우고 느낀 점을 찾도록 해야 합니다.

의미 있는 봉사활동이 되려면

◆◆◆

의무적으로 시간만 채우는 봉사활동은 바람직하지 않습니다. 배움이 있는 봉사활동을 하기 위해서는 어떻게 해야 할까요?

첫째, 학생 주도형 봉사활동을 실천해야 합니다. 일반적으로 봉사활동은 단순 참여형과 재능 기부형으로 나눌 수 있습니다. 청소와 같이 단순 참여형 봉사활동도 의미가 있지만, 자신의 재능과 특기를 발휘할 수 있는 재능 기부형 봉사활동이 더 의미 있는 활동이 될 것입니다. 학생 스스로가 자신의 진로와 흥미, 특기와 연계한 봉사활동 계획을 수립해 장기간 봉사활동을 실시하는 것도 좋은 방법입니다.

둘째, 체계성, 지속성, 진정성이 중요합니다. 봉사활동은 '무엇을 했느냐'보다 '어떻게 했느냐'가 중요합니다. 학교생활기록부 봉사활동 항목을 채우기 위한 일회성 봉사활동보다는 도움을 필요로 하는 이들에게 지속적이고 진정성 있는 참여가 가능한 봉사가 중요함을 잊지 말아야 합니다.

셋째, 봉사활동기록장을 꾸준히 작성합니다. 봉사활동은 활동을 넘어 봉사 학습이 되도록 노력해야 합니다. 그러려면 봉사활동을 한 후에 배우고 느낀 점을 수시로 기록해보는 방법이 좋습니다. 봉사활동 기록장이라고 해서 너무 거창할 필요는 없습니다. 봉사활동확인서에 포함된 내용과 함께 특별히 기억에 남았던 일화와 그에 대한 자신의 생각을 쓰면 됩니다.

마지막으로 담임 선생님과의 관계가 중요합니다. 중학교의 경우 봉사활동 실적은 학교생활기록부에 입력할 수 있지만, 봉사활동 특기사항은 입력하지 않습니다. 하지만 필요한 경우 '행동특성 및 종합의견'에 쓸 수도 있습니다. 행동특성에서 '인성' 측면을 무시할 수 없기 때문인데, 봉사활동으로 아이가 변화하고 성장했다면 행동특성 및 종합의견에 입력할 수 있습니다. 그러려면 담임 선생님과의 적극적인 의사소통이 가장 중요합니다.

진로 활동

학교생활기록부의 창의적 체험활동의 진로 활동을 살펴보면 프로그램을 운영한 날짜와 내용만 나열된 경우가 많습니다. '마을 속 직업 찾기 프로그램(20××.05.10.)'이나 '진로 성향 및 적성 검사를 실시함(20××.03.04.)'등과 같이 말입니다.

진로 활동의 특기사항은 학생이 참여한 프로그램뿐만 아니라 진로 탐색의 과정이나 상담 내용 등을 함께 기록할 수 있습니다. 그럼에도 불구하고 동일 학급 학생들의 경우 내용이 거의 비슷해 학생의 개인적인 특기사항이라고 볼 수 없는 경우가 많습니다. 진로 활동의 특기사항에서 학생 개개인의 활동과 그에 대한 성장과 변화를 보여주려면 어떻게 해야 할까요?

여러 가지 형태의 진로 활동

◆◆◆

진로 활동은 학생들이 자신을 이해하는 데서 시작해 자신의 진로를 주도적으로 탐색할 수 있도록 돕는 활동으로 ①자기이해 활동 ②진로탐색 활동 ③진로설계 활동으로 구분할 수 있습니다.

먼저 자기이해 활동을 통해 학생들은 자신의 적성과 특기가 무엇이며, 어떤 분야에 소질과 강점이 있는지를 파악합니다. 자아 정체성이나 자아 존중감을 위해 활동 수업을 하거나 직업 흥미도나 직업 적성검사 등을 실시하는 것도 이런 활동 중 하나입니다.

진로탐색 활동에서는 사회 변화에 따른 새로운 직업을 파악하고, 미래 사회에 필요한 핵심 역량을 갖출 수 있도록 직업 체험, 직업인 초청 특강 등을 들을 수 있습니다.

진로설계 활동에서는 다양한 진로탐색과 진로 체험을 통해 학생들이 자신의 진로에 대해 방향을 계획하고 준비하도록 돕습니다. 예를 들면 진로 상담을 통해 자신의 꿈과 비전에 맞는 학업이나 직업에 대해 계획을 세우고, 다양한 진로 관련 프로그램을 경험할 수 있도록 도와줍니다.

진로 희망을 정하지 못했다면

학생의 진로 희망은 특기사항 내의 희망 분야 란에 입력합니다. 진로 희망은 담임 선생님이 학생들과 상담을 하거나 가정통신문이나 설문지 등을 통해 조사해 기록합니다. 학생들은 초등학교 교사, 광고기획자 등으로 본인의 희망하는 진로를 제출하면 됩니다. 이때 관심 분야나 희망 직업에 대해서는 커리어넷(www.career.go.kr)의 직업 분류를 살펴보면 도움이 됩니다. 각 직업에 대한 연봉이나 일자리 전망, 발전 가능성, 고용 평등에 대한 정보 등을 확인할 수 있고, 관련 학과나 하는 일 등에 대해서도 살펴볼 수 있습니다.

그런데 제출 기한까지 본인의 진로 희망을 정하지 못했다면 어떻게 해야 할까요? 간혹 성급하게 희망 직업을 결정해서 제출하는 경우가 있습니다. 어른들도 자신의 진로를 결정하지 못하는 경우가 있는데 충분히 고민한 후에 결정해도 됩니다. 이 경우 '현재 진로 희망 없음' 또는 '진로탐색 중임'으로 기록해도 됩니다.

참고로 진로 희망과 관련된 내용은 상급학교 진학 시 전형 자료로 제공되지 않습니다. 한동안 진로 희망이 전형 자료로 제공되어 중학 생활 도중에 진로가 바뀌었는데도 3년 동안 동일하게 기록하는 학생도 많았는데, 앞으로는 그러지 않아도 됩니다.

진로 활동의 특기사항

진로 활동의 특기사항에는 특기·진로 희망과 관련된 학생의 자질이나 활동을 기록하거나 학교와 학생이 수행한 활동과 진로 상담 결과를 담임 선생님이 기록합니다. 학생의 활동, 참여도, 태도 변화 등 진로 활동과 관련된 사항, 선생님들과의 상담이나 관찰,

평가 내용을 입력하기도 합니다. 학생의 학업이나 진로에 대한 계획, 진로 관련 각종 검사 내용도 포함됩니다.

유명 강사가 운영하는 프로그램이나 대학 탐방 프로그램에 참여한 경우 특기사항에 기재될 것이라고 기대하는 경우가 있는데, 최근에는 지역이나 특정 회사명, 강사명과 대학교 명칭을 제외하고 기록하도록 되어 있습니다. 다음은 창의적 체험 활동의 진로 활동을 기재한 예인데 참고로 살펴보면 됩니다.

> 자아 이해 프로그램으로 '나를 상징해보기' 활동에서 자신을 순수한 어린왕자로 표현하였으며 '나를 채용해보기' 활동에서는 메모하는 습관과 자기성찰 능력을 자신의 강점으로 제시함. '진로 관련 엽서 쓰기' 활동에서는 방송 연출자와 대본 작가에게 엽서를 쓰고 드라마 대본을 쓰고 싶다는 희망을 표현함. 미래 명함 만들기와 자기소개서 작성을 통해서도 지속적으로 방송 시나리오 작가에 대한 꿈을 키워나감.

진로 활동을 잘하고 싶다면

◆◆◆

첫째, 각종 진로검사 결과를 소홀히 하지 않아야 합니다. 중학교에서는 1년에 한 번씩 각 학년에 맞는 진로 관련 검사를 실시하고 그에 대한 결과를 설명해줍니다. 그런데 자신에 대한 객관적인 자료인데도 아이들은 한번 훑어보고 잊어버리는 경우가 있습니다. 학년초에 실시한 각종 진로검사 결과지는 꼼꼼히 읽어보고, 바인더에 보관한 다음 필요할 때마다 꺼내 보면 분명 나중에 큰 도움이 될 것입니다.

둘째, 선택의 기회가 주어진다면 적극적으로 참여해야 합니다. 요즘 학교에서는 진로체험이나 직업체험을 획일적으로 계획하지 않습니다. 학생들의 요구와 흥미에 맞게 프로그램을 기획하고 학생들이 선택할 수 있도록 진행합니다. 따라서 선택할 수 있는 기회가 주어진다면 당시의 기분이나 친구를 따라 선택하기보다 자신에게 관심 있는 것이 무엇인지 고민한 후에 참여합니다.

셋째, 자신만의 배움을 찾아야 합니다. 기본적으로 학교에서 실시하는 모든 진로 활동은 학생 개개인에게 맞춤형으로 이루어지기는 불가능합니다. 하지만 같은 활동 속에서도 자신만의 배움을 경험할 수 있습니다. 전교생이 같은 진로 특강을 들어도 배움은 모두 다를 것입니다. 이런 과정을 매번 글로 표현하다 보면 그 과정에서 성장하는 자신을 발견하게 될 것입니다.

넷째, 담임 선생님이나 진로 상담 선생님과 적극적으로 상담합니다. 모든 중학교에는 진로 상담 선생님이 있습니다. 그들은 학생들의 진로탐색을 돕고, 필요한 경우 담임 선생님과 함께 진학에 대한 도움을 줍니다. 담임 선생님 입장에서는 많은 학생들 중에서 누군가가 적극적으로 다가와 상담하는 모습을 보이면 그런 모습을 기록해주려고 할 것입니다.

자녀의 알찬 진로 활동을 돕고 싶다면

아이의 알찬 진로 활동을 위해서 부모님이 해줄 수 있는 것은 무엇일까요?

첫째, 아이가 자신만의 진로 포트폴리오를 만들 수 있도록 해주세요. 포트폴리오라고 하면 어렵고 시간이 오래 걸릴까 봐 걱정할 수 있지만 생각보다 간단합니다. 먼저 A4 크기의 바인더를 준비합니다. 반드시 바인더일 필요는 없고, 아이의 진로적성검사 결과지 등을 보관하기 좋은 것으로 마련하면 됩니다. 학교에서 실시한 진로 활동 프로그램에 대한 결과지나 아이가 참여한 프로그램 활동 보고서 등을 날짜순으로 정리하면 됩니다.

활동 보고서는 제출하면 돌려받지 못하는 경우도 있으니 미리 복사하거나 스캔해 보관해야 합니다. 나의 미래 명함 만들기나 재능 찾기 등의 진로와 직업 교과 시간에 활동한 결과물도 함께 모으면 됩니다. 하지만 단순히 자료를 모으는 것으로는 의미 부여가 되지 않습니다. 활동을 통해 느낀 점이나 새로 알게 된 점 등을 포스트잇에 기록해 붙여두면 좋습니다. 한번에 만들면 분량도 많고 시간도 오래 걸리니 프로그램에 참여했을 때마다 정리하고 기록하도록 지도해주세요.

둘째, 자녀의 진로 활동에 의미를 부여해 참여시켜 주세요. 대부분의 학교들은 3월에 진로 성향이나 진로적성검사 등을 실시하고 결과지를 배부합니다. 결과에 대한 분석은 전문가 특강 형식으로 아이들에게 설명해주지만 주의 깊게 듣는 아이들은 많지 않습니다. 결과지 역시 부모님에게 보여주지도 않고 버리는 경우가 있습니다. 학교 달력 등을 참고해 각종 진로 활동에 관심을 갖고 아이와 대화를 나누면서 진로 활동에 의미를 부여할 수 있도록 도와주면 좋습니다.

셋째, 다양한 진로 체험의 기회를 제공해주세요. 부모님이 직접 진로 체험 장소를 찾아야 한다는 뜻은 아닙니다. 학교에서 아이들을 모집해 운영하는 각종 진로 체험 프로그램 등을 활용하라는 의미입니다. 학원 시간 등과 겹쳐서 꼭 하고 싶은 체험인데 부모님이 허락해주지 않아 포기해야 하는 경우도 있습니다. 아이가 의지를 가지고 참여하고 싶어 하는 프로그램이 있다면 진로탐색에 대한 좋은 기회인지 알아보고 허락 여부를 판단하면 어떨까 합니다.

중학교 평가계획의 기본

중학교 2학년인 (가)학생의 부모는 여름방학 전에 받은 성적통지표를 보고 깜짝 놀랐습니다. 지난 중간고사와 기말고사를 모두 100점 맞았는데도 (가)의 성취도는 B가 나왔습니다. 시험 점수만 보고 당연히 학교생활을 잘하고 있다고 생각했는데 믿을 수가 없었습니다. 반면 같은 학년인 (나)학생의 경우 중간고사를 망쳐 시무룩해 있었습니다. (나)의 부모님은 나머지 평가에서 잘하면 된다고 최선을 다하라며 (나)를 위로해주었습니다. 성취도 B가 나올 것으로 예상했는데 최종적으로 (나)는 성취도 A를 받았고, 부모님은 (나)를 대견해했습니다.

(가)와 (나)의 성취도는 왜 이런 결과가 나오게 된 것일까요? 이

번에는 교과별 평가계획과 함께 교과학습발달상황 성취도가 산출되는 과정을 살펴보도록 하겠습니다.

지필평가와 수행평가

◆ ◆ ◆

교과 학습의 평가는 ①지필평가 ②수행평가로 구분해 실시합니다. 단, 시도교육청의 학업 성적관리 시행 지침에 따라 수행평가만으로 실시하는 경우도 있습니다.

먼저 지필평가는 중간고사, 기말고사와 같이 일제식 정기고사를 뜻합니다. 문제는 선택형(객관식)과 서답형(주관식)으로 구분하고, 학교에 따라 평가 시기나 횟수 등은 다를 수 있습니다. 수행평가는 교과 담당 교사가 수업 시간에 학생의 과제 수행 과정 및 결과를 직접 관찰하고, 그 결과를 전문적으로 판단하는 평가 방법입니다. 서·논술형, 구술 발표, 토의·토론, 프로젝트, 실험·실습, 포트폴리오 등으로 다양하게 실시할 수 있습니다.

절대평가와 상대평가

◆ ◆ ◆

중학교에서는 내신성적이 학업성취도를 기준으로 절대평가로 산출됩니다. 절대평가는 시험에 응시한 학생이 일정한 점수를 넘으면 모두 같은 등급이 부여되는 방식입니다. 정해진 커트라인만 넘기면 같은 등급으로 인정되므로 등급별로 인원 제한이 없습니다. 예를 들어 전체 학년의 학생수가 200명일 때, 90점 이상인 학생이 50명이면 50명이 모두 A등급을 받게 됩니다. 운전면허시험과 같이 정해진 점수를 넘으면 합격하는 것으로 각종 자격증 시험이 이런 경우입니다.(중학교 성적 산출 방법은 바로 이어서 설명하겠습니다.)

한편 상대평가는 비율에 따라 등급을 주는 방식입니다. 예를 들어 시험에 응시한 전체 학년의 학생수가 200명일 때, A등급 비율이 전체 인원의 10%라면 상위 점수 1~20등까지만 A등급을 받을 수 있습니다. 90점을 넘었다고 해도 20등 안에 들지 못하면 A등급을 받을 수 없다는 뜻입니다. 선발 인원이 정해져 있는 공무원 시험이나 대학입학전형과 같이 성적이 우수한 순서로 합격 여부가 결정되는 것이 상대평가 방식입니다.

우리 아이가 반에서 몇 등이나 할지 궁금해하는 부모님들이 많습니다. 하지만 중학교에서는 절대평가를 기반으로 학생 평가를 진행하기 때문에 다른 학생들과 비교하는 반 등수나 전교 등수를 알 수는 없습니다. (2021학년도 3학년 학생들까지만 성적통지표를 참고해 전교 석차를 구할 수 있었습니다.)

교과별·학년별 평가계획이 나오기까지

◆◆◆

교사들에게 2월은 이전년도의 업무를 마무리하면서 동시에 신학년도에 담당할 학년의 수업과 평가계획을 수립해야 하는 매우 바쁜 시기입니다. 교과 학습의 평가계획은 교과협의와 학년협의회에서 수립합니다. 교과별로 평가계획이 수립되면 같은 학년을 담당하는 모든 교과 교사들이 모여서 다 같이 운영할 수 있는 주제가 있는지, 특정 시기에 수행평가가 많아서 학생들에게 부담을 주는 것은 아닌지 등에 대해 논의하고 조정하는 시간을 갖습니다.

평가계획이 수립되었다고 바로 실시할 수 있는 것은 아닙니다. 모든 교과의 평가계획에 대해서 학업성적관리위원회에서는 지필평가와 수행평가의 반영 비율, 방법, 점수 부여의 기준 등이 각종 지침에 부합되는지 등에 대해 꼼꼼하게 검토합니다. 이와 같이 학업성적관리위원회의 심의를 거친 교과별 평가계획은 학교장이 최종적으로 결정합니다.

확정된 교과별·학년별 평가계획은 학기 초에 가정통신문으로 학생과 학부모님들에게 안내됩니다. 학생들이 교과별 평가 방법과 반영 비율 등 평가 운영에 대해서 전반적으로 파악하고 이를 준비할 수 있도록 하기 위함입니다. 만약 평가 방법이나 반영 비율이 중간에 바뀌게 되면 학교 홈페이지나 가정통신문으로 변경된 사항을 안내합니다.

중학교 평가: 성적 산출 방법

학년초 평가계획 안내 가정통신문은 대부분 다음 페이지에 나오는 것과 같은 양식입니다. 이 가정통신문을 보면 과목별로 지필평가와 수행평가의 비율, 각각의 점수가 어떻게 반영되는지 등에 대해 알 수 있습니다.

다음의 표를 살펴보면 먼저 지필평가에서 중간고사와 기말고사를 실시하는 교과를 확인할 수 있습니다. 국어, 사회, 수학, 과학, 영어 교과가 중간고사를 실시하고, 체육과 음악, 미술 교과를 제외하고 모든 과목이 기말고사를 실시한다는 것을 알 수 있습니다.

교과별 평가계획도 알 수 있습니다. 국어 교과의 경우 지필평가와 수행평가의 비율이 60대 40입니다. 이때 중간고사와 기말고

중학교 2학년 평가계획 안내 가정통신문 예시

과목	지필평가		수행평가		합계
국어	중간고사(30%)	60%	○○○○(10%) □□□□(10%) ◇◇◇◇(10%) △△△△(10%)	40%	100%
	기말고사(30%)				
사회	중간고사(20%)	40%	○○○○(20%) □□□□(20%) ◇◇◇◇(20%)	60%	100%
	기말고사(20%)				
수학	중간고사(30%)	60%	○○○○(20%) □□□□(10%) ◇◇◇◇(10%)	40%	100%
	기말고사(30%)				
과학	중간고사(20%)	40%	○○○○(20%) □□□□(20%) ◇◇◇◇(20%)	60%	100%
	기말고사(20%)				
기술가정	–	30%	○○○○(20%) □□□□(20%) ◇◇◇◇(10%) △△△△(20%)	60%	100%
	기말고사(30%)				
체육	–	–	○○○○(25%) □□□□(20%) ◇◇◇◇(20%) △△△△(25%)	100%	100%
	–				
음악	–	–	○○○○(30%) □□□□(20%) ◇◇◇◇(20%) △△△△(10%) ◎◎◎◎(20%)	100%	100%
	–				
미술	–	–	○○○○(20%) □□□□(30%) ◇◇◇◇(30%) ◎◎◎◎(20%)	100%	100%
	–				
중국어	–	30%	○○○○(20%) □□□□(25%) ◇◇◇◇(25%)	70%	100%
	기말고사(30%)				
영어	중간고사(20%)	40%	○○○○(20%) □□□□(20%) ◇◇◇◇(20%)	60%	100%
	기말고사(20%)				

사는 각각 30%씩, 수행평가는 4개의 영역으로 실시되는데 각각 10%씩 반영됩니다. 사회 교과의 경우 지필평가와 수행평가의 비율이 40대 60입니다. 그리고 중간고사와 기말고사는 각각 20%, 수행평가도 20% 반영되는 3개 영역으로 실시한다고 해석할 수 있습니다.

원점수와 성취도

◆◆◆

학교생활기록부 교과학습발달상황의 성취도는 절대평가의 의미를 갖습니다. 원점수는 지필평가와 수행평가를 통해 성취한 점수를 반영 비율에 따라 환산한 합계 점수를 소수 첫째자리에서 반올림하여 정수로 기록합니다. 이때의 원점수를 기준으로 성취도를 다음과 같이 정합니다.

성취율(원점수)	성취도
90% 이상	A
80% 이상 ~ 90% 미만	B
70% 이상 ~ 80% 미만	C
60% 이상 ~ 70% 미만	D
60% 미만	E

단, 체육, 음악, 미술 교과의 과목 성취도는 다음과 같습니다.

성취율(원점수)	성취도
80% 이상 ~ 100%	A
60% 이상 ~ 80% 미만	B
60% 미만	C

중학교 성적 산출 방법

◆◆◆

학생들은 학기 말에 성적통지표를 받습니다. 학년초에 받았던 평가계획 안내 가정통신문보다 복잡해 보이지만 하나씩 살펴보면 어렵지 않습니다.

원점수는 지필평가 및 수행평가의 반영 비율을 환산해 점수로 나타낸 후 소수 첫째자리에서 반올림해 정수로 기록합니다. 예를 들어 환산 점수가 89.5와 같이 소수점이 나오는 경우 소수 첫째자리에서 반올림하면 원점수가 90점이 나오는 것입니다. 과목평균은 원점수를 사용해 소수 둘째자리에서 반올림해 소수 첫째자리까지 구합니다.

과목	지필/수행	고사/영역별(반영 비율)	만점	받은 점수	합계	성취도	원점수/ 과목평균
국어	지필	중간고사(30%)	100	90	94.5	A	95/82.5
	지필	기말고사(30%)	100	95			
	수행	○○○○(10%)	100	100			
	수행	□□□□(10%)	100	100			
	수행	◇◇◇◇(10%)	100	90			
	수행	△△△△(10%)	100	100			

이 성적통지표에서 환산점수와 원점수를 구해보겠습니다. 국어 중간고사에서 받은 점수 90점은 30%가 반영되므로 90×0.3=27 점이고, 기말고사 95점은 95×0.3=28.5점으로 환산됩니다. 수행 평가도 마찬가지로 10점, 10점, 9점, 10점으로 계산해 지필평가와 수행평가를 모두 더하면 27+28.5+10+10+9+10=94.5점이라는 환산점수가 나옵니다. 이때 원점수는 소수점 첫째자리에서 반올림 하므로 95점이 되고, 90점 이상(90%)이므로 이 학생의 국어 교과 성취도는 A가 됩니다.

그렇다면 다음 두 학생의 성적을 분석해보겠습니다.

(가)학생의 국어 교과성취도

과목	지필/수행	고사/영역별 (반영비율)	만점	받은점수	합계	성취도	원점수/ 과목평균
국어	지필	중간고사(30%)	100	100	88.6	B	89/82.5
	지필	기말고사(30%)	100	100			
	수행	○○○○(10%)	100	76			
	수행	□□□□(10%)	100	70			
	수행	◇◇◇◇(10%)	100	70			
	수행	△△△△(10%)	100	70			

(나)학생의 국어 교과성취도

과목	지필/수행	고사/영역별 (반영비율)	만점	받은점수	합계	성취도	원점수/ 과목평균
국어	지필	중간고사(30%)	100	78	90.9	A	91/82.5
	지필	기말고사(30%)	100	95			
	수행	○○○○(10%)	100	100			
	수행	□□□□(10%)	100	100			
	수행	◇◇◇◇(10%)	100	90			
	수행	△△△△(10%)	100	100			

(나)학생의 경우 지필평가에서 약간 흔들리긴 했지만, 수행평가에서 좋은 성적을 받아 원점수가 90점 이상으로 A 성취도를 받을 수 있었습니다. 반면 (가)학생의 경우 지필평가는 모두 100점이었지만 40%의 비율을 차지하는 수행평가에서 28.6점을 받아 환산점수 87점으로 성취도가 B로 나오게 된 것입니다.

학교생활기록부 교과학습발달상황에는 학기말 성적통지표가 반영되어 기록됩니다. 1학년 자유학기제의 경우에는 성취도를 산출하지 않고, 대신 P(pass)로 이수 여부를 기록합니다. 2, 3학년의 경우에는 지필평가와 수행평가의 점수를 합산해 원점수/과목평균, 성취도(수강자 수)를 산출합니다. (체육, 음악, 미술 과목은 성취도만 기록합니다.) 이전에는 표준편차까지 기록했지만 2020년 입학생부터 원점수/과목평균, 성취도(수강자 수)까지만 기록하는데, 다음과 같은 양식으로 나옵니다.

1학년 교과학습발달상황의 예

학기	교과	과목	원점수/과목평균	성취도(수강자수)	비고
1	국어	국어		P	
...	...	...		...	
2	국어	국어		P	
...	...	...		...	

과목	세부능력 및 특기사항
(1학기) 국어(자유학기)	...
(2학기) 국어(자유학기)	...

2, 3학년 교과학습발달상황의 예

학기	교과	과목	원점수/과목평균	성취도(수강자수)	비고
1	국어	국어	91/82.5	A(300)	
...	...	...	...	...	
2	국어	국어	90/81.3	A(297)	
...	...	...	...	...	

과목	세부능력 및 특기사항
	...
	...

등수보다 성취도

　학기말에 성적통지표를 받으면 많은 학부모님들은 내 아이가 전교에서 몇 등이나 할까 궁금해합니다. 하지만 학교에서는 절대평가를 기반으로 원점수에 따라 성취도를 기록하고, 상대평가 기반의 전교 등수를 산출하지 않기 때문에 속 시원한 답을 들을 수가 없습니다. 평균과 표준편차를 확인해야만 전교 등수를 알 수 있는데, 2020학년도 입학생부터는 평균과 표준편차를 확인할 수 없어서 전교 등수를 알 수 없습니다.

과목별 세부능력 및 특기사항

자사고 입시를 준비하기 위해 아이의 학교생활기록부를 조회해보던 한 중3 학부모님은 당황스러웠습니다. 아이의 중학교 2학년 교과 성취도는 모두 A인데 과목별 세부능력 및 특기사항(교과세특)은 일부 교과만 기록되어 있었기 때문입니다. 중학교 1학년 때와 같이 모든 교과가 기록되어 있을 줄 알았는데 그렇지 않다는 점과 아이가 교과세특을 관리하지 않았다는 사실에 속상했습니다.

흔히 교과학습발달상황 내 세부능력 및 특기사항을 줄여서 '교과세특'이라고 합니다. 교사가 학생참여형 수업 및 수행평가 과정 등에서 수시로 기록한 내용을 중심으로 교과의 전 영역을 종합적으로 기술하는 것인데, 최근 대입 제도의 변화로 더욱 중요해지고 있는 영역입니다. 이번에는 교과세특의 의미와 관리 방법, 고입에서 어떠한 영향력을 차지하고 있는지에 대해 알아보겠습니다.

갈수록 중요해지는 교과세특

◆◆◆

교과세특은 지필평가와 수행평가 결과를 토대로 과목별 성취 기준에 따른 성취 수준의 특성 및 참여도, 태도 등 특기할 만한 사항을 구체적이고 객관적으로 교과 담당 교사가 입력합니다. 1학기와 2학기에 각각 내용을 입력할 수 있고, 학기명이 자동으로 입력됩니다.

변화하는 대입 제도에 따라 교과세특이 중요해진다는 이야기가 있습니다. 하지만 학년마다 교과세특에 대한 인식이 다릅니다. 자유학기제를 실시하는 1학년의 경우 자유학기에 이수한 모든 과목은 전체 학생들을 대상으로 교과세특을 입력합니다. 정기 지필고사는 실시하지 않으나 수행평가 등의 결과를 교과세특에 문장으로 서술한다는 점이 초등학교와 비슷합니다. 그러나 자유학기가 아닌 일반학기의 경우에는 일부 입력 대상인 학생의 교과세특만을 기록합니다.

2, 3학년의 경우는 조금 다릅니다. 중학교 2학년이 되면 자유학기 때와 다르게 모든 학생에게 교과세특을 입력해주지 않는다는 것을 알게 됩니다. 문제는 학교생활기록부 교과세특의 기록 대상

과 범위를 알게 되었을 때는 이미 늦었다는 것입니다.

교과세특을 모든 학생들에게 입력해주던 자유학기와 달리 입력 대상 범위가 교육적인 차원을 고려해 학업성적관리위원회의 심의를 통해 정하게 되어 있습니다. 이는 중학교마다 다른데, 학교별 공시정보를 검색해보니 학년 전체 인원의 30% 이상인 학교, 각 학급의 20% 이상인 학교 등이 있습니다. 만약 교과세특을 각 학급의 20% 이상 입력해주는 학교라면 한 학급의 학생 수가 25명일 때 각 교과별로 5명 이상 입력이 가능합니다.

3학년이 되면 자기주도학습전형에 지원하거나 학교생활기록부 관리에 관심 있는 학생들만 열심히 하는 경우가 많습니다. 그런데 이 또한 잘못 알고 있는 부분들이 있습니다. 무조건 고등학교 입시에 교과세특이 반영되는 것은 아니라는 사실입니다. 고교 유형에 따라 교과세특 반영은 다를 수 있으니 반드시 고등학교 입학전형 요강을 미리 확인해야 합니다.

고등 입시에서 교과세특의 역할
◆◆◆

학교에 근무하는 교사들은 1년에 100명 넘는 학생들의 교과세특을 입력합니다. 심지어 앞반 뒷반의 학교생활기록부를 교차 검토하는 과정에서 여러 학생들의 학교생활기록부를 접합니다. 이때 교과세특만 보고도 감탄사가 절로 나오는 학생들이 있습니다. 교사들이 각자 입력했음에도 불구하고 친구들과 협력하고 배려하는 모습이 돋보였다는 내용이 여러 과목에서 나오기 때문입니다. 그 학생은 보나마나 훌륭한 자질을 가졌을 테고, 모든 과목 선생님들이 칭찬하는 이유가 있을 것입니다. 고등 입시에서 이런 학생이 유리한 것은 당연합니다. 한마디로 교과세특은 추천서의 기능을 하고 있다고 해도 과언이 아닙니다. 그렇다면 수학 과목의 세부능력 및 특기사항에 대한 예를 한번 살펴보겠습니다.

정다각형의 내각과 외각의 크기를 활용하여 정십각형을 그리는 방법을 ①스스로 발견하고, '지구에서 가장 센 구조' 영상을 시청한 후 정육각형 테셀레이션 만들기에 관한 ②아이디어를 제공함. 정다각형의 외각과 내각의 크기에 대한 개념 및 작도에 필요한 ③절차를 정확하게 이해하고 '정십각형을 이용하여 나의 인생시계 그리기'의 과제 수행을 통해 ④도형의 유용함을 실생활 속에 적용함. 정십각형의 프레임 안에 자신만의 캐릭터를 그리고, 친구들과 이야기를 나누는 활동을 통해 ⑤모둠원을 존중하고 배려하며, ⑥도형으로 자신의 심리를 수학일기에 표현하고 정리함.

이 학생의 경우 ①스스로 발견하고, ②아이디어를 제공하는 모습에서 능동적인 수업 참여 모습을 볼 수 있으며, ③절차를 정확하게 이해하고, ④도형의 유용함을 실생활 속에 적용할 수 있는 능력도 있습니다. 또한 ⑤모둠원을 존중하고 배려하는 역량을 가졌으며, ⑥도형으로 자신의 심리를 표현하고 정리하는 수학적 역량도 있습니다. 우수함, 최선을 다함 등으로만 표현하던 부모 세대의 교과세특과는 전혀 다릅니다. 이처럼 아이의 성장 과정을 모든 교과 선생님들이 빠짐없이 기록해주면 훌륭한 성장 스토리가 되는 것입니다.

하나고, 상산고, 과학고, 외국어고 입시에서의 교과세특

◆◆◆

1, 2학년 때의 교과세특은 학교생활기록부가 모두 마감된 중학교 3학년초가 되어야만 열람할 수 있습니다. 학년이 끝나기 전에 열람 가능하다면 특정 내용을 넣어달라고 요구할 수도 있고, 불편한 관계나 민원이 발생할 수도 있기 때문입니다. 따라서 3학년초에 교과세특이 입력되지 않은 교과가 많다고 확인하는 순간 이미 늦은 때입니다.

서울 이외 방식 자사고·일반고 입시용 학교생활기록부를 제출하려면 다음과 같은 출력 조건이 필요합니다. 하나고등학교와 상산고등학교의 경우 세부능력 및 특기사항의 3학년 부분을 제외하고 있습니다. 1학년과 2학년 때의 교과세특은 포함되지만, 3학년 교과세특은 포함되지 않는다는 의미입니다.

2024 하나고등학교 신입생 입학전형요강 발췌

- 수상 경력 제외

- 교과학습발달상황은 원점수, 과목평균(표준편차)을 제외하고 성취도(수
  강자수)만 출력

- 교과학습발달상황 내 세부능력 및 특기사항 중 영재교육원 기록사항
  제외

- 교과학습발달상황 내 세부능력 및 특기사항의 3학년 부분 제외

- 행동특성 및 종합의견 3학년 부분 제외

과학고등학교의 경우 아래와 같은 출력 조건이 필요합니다. 한
성과학고등학교의 경우 3학년 교과학습발달상황 내 세부능력 및
특기사항은 제외하여 출력합니다. 3학년 행동특성 및 종합의견도
제외합니다. 중학교 1, 2학년 때의 교과세특과 행동특성 및 종합의
견이 출력되므로 중학교 입학 때부터 관심을 갖고 학교생활을 해
야 합니다. 또한 중학교 3학년 때는 교과세특이나 행동특성 및 종
합의견이 포함되지 않는다고 하더라도 자율활동, 진로활동 등은
포함되므로 마지막까지 최선을 다해야 합니다.

2022 한성과학고등학교 신입생 입학전형요강 발췌

- 수상 제외

- 교과학습발달상황 내 원점수/표준편차 제외

- 영재 기록 사항 제외

- 3학년 교과학습발달상황 내 세부능력 및 특기사항 제외

- 3학년 행동특성 및 종합의견 제외

외국어고등학교의 경우 교과세특은 출력하지 않습니다. 그런데 출력 사항에 포함되지 않더라도 자기주도학습전형에서 자기소개서의 자기주도학습 과정 항목을 쓸 때 많은 학생들이 교과세특 내용을 참고합니다.

2022 대일외국어고등학교 신입생 입학전형요강 발췌

- 수상 경력 제외

- 교과학습발달상황 중 영어, 국어, 사회(사회가 없는 경우 역사) 과목의 원점수, 과목평균(표준편차) 제외하고 성취도(수강자수)만 포함

- 교과학습발달상황 중 세부능력 및 특기사항 제외

- 중학교 3학년 행동특성 및 종합의견 제외

- 학교생활기록부 꼬리말의 학교명, 반, 번호, 성명 자동 삭제

영재 교육, 발명 교육과 교과세특

◆◆◆

영재학급이나 영재교육원 등의 영재교육기관에서 수료한 내용은 교과세특에 입력이 가능합니다. 하지만 구체적인 기관 명칭은 입력이 불가합니다.

학년말이 되면 영재교육기관에서 중학교로 교과세특에 입력하라는 공문을 보내줍니다. 그 공문에 의거해서 학교에서는 관련 교과 담당 선생님이 '〈@〉영재교육원에서 1학년 과정 정보 영역(120시간) 120시간을 이수함.〈@〉'의 형식으로 입력합니다. 〈@〉 표시는 차후에 고입용으로 학교생활기록부를 출력할 때 영재 기록이 제외될 수 있도록 하기 위함입니다. 즉 영재교육기관 이수 내용은 상급 학교 진학에 증빙 자료로 활용될 수 없다고 볼 수 있습니다.

영재교육기관에 참여하는 목적을 학교생활기록부에 기록하기 위함으로 의미를 두지 않는 것이 좋습니다. 대신 영재학급이나 영재교육원에서 학습한 내용들, 강사들과의 교류 내용 등을 포트폴리오로 남겨두면 아이의 학습 기반이 되고 자기주도학습전형의 자기소개서를 탄탄하게 만들 수 있습니다.

반면 발명교육센터에서 운영하는 교육과정을 수료한 학생의 교육 실적은 기술·가정 또는 과학의 세부능력 및 특기사항에 입력합니다. 예를 들어 '발명교육센터에서 실시한 발명·특허 기초과정(20시간)을 수료함'으로 입력하고, 영재교육과는 달리 학교생활기록부 출력 시에 제외되지 않습니다.

교과세특 관리를 위한 왔쌤의 당부

학부모님들은 아이가 수업 시간에 열심히 참여하면 선생님이 알아서 교과세특을 입력해줄 것이라고 기대합니다. 하지만 앞서도 언급했지만 중학교 1학년 일반학기와 2, 3학년은 일정 범위 이상의 학생들만 교과세특을 입력할 수 있습니다. 수업 시간에 두드러진 성장 정도를 보였거나 그런 능력을 보여준 학생에게만 가능하다는 의미입니다. 따라서 학생들은 다음 내용들에 유의하면서 수업에 참여해야 합니다.

첫째, 교과 담당 선생님을 처음 만났을 때의 기억을 오래 간직해야 합니다. 첫 수업 시간에 담당 선생님은 분명히 한 해 동안의 수업 방향이나 수업 방식 등에 관해 설명했을 것입니다. 예를 들어 교과서와 노트, 학습지를 반드시 챙겨 오라거나 노트는 반으로 접어서 사용하라거나 등을 언급합니다. 그런 내용들을 잘 기억해야 합니다.

둘째, 수업 초반에 선생님의 수업 방향이나 의도를 파악해야 합니다. 대부분의 교사들은 단원의 첫 시간에 수업에 대한 주제와 방법, 수업을 통해 향상하고자 하는 역량 등에 관해서 설명합니다. 이때 주의 깊게 듣고 선생님의 성향이나 수업의 방향을 파악하면 좋습니다.

셋째, 수업 시간에는 자신이 이미 알고 있는 것은 더 명확하게 익히려고 하고, 부족한 부분은 보완하면서 능동적으로 참여해야 합니다. 수업에 적극적이고 능동적으로 참여하는 학생의 모습과 눈빛은 교사에게 절대 잊지 못하는 기억으로 남습니다. 수업 시간에 교사와의 의미 있는 소통을 두려워하지 말고 적극적으로 활용해야 합니다.

넷째, 수행평가 안내지나 평가기준표를 꼼꼼하게 살펴보아야 합니다. 평가기준표에는 교사의 평가 의도가 명확하게 담겨 있습니다. 아무리 글을 잘 쓰고 표현력이 좋아도 평가 기준에 어긋나는 수행평가는 의미가 없습니다. 무엇을, 왜, 어떻게 평가하고자 하는가를 생각하면서 준비해야 합니다.

다섯째, 한 학기 또는 1년 동안 자신의 학습 결과물을 포트폴리오로 정리합니다. 많은 학생들이 발표가 끝난 과제물이나 수행평가 결과물을 쓰레기통에 버리는 경우가 많습니다. 수업 시간에 선생님이 해준 피드백은 기록하고 정리해두는 습관을 가져야 합니다. 부피가 크거나 보관하기 어려운 경우에는 사진으로 찍어서 구글 드라이브 등에 정리해두는 것도 하나의 방법입니다. 이는 나중에 자기평가서를 작성하거나 다음번에 활동할 때 훌륭한 참고 자료가 될 수 있습니다.

교사 입장에서는 교과세특을 관리해야 한다는 '의무감'으로 참여하는 학생보다는 교과에 대한 '흥미와 관심을 갖고 진심으로 참여'하는 학생을 보면 더 자세히 관찰하고 교과세특을 기록하게 된다는 점을 꼭 기억하세요.

자유학기 활동

교과 시간과 창의적 체험활동을 조정해 운영하는 221시간의 자유학기 활동은 학생이 어떻게 참여하느냐에 따라 내용의 차이를 만들 수 있습니다. 학생의 관심과 흥미에 맞춰 운영되는 주제선택 활동과 예술체육 활동, 동아리 활동, 진로탐색 활동은 개인적인 성향을 파악하기 좋은 항목입니다. 창의적 체험활동의 자율 활동이나 진로 활동의 경우에는 특별한 활동이 없었다면 학급 학생들의 활동 내용이 거의 비슷하게 기록됩니다. 하지만 자유학기 활동의 경우 대부분의 활동이 학생의 선택에 따라 다르게 운영되기 때문에 활동의 구체성과 차별화를 보여줄 수 있습니다.

자유학기 활동은 진로탐색 활동, 주제선택 활동, 예술체육 활동,

동아리 활동으로 구성되어 있습니다. 주제선택 활동이나 예술체육 활동의 경우 각각 기수별로 운영하기 때문에 각 영역별로 2~4개 정도의 프로그램 참여 내용이 기록됩니다.

예를 들어 주제선택 활동을 월, 수요일에 2시간씩 2기로 운영하는 학교가 있다면 (월, 수 2시간씩×8주×2기 운영)으로 프로그램을 운영하므로 총 4개 프로그램이 기록됩니다. 주제선택 활동 4개와 예술체육 활동 4개를 선택해 참여하면 자신과 모든 프로그램이 중복되는 학생은 찾기 어려울 것입니다. 특기사항에는 참여한 프로그램에 대해 담당 교사가 관찰한 활동 내용, 참여도, 흥미도 등을 종합평가해 학생의 활동 과정, 참여 태도, 활동 후 성장 정도 등 개별 특성이 구체적으로 드러나도록 기재합니다.

진로탐색 활동

◆◆◆

진로탐색 활동의 특기사항에는 학교 진로교육 프로그램 등 학교교육계획에 따라 체계적으로 실시한 진로교육 활동명과 특기사항을 입력할 수 있습니다. 교과통합 진로교육의 경우 교과 및 수업 내용뿐만 아니라 학생의 활동 과정과 결과, 활동 참여도, 활동 의욕, 태도 변화 등을 입력합니다. 진로 인식이나 진로탐색, 진로 체험 등은 진로체험활동 활동명과 시간, 학생이 수행한 활동 과정과 결과,

활동 참여도 등 진로 활동과 관련된 사항을 기록합니다. 진로탐색 활동 시간에 실시한 학생의 학업에 대한 정보나 직업 진로에 대한 계획서, 진로와 관련된 각종 검사를 바탕으로 특기사항을 입력할 수 있습니다.

진로탐색 활동은 1학년 학생 개인에게 맞춤형 프로그램이 다양하게 운영됩니다. 따라서 전교생을 대상으로 진행되는 창의적 체험활동의 진로 활동과는 조금 다르다고 볼 수 있습니다. 다음은 학교생활기록부에 기록된 진로탐색 활동 예시입니다. '나의 미래 계획하기', '나를 찾아줘!' 등의 주제별로 진로탐색 활동을 진행한 경우 다음과 같은 내용으로 입력되므로 참고하면 됩니다.

나의 미래 계획하기 (○○시간) 자동차 공장을 견학해 자동차가 생산되는 공정을 직접 눈으로 보면서 기술의 중요성을 인식하고 우리나라 기술력에 자부심을 가지는 계기를 갖게 됨. 진로 체험관 탐방 시 관심 있는 최신 과학기술 제품을 직접 다루면서 자신의 적성을 발견하고, 이와 관련된 진로 계획을 설계함. 또한, 자신의 진로 계획을 달성하기 위해 진로와 관련된 학습 분야에 더욱 흥미를 두고, 수업에 참여하는 모습을 보임.

나를 찾아줘! (○○시간) 자아발견의 여러 활동(뇌구조 표현하기, 만화 그리기, 마인드맵 만들기 등)에 흥미를 가지고 열심히 참여하여 개인적 존재로서의 자아와 사회적 존재로서의 자아에 대해 올바르게 이해함. 이를 바탕으로 자신의 개성이 잘 드러나게 포트폴리오를 완성하였으며, 모둠 활동에 적극적으로 참여함으로써 협업 능력을 신장시킴.

주제선택 활동

◆◆◆

자유학기활동의 주제선택 활동 특기사항에는 학생의 활동 내용, 활동 과정과 결과, 활동 참여도, 흥미, 활동 의욕, 태도의 변화 등을 입력합니다. 특히 주제선택 활동은 삶과 밀착한 내용을 다루는 수업으로 다양한 주제 중심 수업이 이루어집니다. 따라서 학생들이 프로그램에 참여하면서 보이는 태도나 성장 등에 대한 특기사항을 기록하게 됩니다.

다음은 주제선택 활동 특기사항 중 일부입니다.

세상과 소통하는 사설 읽기 (○○시간) '책임', '배려', '합리', '성실' 등의 인성 덕목을 바탕으로 관련 사설과 신문 기사 등을 읽으며 자신의 생각을 논리적으로 정리하고 발표하는 것을 즐김. 자신의 생각에 대해 다양한 근거를 제시할 줄 알고, 글로 표현하는 데에 있어서도 막힘이 없이 유창함. 토론에 있어서도 상대방을 배려하고 존중하며 자신의 주장을 관철할 줄 아는 특유의 자상하고 부드러운 리더십을 보임.

체험 수학반 (○○시간) 귀납, 유추 등을 통해 수학적 사실을 추측하고, 이를 정당화하는 데 매우 흥미를 느낌. 자신의 아이디어를 설득력 있게 논리적으로 표현하여 그 타당성을 입증하는 능력이 뛰어남. 생활 주변 현상에서 파악된 문제를 수학적 개념, 원리, 법칙과 연관시켜 탐구하고, 다양한 해결 방법을 연구하여 해결하는 능력이 뛰어남. 수학에 많은 흥미를 가지고 있으며 수업에 능동적이고 진취적인 자세로 참여함.

프로그램명과 내용을 보면 어떤 프로그램에 학생이 어떻게 참여했는지 등을 알 수 있습니다.

예술체육 활동

◆◆◆

예술체육 활동도 주제선택 활동과 유사합니다. 학생의 흥미와 관심사에 맞는 프로그램을 선택해 참여하므로 학생마다 서로 다른 특기사항이 기록됩니다. 다음은 농구와 벽화 그리기 활동에 참여한 학생에 관한 내용입니다. 만약 참여하는 프로그램이 4개라면

> **농구 (○○시간)** 농구의 공격 및 수비 전략 등의 경기 전략을 세우는 것에 흥미도가 높아 다양한 상황을 가정하여 적용함. 다양한 전략을 실제 경기 상황에서 적절하게 적용하고 팀원들과 소통하여 좋은 경기를 수행함. 경기에 적극적으로 참여하고 창의적인 기술을 발휘함.
> **벽화 그리기 (○○시간)** 복잡한 작업도 꾸준하게 참여하여 완성도 높은 작품을 그려냄. 특히 자화상 표현에서 두각을 나타내며, 인체 골격과 윤곽에 대한 표현 능력이 세련됨. 교사와 동료모두에게 도움이 되는 구성원으로 활동 전반에 대한 책임감이 매우 강함. 자신이 선택한 캐릭터를 그리는 것과 물감을 이용하여 벽면에 채색하는 일에 재미를 느낌. 조용하고 집중력이 좋고 성실한 태도로 활동하여 작품의 완성도가 높음.

각각의 특기사항이 기록됩니다.

동아리 활동

◆◆◆

동아리 활동 영역은 자기평가, 학생상호평가, 교사 관찰 등의 방법으로 평가해 참여도와 협력도, 열성도, 특별한 활동실적 등을 구체적으로 입력합니다. 2, 3학년의 창의적 체험활동 동아리 활동과 연계해 운영하더라도 1학년은 자유학기 활동의 동아리 활동 영역에 입력하므로 학교생활기록부 열람 시에 참고하면 좋습니다.

디베이트반 (○○시간) 문제를 통찰하는 능력이 있으며, 문제를 다양한 관점에서 바라보는 것에 흥미를 가지고 세밀하게 분석함. 토론을 할 때 상대측 의견에 대한 논리적 답변 능력이 뛰어나며, 상대방의 의견도 잘 존중하면서 자신의 주장을 관철시킴. 탐구 활동에 적극성을 보이고 모둠원과 협조적임.

영자신문반 (○○시간) 신문 읽고 쓰기 활동에 적극적으로 참여하여 자신이 관심 있어 하는 우주 과학 관련 기사를 스크랩하고, 내용 소개와 선택한 이유, 자신의 의견으로 구분하여 세 단락 쓰기를 해냄. 온라인 영자 신문 작성을 위한 기본 단계로 학생들의 글을 어떻게 수집해야 하는가, 어떤 주제로 내용을 좁힐 것인가, 어떻게 편집하고 수정하여 발행할 것인가에 대한 과정을 두고 진지하게 고민하고 동아리 팀들과 협의하여 신문을 완성함.

자유학기 활동과 특목고, 자사고 입시의 관계

◆◆◆

자유학기활동 영역별 특기사항은 프로그램을 직접 운영한 선생님들이 입력합니다. 활동 내용과 학생의 활동 과정과 결과, 활동 참여도, 흥미, 활동 의욕, 태도 변화 등을 기록하는데, 프로그램 운영계획서에 포함된 성취 기준이나 평가 수준 등에 따라 기록합니다. 활동에 참여한 과정에서 보여주는 학생의 수준을 A, B, C 단계로 나누어 평가하고 그에 맞게 기재하기도 합니다. 다음은 ①교사의 관찰 및 평가내용 ②학생 자기성찰 평가에서 발견한 내용 ③성장한 핵심 역량을 함께 기록한 예시 자료입니다.

수학역사탐구반 ①수학 다큐멘터리 시청과 관련 도서를 읽고 다양한 수학 관련 실험과 문제 만들기를 통해 수학적 사고력 신장을 위해 노력함. ②특히 단위분수 이야기와 다양한 도형의 작도에 흥미를 보였고, 우리 생활 속에서 찾아볼 수 있는 작도의 사용이라는 주제로 보고서를 작성하여 발표하였음. ③매사에 긍정적인 자세와 태도로 수업에 임하고, 문제해결 과정에서 조원 간의 협력을 이끌어내는 능력과 타인을 배려하는 공동체 역량이 눈에 띄는 학생임.

2017학년도 자유학기제 실천사례 발표대회 우수작 일부 발췌하여 수정(2017. 연희중. 황유진 외)

자기주도학습전형으로 특목고나 자기소개서 진학을 준비하고 있다면 자유학기 활동의 특기사항은 매우 의미 있는 항목입니다.

학교생활기록부를 함께 제출하는 자기주도학습전형에서는 자유학기 활동이 반드시 포함되어 있기 때문입니다.

특목고나 자사고 지원자들의 경우 특히 내신에서 변별력을 확보하기 어렵기 때문에 상대적으로 자기소개서나 면접 등을 통해 지원 동기, 학습 태도, 인재상과의 부합 정도 등이 중요하게 작용합니다. 따라서 자유학기 활동에 적극적으로 참여해 자신의 진로에 대해 고민해보고, 이를 바탕으로 체계적으로 진학 계획을 세워 2, 3학년 때 충실히 시행하는 것이 좋습니다. 그런 과정이 일관성 있게 학교생활기록부에 기재되어 있고 이를 자기소개서나 면접에서 어필할 수 있다면 준비가 안 된 학생에 비해 당연히 유리할 것입니다.

자유학기제를 통해 다양한 프로그램에 참여하면서 아이들은 교과와는 다른 배움과 성장의 기회를 갖게 됩니다. 그 과정은 자유학기 활동의 특기사항에 영역별로 기록됩니다. 많은 학생들이 자유학기 활동에 대해 단순하게 자유학기제 동안 자신이 선택해서 진행하는 프로그램이라고 생각하는 경우가 많습니다. 하지만 중학교 1학년 자유학기제의 기본 의미와 취지를 생각한다면 자신의 관심사와 흥미, 진로에 대해 고민하면서 자신의 성장 기록이 되는 한 해임을 잊지 말아야 합니다.

독서 활동

초등학교에서는 학교에서 독서활동기록장을 제작해 아이들에게 나누어주고 작성하게 하는 경우가 많았습니다. 그 기록장에는 학년별 권장도서 목록과 다양한 독후활동 양식이 있어서 아이들이 쉽게 독서 기록을 남길 수 있었습니다. 하지만 초등학교 학교생활기록부에는 독서와 관련해 직접적으로 입력할 수 항목이 없습니다.

이에 비해 중학교에서는 독서활동기록장을 제작해 나누어주지는 않지만, 학교생활기록부의 독서 활동 상황란에 내용을 입력할 수 있습니다. 양식은 학교 홈페이지를 살펴보면 찾을 수 있습니다. 학생 입장에서는 독서와 독서활동기록장의 작성, 제출의 전 과정을 스스로 해야 한다는 점이 부담스러울 수 있습니다. 하지만 자기 주도적으로 스토리가 있는 학교생활기록부를 만들 수 있다는 경험은 학생에게 큰 도움을 줄 것입니다.

중학교에도 독서 활동이 있다

◆◆◆

학년초가 되면 학교마다 독서 활동에 대해 안내합니다. 독서활동 기록장 양식과 제출 방법, 학교생활기록부에 어떻게 입력되는지 등을 가정통신문으로 안내합니다. 독서활동기록장에는 책 제목과 저자, 읽은 시기, 관련 교과, 책을 선택한 동기, 주요 내용과 인상적인 글귀, 느낀 점 등이 포함되어 있습니다. 학교마다 양식은 약간씩 다르지만 내용은 비슷합니다.

학생이 독서활동기록장을 작성해 제출하면 선생님은 내용을 확인하고, 학교생활기록부의 독서활동 상황란에 학생이 읽은 책의 제목과 저자만 입력합니다. 독서 과정의 관찰이나 독서 성향 등은 확인하기 어려우니 기재하지 않고, 책 제목과 저자만 입력해 독서 활동의 기록에 대한 신뢰도를 높이기 위함입니다.

기록할 수 있는 책도 ISBN에 등재된 도서에 한해서이며, ISSN (정기간행물)에 등재된 도서는 기재할 수 없습니다. 가끔 학생들 중에서 ISBN에 등재되지 않은 도서나 정기 간행물을 읽고 독서활동기록장을 제출하는데, 이 경우 기록할 수 없습니다. 따라서 학교생활기록부에 기재되기를 원한다면 기록 가능한 도서인지부터 확인해야 합니다.

독서 활동은 해당 교과와 관련된 담당 교사가 입력하며, 특정 교과에 해당하지 않을 경우에는 담임 선생님이 공통으로 입력할 수 있습니다. 또한 학기를 구분해 입력합니다.

학년	과목 또는 영역	독서 활동 상황
1	국어	(1학기) 공중그네(오쿠다 히데오), 꿈꾸는 다락방(이지성), 교실 밖 국어여행(강혜원 외)
		(2학기) 연을 쫓는 아이들(할레드 호세이니), 세 잔의 차(그레그 모텐슨, 데이비드 올리버 렐린), 바람을 길들인 풍차소년(윌리엄 캄쾀바)

독서활동기록장을 쓰는 방법

◆◆◆

자기주도학습전형을 준비하는 학생들은 면접을 준비할 때 중학교 3년 동안 자신이 제출한 독서활동기록장을 다시 살펴보는 것부터 시작합니다. 독서활동기록장을 보면 중학 생활 3년 동안 자신의 생각이 얼마나 성장했는지를 알 수 있으며, 면접에서도 덜 긴장하게 됩니다.

독서활동기록장이 충실한 아이들은 면접 준비가 수월하지만, 그렇지 않은 아이들은 부족한 부분을 다시 읽어야 하는 안타까운 일이 생길 수도 있습니다. 고등학교 공부도 미리 해야 하는 중3 시기에 면접을 따로 준비해야 한다면 시간 낭비가 될 수 있으니 미리 독서활동기록장을 꼼꼼히 챙겨야 합니다.

그렇다면 독서활동기록장은 어떻게 써야 할까요? 초등학교 때는 그림으로 표현하거나 작가에게 편지를 쓰는 방식도 있었는데, 중학교의 독서활동기록장은 초등학교와 달라져서 어렵다고 느끼는 학생들도 있는 것 같습니다. 어느 정도의 양을, 어떤 방향으로 써야 하는지 모르겠다면 책을 읽고 면접을 보고 있다고 생각하면서 써보는 방법을 추천합니다. 아래는 독서활동기록장을 면접 문항의 형식으로 만들어본 것입니다. 학교에서 안내하는 독서활동기록장과 함께 보면 어떻게 써야 할지 방향이 떠오를 것입니다.

① 이 책의 내용을 간단하게 3줄로 요약해보세요.
② 가장 인상적인 구절이나 자신에게 영향을 끼친 부분과 그 이유를 요약해보세요.
③ 이 책을 읽게 된 동기나 선택한 이유는 무엇인가요?
④ 이 작품을 통해 새롭게 알게 된 사실이나 자신의 변화된 점 등을 포함해 배우고 느낀 점에 대해서 설명해보세요.

학교에서 안내하는 독서활동기록장의 예

독서활동기록장		관련 교과	
이 름		학 번	
지은이		출판사	
책제목		(ISBN에 등록된 제목 그대로 입력)	
읽은기간	20 . . ~ 20 . .	제출일	20 . . .
3줄 요약 또는 줄거리			
인상적인 구절 혹은 장면과 그 이유			
책을 선택한 이유	독서 동기(자신의 진로와 관련 혹은 그 밖의 이유 등을 포함)		
배우고 느낀점	작품이 '나'에게 끼친 영향이나 새롭게 알게 된 사실, 나의 생활에 변화된 점 등을 포함		

슬기로운 중학 생활

독서활동기록장에 대해 궁금한 것들

독서 기록은 많을수록 좋을까?

학생이 제출한 독서활동기록장은 읽었다고 확인되면 무조건 기록해줄까요? 물론 아닙니다. 학교생활기록부에는 글자수 제한이 있습니다. 학생이 제출한 것들을 모두 기록해주면 좋겠지만, 독서활동 상황은 학년별로 (공통) 500자, (과목별) 250자까지만 입력할 수 있습니다. 그러다 보니 의미 없는 책을 입력하다 보면 불필요한 내용이 될 수 있습니다. 학생의 수준과 관심사, 흥미, 진로에 맞는 도서를 골라서 제출하는 것이 가장 좋습니다.

사실 많은 학부모님들이 학교생활기록부에 독서 기록이 많을수록 좋지 않느냐고 생각합니다. 예를 들어 설명해보겠습니다. 다음과 같이 중학교 1학년 A와 B라는 학생이 있다고 합시다. A학생은 수학 관련 책을 2권 읽었고, B학생은 공통으로 6권의 책을 읽었습니다. 두 학생 중 어느 학생의 독서 활동이 적절하다고 할 수 있을까요?

학생	학년	과목 또는 영역	독서 활동 상황
A	1	수학	(1학기) 이런 수학은 처음이야(최명기)
			(2학기) 새빨간 거짓말, 통계(대럴 허프)
B	1	공통	(1학기) 팥죽 할머니와 호랑이(조대인), 온 우주가 너를 사랑해(김수영), 먹어도 먹어도 줄지 않는 죽(최숙희), 딸에게 보내는 노래(유희열), 우주로 간 김땅콩(윤지회), 하늘에서 음식이 내린다면(쥬디 바레트)

정답은 없습니다. 그런데 만약에 두 학생이 고입 전형에서 면접을 보게 된다면 어떤 평가를 받을까요?

A학생의 경우 독서 활동은 적지만, 1학년 통계 단원과 관련된 수학 책을 읽었습니다. 이 학생의 경우 수업 시간에 했던 유의미한 통계 보고서 작성 및 발표 등에 대해 잘 알게 되었을 것입니다. 반면 B학생은 어떤가요? 책의 권수는 많지만 대부분 초등학교 추천 도서나 동화책을 읽었습니다. 두 학생이 같은 학교의 면접을 보게 된다면 A학생이 더 긍정적인 인상을 줄 것입니다. 이처럼 독서 활동은 권수로 측정하지 않습니다. 무조건 많은 권수보다는 의미 있는 한 권이 더 효과적일 수 있습니다.

어떤 책이 의미 있을까?

이와는 반대로 가끔 고등학생이나 대학생 수준의 책을 읽고 독서활동기록장을 제출하는 경우도 있습니다. 영재고나 과학고, 하나고 등을 염두에 두고 미리 준비하는 학생들은 이런 경우가 많습니다. 혹시 기록을 위한 기록은 아닌가 싶어 물어보면 대답하는 수준도 높아서 선생님도 깜짝 놀랄 때가 있습니다. 그렇다고 모든 학생들이 수준 높은 책을 읽고 독서활동기록장을 써야 하는 것은 아닙니다.

사실 초등학교 때는 학년별 권장도서 목록이 있었습니다. 하지만 중학교에서는 학교에서 추천하는 도서 목록이 있긴 하지만, 학

슬기로운 중학 생활

생들이 각자 알아서 읽는 편이라 어떤 책을 읽는 것이 효과적인지는 다를 수 있습니다. 특목고 입시를 위해서는 특정 도서를 읽어야 한다거나 특정 대학이나 도서관에서 발표하는 학년별 권장도서를 읽어야 한다는 소문에 의존하는 경우도 많습니다.

과연 아이들에게 의미 있는 책은 어떤 책이고, 어떻게 선택할 수 있을까요? 앞서 제시한 독서활동기록장의 양식을 살펴보면 접근하기가 쉽습니다. 가장 인상적인 구절이나 자신에게 영향을 미친 부분, 작품을 통해 새롭게 알게 된 사실이나 자신의 삶을 변화시킬 수 있었던 작품이라면 의미 있는 책이라고 할 수 있습니다. 다른 아이들은 읽지 않는 책이라 하더라도 자신의 진로나 흥미, 관심사와 맞닿아 있다면 충분히 기록할 만한 가치가 있는 책입니다.

누구에게 제출해야 할까?

그렇다면 독서활동기록장은 누구에게 제출해야 할까요? 학교생활기록부 기재 요령에 따르면 담임 선생님이나 교과 선생님에게 제출하라고 되어 있습니다. 내용으로만 보면 누구에게 제출해도 상관없어 보이지만, 어떤 선생님에게 제출하느냐에 따라 입력하는 주체가 다르고 입력되는 영역도 달라집니다.

담임 선생님이 입력하면 '공통' 영역으로 표시되고, 교과 선생님이 입력하면 '수학', '과학' 등 해당 교과로 입력됩니다. 이때 감상문을 쓴 것 외에 또 다른 활동을 했다면 도서명을 포함해 그 내용을 교과세특이나 창의적 체험활동, 자유학기 활동 등에 입력할 수 있습니다. 따라서 독서활동기록장을 제출하기 전에 어느 과목 또는 어느 영역에 기록되면 좋을지 고민해보아야 합니다.

스토리가 있는 학교생활기록부를 만드는 독서 활동
◆◆◆

"독서는 모든 공부의 기초가 되며, 대학 생활의 기본 소양입니다. 어떤 분야의 책이든지 읽고 또 읽어가는 사이에 생각하는 힘, 글쓰기 능력, 전문지식, 의사소통 능력, 교양이 쌓여갈 것입니다. 타의에 의한 수박 겉핥기식 독서는 도움이 되지 않습니다. 수많은 책들 가운데 그 책이 나에게 왜 의미가 있었는지, 읽고 나서 나에게 어떤 변화를 주었는지 생각하기 바랍니다."

서울대 학생부종합전형 가이드북에 나오는 내용입니다. 이처럼 대학은 단순 독서가 아닌 독서 활동을 통해 생각을 키워온 사람을 원합니다. 학교생활기록부의 독서 활동 상황은 학생이 스스로 채워나갈 수 있는 유일한 항목입니다. 전략적인 독서 활동, 어떻게 하면 좋을지 살펴보겠습니다.

첫째, 관심 있는 분야나 진로 또는 교과와 연계한 자기주도적 독서 활동을 꾸준히 실천해야 합니다. 만약 수학 교과에 흥미를 가진 학생이라면 각 단원과 연계한 교과 독서 활동을 해야 합니다. 그러면 그 학생은 3개 학년 모든 학기에 수학 교과에 독서 활동이 입력되어 있을 것이고, 수학적 역량과 호기심이 있는 학생으로 평가될 수 있습니다.

관심 있는 주제로 접근하는 또 다른 학생을 예로 들어보겠습니다. 법의학 분야로 진로를 생각하고 있는 학생의 학교생활기록부에 《나는 매주 시체를 보러 간다》(국어),《정조와 법의학자 구윤명》(역사),《법의학으로 보는 한국의 범죄 사건》(사회) 등이 독서 활동으로 기록되어 있다면, 이 학생은 법의학에 관심 있고 연계 독서를 진행했음을 확인할 수 있습니다. 학교생활기록부의 독서 활동 상황은 학생이 스스로 채울 수 있는 유일한 영역으로 3년 동안 전체적인 흐름을 파악하며 관리해야 합니다.

둘째, 기록을 위한 독서보다는 독서 활동에 의미를 두어야 합니다. 가끔 학교생활기록부 기록을 위한 의미 없는 독서활동기록장을 가져오는 학생들이 있습니다. 이런 경우 독서 활동 상황에 입력은 된다 해도 시간낭비일 뿐이라고 말해주고 싶습니다. 독서는 자신의 관심 분야를 드러낼 수 있는 교과나 주제와 관련된 도서를 선택해 읽어야 합니다. 기록을 위한 독서는 의미가 없습니다.

학교폭력 예방교육이나 진로 교육 등의 창의적 체험활동과 연계한 독서를 하고 독서활동기록장을 담임 선생님에게 제출하는 것도 좋은 방법입니다. 연계 활동이 성실하게 잘 수행된다면 창의적 체험활동에 더 자세히 기록될 수 있고, 행동특성 및 종합의견에도 담임 선생님의 총평으로 내용이 채워질 수 있습니다.

셋째, 학기별로 독서활동기록장을 제출하는 것을 추천합니다. 학기 중에 독서활동기록장을 한 장씩 제출하는 학생이 있는데, 이런 경우 잃어버리지 않고 입력할 수 있다는 장점은 있지만 전략적인 관리가 필요합니다. 교과와 연계한 독서 활동의 경우 해당 단원이 있는 학기에 제출하는 것이 좋지만, 학기말까지 모아두었다가 교과 선생님에게 제출할지 담임 선생님에게 제출할지를 고민한 다음 내도 늦지 않습니다.

왔쌤의 Tip

독서 활동에 대한 오해 바로잡기

독서 활동은 아이가 스스로 만들어가는 영역이기 때문에 부모님들도 상황 파악이 안 되는 일들이 생깁니다. 이는 학교생활기록부를 기재하는 요령과 학교 시스템과 연관되어 있으므로 그에 대한 이해가 선행된다면 오해하는 일이 줄어들 것입니다.

1. 독서활동기록장 중 일부만 입력하고 돌려보낸 경우

독서활동기록장을 제출했는데 선생님이 일부를 돌려보냈다면 독서활동기록장의 도서명을 한번 살펴보기 바랍니다. 제 경우에는 초등학생 수준의 도서에 대한 독서활동기록장을 제출한 경우 학생에게 상황을 설명하고 되돌려 보냅니다. 그리고 단원과 연계된 도서인 경우에는 해당 학기에 제출하라고 이야기해줍니다.

2. 독서활동기록장을 너무 일찍 내거나 너무 늦게 낸 경우

중학교에서는 학년초에 독서 활동을 담당하는 부서에서 관련 내용을 가정통신문으로 안내합니다. 그런데 학교생활기록부 관련 전산 업무를 담당하는 부서에서는 학년초에 기초 작업이 안 되어 있거나 수정해야 할 내용이 있을 때가 있습니다. 담임 선생님들 역시 학년초에는 자신의 수업 준비와 학급 업무로 바쁘기 때문에 독서 활동 상황을 입력할 겨를이 없습니다. 그래서 학기 중간부터 학기말까지 집중적으로 입력하곤 합니다.

결국 독서활동기록장을 너무 일찍 제출하면 잃어버릴 수 있고, 너무 늦게 제출하면 학기가 지나기 전에 입력하지 못할 수도 있습니다. 독서활동기록장은 사전에 미리 작성해두었다가 담임 선생님이나 교과 선생님이 제출 기간을 이야기하면 그때 내는 것이 가장 좋습니다. 이때 선생님의 제출 확인을 받아두면 나중에 기록되지 않았을 때 증빙 서류로 제출할 수 있습니다.

행동특성 및 종합의견

특목고를 준비하는 학생의 학부모님이 상담을 요청해왔습니다. 자기소개서를 쓰기 위해 학교생활기록부를 출력했는데, 1학년 담임 선생님이 입력한 행동특성 및 종합의견에 부정적인 문장이 포함되어 있어서 걱정이라는 내용이었습니다. 내용을 살펴보니 아이의 소심한 성격이 걱정되었지만, 자신의 단점을 슬기롭게 극복해 리더십과 봉사정신이 뛰어난 학생이라는 내용으로 서술되어 있었습니다.

사실 예전의 행동특성 및 종합의견은 '말수가 적고 예의 바른 학생임' 정도의 문장으로 해당 학생에 대한 간단한 한 줄 평 정도였습니다. 하지만 요즘에는 학교생활기록부가 상급학교 입학전형 자료로 제출되는 만큼 중요성이 높아졌다고 볼 수 있습니다.

선생님은 아이들을 어떻게 관찰하고 기록할까
◆◆◆

학교생활기록부의 마지막 항목인 행동특성 및 종합의견은 담임 교사가 1년 동안 학생의 학교생활을 총체적으로 이해할 수 있도록 문장으로 입력합니다. 학생의 행동과 인성, 학습에 대해 1년 동안 지켜본 내용으로 일종의 추천서나 지도 자료가 될 수 있습니다.

이 부분을 기입할 때 선생님은 학교생활기록부의 창의적 체험 활동이나 교과별 세부능력 및 특기사항, 독서 활동 등의 항목에 기재된 자료들을 참고하기도 합니다. 기록한 내용을 단순 반복하는 것이 아니라 상호유기적인 관계들을 찾아 학생의 특성을 종합적으로 입력하기 위해서입니다. 특히 학교생활기록부 기재 요령에 따르면, 학생의 장단점의 경우 사실에 근거하여 입력하되 단점은 변화 가능성을 함께 입력하도록 권장하고 있습니다.

그렇다면 행동특성 및 종합의견을 작성하는 담임 선생님은 어떤 과정으로 이 부분을 기록할까요? 학년초부터 연말까지 담임 선생님은 아이들을 어떻게 관찰하고 기록하는지 대략 살펴보겠습니다.

먼저 상담을 통해 학생을 파악합니다. 선생님은 학년초에 학생들에게 간단한 자기소개서나 상담에 필요한 기초 자료 등을 받습니다. 학생의 진로에 대한 고민이나 자신이 생각하는 가정 분위기 등이 포함된 자료들이지요. 이런 자료를 근거로 선생님은 학생과 상담을 하게 됩니다. 마찬가지로 희망하는 학부모님과도 상담을 통해 학생에 대해 파악하려고 노력합니다. 점심시간이나 수업 시간 이후에 상담을 진행한다면 근무 시간 내에 대략 2~3명의 아이들과 상담할 수 있습니다. 물론 학부모 상담도 있으므로 아이들과 마찬가지로 3월에는 선생님도 바쁜 시간을 보내게 됩니다. 이런 방식으로 2학기에도 상담 시간을 운영해 아이들에게 어떤 변화가 있었는지를 파악합니다.

다음으로는 조종례, 점심시간, 청소 시간 등 담임 지도 시간에 학생의 행동특성 등을 파악합니다. 중학교는 초등학교와 달리 담임 선생님과 등교부터 하교까지 모든 시간을 함께 보내지 않습니다. 그래도 다른 교과 선생님에 비하면 담임 선생님은 학생들을 관찰하는 시간이 훨씬 많습니다.

담임 선생님은 학생을 단순히 관찰만 하지 않습니다. 주변 정리를 잘하거나 어려운 친구를 돕는 학생에게는 긍정적인 피드백을 하고, 지각을 자주 하거나 다른 친구를 배려하지 않는 학생에게는 성장을 위한 지도도 합니다. 이때 긍정적이든 부정적이든 피드백의 과정이나 결과는 교무 수첩이나 교육정보 시스템의 누가기록란에 기록합니다.

교과 선생님과 함께 다양한 시각으로 학생을 파악합니다. 담임 선생님은 학생들과 하루 종일 생활하지 않기 때문에 학생들을 파악할 기회가 부족합니다. 그런데도 본인의 교과 수업을 지도하면서 어떻게 반 아이들의 학습 태도나 학습 정도를 파악할 수 있을까요? 이유는 간단합니다. 교과 선생님과 학생의 태도나 학습 정도 등에 대해 함께 고민하기 때문입니다.

학교생활기록부 전체 항목을 통해 파악합니다. 행동특성 및 종합의견은 학교생활기록부의 각 항목에 기록된 자료를 종합해 담임 선생님이 문장으로 쓰는데, 이 과정이 항목별로 학생에 대한 평가를 유기적으로 연결해주는 역할을 하기도 합니다. 예를 들어 학생의 독서 활동이 과목별 세부능력 및 특기사항, 창의적 체험활동의 진로 활동, 독서 활동 등에 서술되어 있다면 관련된 내용과 사례들을 연결시켜 서술할 수 있습니다.

행동특성 및 종합의견의 누가기록을 참고해 기록합니다. 학교생활기록부를 마감하는 학년말이 되면 담임 선생님은 정말 바빠집니다. 학기별로 구분해 입력하는 경우도 있지만, 학생들의 특성을 문장으로 표현하는 것은 생각보다 어려운 일입니다. 그것도 글자 수 500자 내에서 제한적으로 써야 합니다. 그러다 보니 '말수가 적다'와 '과묵하다', '소심하다'와 '신중하다'의 차이점을 생각하면서 몇 번이고 쓰고 지우기를 반복합니다.

담임 선생님은 어떤 문장으로 행동특성 및 종합의견을 작성할지를 고민함과 동시에 자신이 학생을 관찰하고 평가한 누가기록을 바탕으로 구체적인 사례와 함께 글을 작성합니다. 이처럼 행동특성 및 종합의견은 담임 교사가 다양한 분야에서 학생의 구체적인 변화와 성장을 종합적으로 입력합니다.

행동특성 및 종합의견을 달라지게 하는 것들: 학생 편
◆◆◆

행동특성 및 종합의견은 학생의 노력에 따라 달라질 수 있습니다. 물론 이는 학교생활기록부가 마감된 이후가 아닌 해당 학년 중의 노력을 말합니다. 그렇다면 어떤 노력을 하면 될까요?

첫째, 담임 선생님과의 소통이 가장 중요합니다. 선생님에게 매일 인사하고 매일 연락하라는 의미가 아닙니다. 중학교는 초등학교와 달라서 담임 선생님을 만날 시간이 생각보다 적습니다. 특별한 상담 시간을 제외하고는 담임 선생님과의 간단한 인사나 눈맞춤 정도가 전부인 날도 있습니다. 다치는 학생이 생기거나 학급에 문제가 있는 날에는 선생님을 보기도 힘들 수 있습니다. 선생님이 클래스팅이나 오픈채팅방을 공유하면 선생님과 적극적으로 소통하는 것이 좋습니다. 처음에는 어색할 수 있지만 학교생활이나 학습 방법 등을 함께 이야기하면서 성장하는 자신을 선생님과 함께 관찰할 수 있습니다.

둘째, 자신에게 필요한 역량을 길러야 합니다. 중학생이 되면 아이들은 스터디 플래너를 작성하고 한 달 독서량을 정하는 등 나름의 계획을 세웁니다. 각자가 자신에게 필요한 역량에 대해 고민해서 정한 계획이지만 그 목표를 끝까지 이루기는 어렵습니다. 이때 선생님과의 꾸준한 소통을 통해 자신이 목표한 바를 이루기 위해 노력해야 합니다. 학생이 성장하는 과정을 지켜보는 선생님은 그 부분을 놓치지 않고 행동특성 및 종합의견에 알차게 기록해줄 것입니다.

셋째, 본인의 단점을 개선하기 위해 노력해야 합니다. 사춘기 중학생이 자신의 단점을 단숨에 극복한다는 것은 어려운 일입니다. 모든 성격에는 양면성이 있어서 장점이 단점이 될 수도 있고, 단점을 극복하면 장점이 되기도 합니다. 자신의 단점이 '소심'이라면 노력하고 극복해서 '신중'으로 바꿀 수 있습니다. 물론 이를 위해서는 학생 스스로 노력하고 담임 선생님의 피드백에 긍정적으로 반응하며 개선하는 과정이 필요합니다.

넷째, 학교폭력의 가해 학생이 되지 않아야 합니다. 학교폭력 가해 학생에 대한 조치 사항은 인적학적사항의 특기사항, 출결 상황의 특기사항, 행동특성 및 종합의견에 입력됩니다. 한번 기록되면 낙인효과가 작용해 현재의 평가에 부정적인 영향을 미칠 수 있습니다. 항상 조심해야 하는 부분입니다.

행동특성 및 종합의견을 달라지게 하는 것들: 부모 편

◆◆◆

행동특성 및 종합의견은 아이의 학교생활에 따라 달라질 수 있습니다. 자녀의 긍정적인 학교생활을 위해 부모는 어떤 노력을 해야 할까요?

첫째, 자녀 앞에서 담임 선생님에 대한 부정적인 반응은 보이지 마세요. 가끔 아이들과 이야기하다 보면 부정적인 이야기를 아무렇지 않은 듯 말하는 모습을 볼 수 있습니다. 특히 엄마에게 들었다며 담임 선생님을 다른 반 선생님과 비교하는 아이들을 보면 안타까운 마음이 듭니다. 부모님 입장에서는 담임 선생님의 교육 활동이 모두 마음에 들지 않을 수 있습니다. 그렇더라도 아이 앞에서는 전화 통화를 할 때도 학교나 담임 선생님에 대한 부정적인 평가는 자제해야 합니다. 아이도 모르는 사이 그런 엄마의 마음이 그대로 투영되어 담임 선생님 앞에서 말실수를 할 수도 있습니다. 자녀와 담임 선생님의 긍정적인 관계를 원한다면 주의해야 할 부분입니다.

둘째, 아이의 작심삼일을 응원해주세요. 스터디 플래너가 필요하다는 아이에게 "며칠 쓰지도 않을 거잖아" 혹은 "계획만 세우다 끝나잖니?"라며 핀잔을 주지 마세요. 대신 스스로 시간을 관리하겠다고 시도해보는 자세를 칭찬해주세요. 아이가 작심삼일로 끝나는 계획을 세운다 하더라도 응원부터 해주어야 합니다. 부모의 응원

여부에 따라 작심삼일을 무한반복하며 성장할 수도 있고, 작심삼일이 평생 습관으로 변화할 수도 있습니다.

셋째, 아이의 단점이 스스로 작아지고 사라지게 도와주세요. 부모들은 모두 아이의 장점보다 단점에 주목하는 경향이 있습니다. 그래서 장점을 칭찬하기보다 단점을 지적하는 경우가 더 많습니다. 하지만 단점을 고치는 데만 치중하다 보면 장점을 놓쳐버리는 일도 종종 있습니다. 단점을 극복해 장점으로 만드는 가장 좋은 방법은 장점을 더 큰 장점으로 만드는 것입니다. 그러면 뒷면의 단점은 스스로 작아지고 사라지게 됩니다.

넷째, 부모와 아이 사이에 가장 중요한 것은 '소통'입니다. 부모님은 아이의 작은 성장도 놓치지 않는 가장 훌륭한 관찰자가 될 수 있습니다. 아이의 학교생활이 어떠한지를 가장 많이 들을 수 있는 사례 수집가도 될 수 있습니다. 진로검사 결과지를 보면서 아이의 미래에 대해 함께 고민해보는 진로 코치가 되기도 합니다. 부모와 아이 사이에서 가장 중요한 것은 소통입니다. 아이와 소통하면서 부모님이 경험한 내용들을 메모나 문자로 담임 선생님과 공유해도 좋습니다. 부모님의 관찰 결과나 사례는 담임 선생님에게도 아이와의 훌륭한 소통 소재가 될 수 있습니다.

4장

고등학교 선택하기

고등학교에 대해 알아보기

중학교 3학년이 되면 고등학교 입학전형에 대한 가정통신문을 받습니다. 중1 때부터 고등학교 입학에 관심을 둔 부모님이라면 이해가 빠르겠지만, 중2 때까지 관심 없이 지내다가 막상 고입을 앞두게 되면 그제야 당혹감과 후회가 생길 수 있습니다. 그런 일이 생기지 않도록 이번 기회에 고등학교 입학전형을 살펴보면서 어떻게 해야 알찬 중학 생활을 보낼 수 있는지 고민해보면 좋겠습니다.

고등학교의 구분: 전기고와 후기고

◆◆◆

고등학교는 전기고와 후기고로 나뉘는데, 고등 입시에 대한 정보가 없는 학부모님들은 가정통신문에서 '전기'와 '후기'라는 단어를 보면 의아해합니다. 대학 입시도 아닌데 고등 입시에 전기와 후기가 나뉜다는 사실에 놀라기도 합니다. 그런데 걱정하거나 놀랄 필요가 없습니다. 전기고와 후기고는 입학전형 시기에 따라 고등학교를 구분한 것을 말합니다. 고교 유형별로 입시 일정도 다릅니다.

전기고는 ①영재학교 ②특수목적고(과학·예술·체육계열, 산업수요 맞춤형고: 마이스터고), ③특성화고 ④일반고 중 예·체능계고 ⑤일반고에 설치한 학과 중 교육감이 정하는 학과(예를 들면 관악예술과)를 말합니다.

후기고는 ①교육감 선발고(일반고, 과학중점학급) ②학교장 선발고(특수 목적고: 외국어·국제계열, 자율형사립고, 예술·체육중점학급 운영 학교, 일반고 중 일부)가 있습니다. 자세한 내용은 다음에 나오는 표를 참고하면 됩니다.

고등학교는 유형별로 영재학교, 특수목적고, 특성화고, 자율형고, 일반계고로 나뉘는데 이에 따라 입시 일정도 다릅니다. 대략적으로 영재학교는 매년 6~8월까지, 과학고는 9~11월까지 입학전형이 이루어집니다. 예술고와 체육고는 9~10월, 마이스터고는 10~11월, 특성화고는 11월에 학생을 선발합니다. 12월에는 자율형사립고, 자율형공립고, 외국어고, 국제고, 자율학교, 중점학교의 입학전형과 함께 일반고 입학 원서를 제출하는 기간입니다. 일정은 다소 변경될 수 있으니 보다 자세한 사항은 지원하고자 하는 고등학교의 입학전형요강을 다운받아 확인하면 됩니다.

입학전형 시기에 따른 고등학교 분류(서울, 2024학년도)

전기	영재학교		서울과학고
	특목고	과학계열	한성과학고, 세종과학고
		예술계열	국악고, 전통예고, 덕원예고, 서울공연예고, 서울예고, 선화예고
		체육계열	서울체고
		산업수요맞춤형고 (마이스터고)	미림여자정보고, 서울도시과학기술고, 서울로봇고, 수도전기공고
	특성화고		경기기계공고 등 68개교
	일반고 중 예·체능계고		서울미술고
	일반고에 설치한 학과 중 교육감이 정하는 학과(관악예술과)		염광고
후기	교육감 선발고	일반고	경동고 등 209교
		과학중점학급	강일고 등 22교
		교과중점과정	동성고, 숭문고
	학교장 선발고 (27교)	특목고	외국어 계열	대원외고, 대일외고, 명덕외고, 서울외고, 이화여자외고, 한영외고
			국제계열	서울국제고
		자율형사립고	경희고 등 17교
		예술·체육 중점학급	대원여고, 영신여고, 송곡여고, 송곡고
		일반고	한광고, 한국삼육고

고등학교 유형별 분류

영재학교	특수목적고	특성화고	자율형고	일반계고
과학영재학교	과학고	직업분야별	자율형사립고	자율학교 지정고
과학예술영재학교	외국어고		자율형공립고	중점학교 지정고
	국제고			일반고
	예술고·체육고			
	마이스터고			

고등학교 유형별 입시 일정

3월	4월	5월	6월	7월	8월	9월	10월	11월	12월
			영재학교			과학고			자사고
					예술고 체육고				자공고
						마이스터고			외국어고
							특성화고		국제고
									자율학교
									중점학급
									일반고

* 전체 틀만 참고하고 일정은 매년 변동이 있을 수 있음

슬기로운 중학 생활

영재학교

◆ ◆ ◆

과학고는 초중등교육법에 따라 정규 교육과정을 이수해야 하지만, 영재학교는 영재교육진흥법에 따르므로 자유로운 교육과정 운영이 가능합니다. 수학, 과학 분야에서 학생들의 지적 호기심을 충족할 수 있도록 다양한 교과목들을 개설하고, 연구와 실습 중심의 심화 교육을 실시합니다. 학급당 학생 수는 31.3명인 일반고에 비해서 15.7명으로 현저하게 적고, 전원 기숙사 생활을 합니다. 졸업 후에는 KAIST, UNIST 등 특수대학교 및 포항공대 등에 진학하거나 수시와 정시 전형의 대입 절차를 거쳐 국내 최상위권 대학의 이공계열로 진학합니다.

영재학교는 '과학영재학교와'와 '과학예술영재학교'로 나뉘는데, '과학영재학교'로는 서울과학고, 경기과학고, 대전과학고, 대구과학고, 광주과학고, 한국과학영재학교가 있습니다. 대부분 과학고에서 전환되었기 때문에 이름이 과학고등학교인 경우가 많은데, 입시에서는 과학고와 구분하기 위해 영재고라고 부르기도 합니다.

'과학예술영재학교'는 수학 과학 중심으로 예술 인문학 분야까지 아우르는 융합형 인재 발굴 및 육성을 위한 학교로, 과학영재학교와 특징은 거의 비슷합니다. 다만, 대학연계 연구 및 실험실습 위주의 교육과 함께 예술 인문학 융합 심화교육을 통해 융합인재 교육을 지향한다는 특징이 있습니다. 과학예술영재학교는 인천과학예술영재학교와 세종과학예술영재학교가 있습니다.

영재학교의 입학전형은 중학생 전체 학년을 모집 대상으로 하며, 전국단위 모집입니다. 매년 상반기에 전기 고등학교 중에서 가장 먼저 전형이 이루어지고, 1개 학교만 지원할 수 있습니다. 1단계는 학교생활기록부와 자기소개서, 추천서를 기반으로 학생 기록물을 평가하고, 2단계는 영재성 지필 시험인 창의적 문제해결력을 평가합니다. 3단계는 1~2일 정도의 캠프를 통해 영재성 다면평가를 진행해 최종 선발합니다.

학교마다 전형 방법이 조금씩 다를 수 있으니 반드시 해당 학교의 홈페이지에서 입학전형요강을 확인해야 합니다. 너불어 2, 3단계의 입학전형 기출 문제가 함께 공개되어 있으니 참고하면 좋습니다.

영재학교는 합격하거나 불합격한 학생 모두 전기고, 후기고 어

분류	학교명
과학영재학교	서울과학고
	경기과학고
	대전과학고
	대구과학고
	광주과학고
	한국과학영재학교
과학예술영재학교	인천과학예술영재학교
	세종과학예술영재학교

슬기로운 중학 생활

느 학교라도 지원할 수 있습니다. 영재학교에 지원했던 학생이 과학고나 하나고에 다시 지원할 수 있다는 의미입니다. 다만, 영재학교 간의 중복 지원은 불가합니다. 예를 들어 서울과학고와 경기과학고에 모두 지원한다면 이중지원에 해당합니다.

특수목적고등학교

◆◆◆

과학고등학교

과학고는 수학과 과학 분야의 전문심화 교육을 통한 수학·과학 인재를 양성하기 위해 설립되었습니다. 수학과 과학 과목에 대한 전문심화 과정을 교육하고, 개인별 팀별 탐구 과제와 연구활동 및 R&E프로그램을 운영합니다. 대학 연계 프로그램을 통한 심화학습을 진행하고, 관련 분야 전문 교과 및 대학 과목 선이수 제도를 운영합니다.

일반고보다 학생 선발 시기가 앞선 전기 모집 고등학교로, 전기 모집에 속하는 고등학교 중에서 1개 학교만 지원이 가능합니다. 해당 고교가 소재한 지역(광역시 또는 도)에 있는 학생만이 지원할 수 있으며, 과학고가 없는 세종시는 예외적으로 허용하는 일부 학교에 지원 가능합니다. 과학고에 합격한 학생은 일반고 등의 후기

지역	학교명
서울	한성과학고
	세종과학고
부산	부산과학고
	부산일과학고
대구	대구일과학고
인천	인천과학고
	인천진산과학고
대전	대전동신과학고
울산	울산과학고
경기	경기북과학고

지역	학교명
강원	강원과학고
충북	충북과학고
충남	충남과학고
전북	전북과학고
전남	전남과학고
경북	경북과학고
	경산과학고
경남	경남과학고
	창원과학고
제주	제주과학고

모집 고교에 다시 지원할 수 없으므로 신중하게 지원해야 합니다. 전형 방법은 대체로 8월 말부터 11월까지 자기주도학습전형으로 이루어지며, 자세한 전형 절차는 305쪽을 참고하면 됩니다.

전국의 과학고는 서울의 세종과학고와 한성과학고를 포함해 20개 학교가 있습니다. 과학고도 영재학교와 마찬가지로 홈페이지에서 입학전형요강과 함께 신입생 입학전형을 위한 소집면접 기출문항을 공개하고 있습니다. 과학고 진학에 관심 있다면 중학교 입학 전후부터 관련 내용을 참고해 학습 방향을 정하는 것도 하나의 방법입니다.

영재학교와 과학고는 크게 차이가 없는 것처럼 보일 수 있습니다. 두 학교 모두 수학 또는 과학 분야에서 뛰어난 재능과 잠재력을 가진 학생을 선발하므로 더욱 그렇습니다. 하지만 영재학교와 과학고등학교는 서로 다른 법으로 관리되고 있습니다.

영재학교는 영재교육진흥법에 의해 국가 지원으로 설립된 학교로, 학습의 경우 초중등교육법에 적용받지 않습니다. 때문에 일반 고교 과정과 다르게 교육과정이 매우 자유로운 편입니다. 대학교처럼 학점이수제로 운영되며, 주로 전문분야에 대한 연구와 심화 학습을 진행합니다. 반면 과학고는 초중등교육법을 적용받아 국민 공통교육과정을 반드시 이수해야 합니다. 선행학습 금지법이 적용되어 일반고의 과학중점학급과 거의 유사한 교육과정입니다. 이런 이유 때문에 조기졸업도 축소되는 추세입니다.

또한 영재학교는 전국단위 모집으로 중학교 재학생과 졸업(예정)자가 모두 지원할 수 있으나, 과학고는 해당 지역에 거주하는 중학교 3학년만 지원할 수 있습니다. 일부 학생의 경우 중학교 1학년 때부터 해마다 영재학교를 지원하는 경우도 있습니다. 영재학교와 과학고 지원에서 주의해야 할 점은 의약학계열 대학에 지원할 경우 불이익을 받을 수 있다는 점입니다. 의약학계열로 진로

영재학교와 과학고의 비교

구분	영재학교	과학고
적용 법률	영재교육진흥법	초중등교육법
지원 자격	중 1~3학년	중 3학년
졸업 조건	무학년, 학점제	20% 조기졸업 가능
전형 방법	학교마다 자율 적용	자기주도학습전형
선발 조건	전국단위	지역단위

를 생각하고 있는 학생의 경우 다음 내용을 살펴보고 지원 여부를 고민하는 것이 필요합니다.

2024학년도 서울과학고등학교 입학전형요강 일부 발췌

영재학교 학생 의약학계열 대학 진학 희망 시 제재 방안

1) **진로 · 진학 지도 미실시** 대학 진학과 관련된 어떠한 진로 · 진학 지도도 하지 않으며, 일반고등학교 등으로 전출을 권고함

2) **학교생활기록부 II 제공** 상급학교 입학전형에 필요한 학교생활기록부는 「초·중등교육법」 및 「초·중등교육법 시행규칙」, 「학교생활기록부 작성 및 관리 지침」에 근거를 둔 학교생활기록부 II 를 제공함
   - 교과학습발달상황은 학점으로 표기되지 않고, 석차등급이 제공됨
   - 연구·리더십 활동 등 영재학교에서 추가로 운영되는 교육과정은 반영되지 않으며, 학교생활기록부 II 의 일부 항목(창의적체험활동 등)이 공란으로 처리됨
   ※ '영재교육진흥법' 제11조의4 및 '동법 시행령' 36조에 따른 학교생활기록부 미제공

3) **학교 시설 이용 제한** 정규 수업 시간 이외의 시간에는 학교의 시설(기숙사, 도서관 등) 이용을 제한함

4) **교육비 및 장학금 환수** 일반고등학교 교육과정에 포함되지 않는 영재학교 교육과정 운영을 위한 추가 교육비와 학교를 통해 지급된 장학금을 환수함

2024학년도 한성과학고등학교 입학전형요강 일부 발췌

유의사항

본교는 이공계열의 과학·수학 인재 양성을 위해 설립된 과학고등학교이므로 의예·치의예·한의예·약학과(계열)로의 진학은 적합하지 않음. 그럼에도 불구하고 해당 학과(계열)에 지원할 경우 다음과 같은 불이익이 있음

1) 의예·치의예·한의예·약학과(계열)로의 진학지도(추천서 작성 등)를 하지 않음

2) 졸업 시 각종 수상 및 장학금 수여 대상에서 제외함

3) 재학 중 받은 장학금 등 지원액을 회수함

본교 입학을 위한 지원서 작성 과정에서 위의 사항에 동의하는 경우에만 지원 가능함

외국어고등학교

외국어고등학교는 외국어 분야에 대한 전문심화 교육을 통한 외국어에 능숙한 인재 양성을 목적으로 설립되었습니다. 서울의 대원외고, 대일외고, 명덕외고, 서울외고, 이화외고, 한영외고를 포함해 전국에 30개교가 있습니다.

전공어별 외국어 능력 함양을 위한 외국어 교육환경을 제공하고, 원어민 교사의 직강과 전공어 수업 및 원서 수업을 실시합니다. 전공어 인증제도 운영으로 학교별 이수제를 시행하고, 전공어

국가 고등학교와의 자매결연이나 해외 대학탐방 등 해외교류를 진행합니다. 해외대학 진학을 대비해 교육과정을 개설하고 운영합니다. 수학 및 과학 교과 이수 시간이 상대적으로 적고, 고교 3년 동안 전공 언어별 심화학습(듣기, 회화, 문법, 작문) 등 외국어 교과를 집중 이수합니다.

외국어고는 해당 학교가 소재한 지역(광역시 또는 도)에 있는 학생만이 지원할 수 있으며, 거주 지역에 외고가 없을 경우에는 예외적으로 다른 지역 지원이 가능합니다. 외국어고 입시 전형에 대한

지역	학교명	지역	학교명
서울	대원외국어고	부산	부산외국어고
	대일외국어고		부일외국어고
	명덕외국어고	경남	경남외국어고
	서울외국어고		김해외국어고
	이화외국어고	대전	대전외국어고
	한영외국어고	대구	대구외국어고
경기	경기외국어고	울산	울산외국어고
	고양외국어고	강원	강원외국어고
	과천외국어고	충북	청주외국어고
	김포외국어고	충남	충남외국어고
	동두천외국어고	전북	전북외국어고
	성남외국어고	전남	전남외국어고
	수원외국어고	경북	경북외국어고
	안양외국어고	제주	제주외국어고
인천	미추홀외국어고		
	인천외국어고		

슬기로운 중학 생활

자세한 내용은 306쪽을 참고하면 됩니다.

국제고등학교

국제고등학교는 국제화와 세계화 시대를 대비한 국제 관련 전문지식을 겸비한 인재 양성을 목적으로 설립되었습니다. 서울국제고를 포함해 전국에 8개 학교가 있습니다. 국제지식과 관련한 전문교과 수업을 실시하고, 원어민 직강 영어수업을 통해 외국어 몰입 교육을 실시합니다. 국제매너 교육 등 국제화 인재 맞춤형 프로그램을 운영하고, 해외대학 진학 대비 교육과정을 개설해 운영하며 해외 대학탐방 등 해외 교류를 진행합니다.

외국어고와는 달리 영어과, 중국어과, 일본어과 등 학과별 수업은 운영하지 않지만, 부분적으로 이중언어(한국어와 영어 병행) 수업을 진행합니다. 물론 수학 및 과학 교과 이수 시간이 적다는 것은 공통점이라고 볼 수 있습니다.

지역	학교명
서울	서울국제고
세종	세종국제고
부산	부산국제고
인천	인천국제고
대구	대구국제고
경기	동탄국제고
	고양국제고
	청심국제고

국제고의 입학전형은 자기주도학습전형으로, 12월에 학생을 모집하는 후기고등학교로 전형 단계와 평가 요소는 외국어고등학교와 동일합니다. 물론 해당 고교가 소재한 지역(광역시 또는 도)에 있는 학생만이 지원할 수 있으며, 거주 지역에 국제고가 없을 경우 예외적으로 다른 지역의 학교에 지원이 가능합니다. 외고와 마찬가지로 불합격하는 경우에는 일반고 선택의 폭이 줄어들게 되므로 소신 지원이 필요합니다.

예술, 체육고등학교

예술·체육 분야별 전문 교육을 통한 인재 양성을 목적으로 설립되었습니다. 예술·체육의 특정 분야별 전문가 직강 수업을 진행하고, 분야별 이론을 바탕으로 실기 및 실습 위주의 교육을 실시합니다. 다양한 대회 참가를 지원하고, 학생 개별 역량 향상을 위한 집중 교육과정을 운영합니다. 학생 개인 역량에 따라 해당 분야의 해외대학 진학과 프로선수 등으로 활동이 가능합니다. 9~10월 사이에 학생을 모집하고, 1단계 학교생활기록부에 대한 서류 평가와 지원 학과별 실기시험으로 진행됩니다.

예술계열의 고등학교는 중학교 내신성적과 실기고사로 선발합니다. 이때 내신성적은 교과와 출결, 봉사활동을 포함합니다. 교과성적은 2학년 1학기부터 3학년 1학기까지의 성적을 반영하고, 출결과 봉사활동은 1학년 1학기부터 3학년 2학기 기준일까지의 성

슬기로운 중학 생활

적을 반영합니다. 실기고사 비율은 학교 및 학과별로 40~60%까지이므로 학교별 전형 계획을 반드시 확인해야 합니다.

체육계열의 고등학교는 특별전형과 일반전형으로 나누어 선발합니다. 특별전형은 입상 실적과 내신성적 산출을 기준으로 선발하고, 일반전형은 입상 실적과 실기고사, 체격 및 적성검사, 내신성적 산출로 선발합니다.

마이스터고등학교

산학 연계를 통한 분야별 기술 중심 교육을 바탕으로 산업수요 맞춤형 인재 양성을 설립 목적으로 합니다. 기능 명장 등의 분야별 전문가 직강으로 전문 직업교육이 이루어지고, 분야별 산업 현장에서 요구하는 실질적 내용으로 교육과정을 운영합니다. 이론을 바탕으로 하는 실기 위주의 수업과 산학 연계 실습 교육을 진행합니다. 학비는 전액 면제이고, 전교생에게 기숙사를 제공하며, 졸업 후 취업 연계 등 입학 특전을 제공합니다.

10~11월 사이에 모집하는 전기고로 학교생활기록부를 중심으로 1단계 서류 평가와 2단계 마이스터 소양검사와 심층면접으로 학생을 선발합니다. 수도전기공업고등학교와 서울로봇고등학교, 서울도시과학기술고등학교, 미림여자정보과학고등학교를 포함해 51개교가 있습니다.

특성화고등학교

◆◆◆

소질과 적성이 유사한 학생을 대상으로 분야별 전문 교육을 통해 특정 분야의 인재 양성을 목적으로 합니다. 분야별 이론을 바탕으로 전문적으로 직업교육을 실시하고, 산학 연계 실습교육을 병행하며 졸업 후 취업을 지원합니다. 특성화고등학교는 전국에 470개교가 있으며 분야별로 다양한 학과가 있습니다. 전기고에 속하며, 11월에 전형이 이루어집니다.

특성화고는 일반전형과 특별전형으로 학생 선발이 이루어집니다. 고입석차연명부의 개인별 석차백분율을 기준으로 선발하는 일반전형과 학교별 전형요강에서 정한 기준에 의한 선발로 이루어지는 특별전형이 있습니다. 최근 취업이나 창업 의지가 명확하고 성장 가능성과 창의성을 가진 학생에 대해서 지원학과의 소질과 적성, 특기나 잠재능력을 종합해 교과성적과 관계없이 선발하는 미래인재 특별전형도 있으니 관심 있는 학생들은 도전해보는 것이 좋습니다.

자율형고등학교

◆ ◆ ◆

자율형사립고등학교

사립재단의 자율성을 확보하고, 학교별 인재성과 설립 목적에 따른 다양한 교육을 실시하기 위해 설립되었습니다. 무학년제를 실시하거나 전문 심화교과 수업을 진행하는 등 학교별 교육과정의 특징이 뚜렷합니다. 해외대학 진학 대비 교육과정을 개설해 운영하고, 학교별 대학 진학을 목표로 하는 입시 대비 프로그램을 운영합니다.

자율형사립고는 모집 단위에 따라 ①서울 이외 방식 자사고(전국단위 자사고) ②서울 방식 자사고(지역단위 자사고)로 나눌 수 있습니다. 서울 이외 방식 자사고 중에서 민사고와 현대청운고는 전체 모집 인원을 전국단위로 선발하며, 그 외 서울 이외 방식 자사고는 모집 정원의 일부를 전국 모집과 지역 모집으로 구분해 선발합니다. (자율형사립고 입시 전형에 대한 자세한 내용은 309쪽부터 참고하면 됩니다.)

서울 방식 자사고는 자신이 속한 광역시·도 지역에 있는 학생만이 지원할 수 있으며, 거주 지역에 자사고가 없을 경우에는 관할 교육청에 문의해 지원 여부를 확인할 필요가 있습니다. 서울 지역의 자사고의 경우 1단계는 공개 추첨으로 1.5배수를 선발하고, 2

구분		학교명	지역
서울 이외 방식 자사고 (전국단위 자사고)		하나고	서울
		하늘고	인천
		현대청운고	울산
		한국외대부고	경기
		김천고	경북
		포항제철고	
		북일고	충남
		상산고	전북
		광양제철고	전남
		민족사관고	강원
서울 방식 자사고 (지역 단위 자사고)	서울 지역 자사고	중동고	강남구
		현대고	
		휘문고	
		배재고	강동구
		신일고	강북구
		선덕고	도봉구
		경희고	동대문구
		대광고	동대문구
		이대부고	서대문구
		세화고	서초구
		세화여고	서초구
		한양사대부속고	성동구
		보인고	송파구
		양정고	양천구
		장훈고	영등포구
		중앙고	종로구
		이화여고	중구
	서울 외 지역 자사고	해운대고	부산
		포스코고	인천
		계성고	대구
		대건고	
		대성고	대전
		대신고	
		안산동산고	경기
		삼성고	충남

슬기로운 중학 생활

단계는 제출 서류를 중심으로 면접을 진행해 최종 모집 인원을 선발합니다.

자율형공립고등학교

지역별 교육여건을 향상시키고 교육력 제고를 위한 공립고의 교육과정 자율성을 확보하기 위해 설립되었습니다. 교육과정에서 자율성이 큰 편이고, 대학 진학 목표를 위한 학교별 교육 프로그램을 운영하며, 학교별 인재상에 맞는 자율적 교육과정을 운영합니다. 자율형공립고는 광주고를 포함해 92곳이 있습니다. 학교별 정보 조회는 고입정보포털(hischool.go.kr) → 고교입시정보 → 고등학교 유형 → 자율고입시정보 → 자율형공립고에서 확인할 수 있습니다.

일반계 고등학교

◆◆◆

자율학교 지정고등학교

교육 공교육 혁신을 목적으로 학교 운영의 자율성을 최대한 확보한 일반계고등학교로, 자율형사립고 수준으로 교육과정 운영의 자율성을 확보하고 있습니다. 학교별 설립 목적과 인재상에 따른 다양한 교육 프로그램을 제공하고, 대학 진학을 위한 입시 대비 프로그램을 운영합니다. 특목고나 자율형사립고와 같은 경쟁력이 있으면서도 고교 유형으로 일반고에 속하는 만큼 재지정평가로 인한 지정 취소의 리스크가 없다는 점이 강점입니다.

전국단위 모집 자율학교 지정고로는 한일고, 공주사대부고, 익산고, 영양여고, 거창고, 거창대성고, 남해해성고, 창녕옥야고가 있습니다. 이밖에도 자율학교 지정 일반계고 중에서는 대입 진학에서 우수한 실적을 내는 학교가 다수 있습니다. 학교마다 다르지만 12월에 학생을 모집하는 후기고로, 1단계 내신성적으로 학생을 선발해 2단계 면접으로 평가를 진행합니다. 지원을 희망하는 경우에는 해당 학교의 홈페이지에서 모집요강을 미리 살펴보고 준비하면 좋습니다.

주목할 만한 자율학교 지정고등학교

모집 범위	학교명	설립	지역
전국	한일고	사립	충남
	공주사대부고	국립	충남
	익산고	사립	전북
	풍산고	사립	경북
	영양여고	사립	경북
	거창고	사립	경남
	거창대성고	사립	경남
	남해해성고	사립	경남
	창녕옥야고	사립	경남

중점학교 지정고등학교

과학·영어·예술·체육 등 특정 과목의 심화 과정을 운영하도록 지정된 일반계고등학교에서 지정된 특정 과목에 대한 전문심화 교육과정 학급을 운영합니다. 특정과목 심화학습 병행이 가능하고, 해당 분야의 실기, 실습 중심의 교육을 실시합니다. 12월 후기고로 일반고의 선발 방식과 동일합니다.

예술체육, 과학중점학급 운영학교는 1개교만을 선택해 지원할 수 있습니다. 교육감 선발 후기고 1단계 지원자 중에서 예술체육 과학 중점학급 운영학교에 지원하려면 학교별 지원서와 별도로 후기고 원서를 제출해야 합니다. 입학 후에는 중점학급에서 일반학급으로 교육과정을 변경할 수 없음에 유의해야 합니다.

예술체육 중점학급 운영학교의 경우 자기주도학습전형으로 1, 2단계를 거쳐 선발합니다. 내신성적과 자기소개서로 정원의 1.5배를 선발하고, 1단계 성적과 면접으로 최종 합격자를 선발합니다. 이와 관련된 매뉴얼은 해당 학교의 자기주도학습전형 매뉴얼에서 확인할 수 있습니다.

일반고등학교

중학교 교육 위에 품성과 자질 함양을 목표로 일반적인 교양과 기초적 전문지식 교육을 실시합니다. 전 교과를 두루 학습해 개인의 개성에 맞는 진로를 결정하고, 일반 고등학교 교육과정 이수를 목표로 교육을 진행하며, 학교별 인재상과 면학 분위기를 바탕으로 전인교육을 실시합니다. 평준화 지역의 경우 선지원 후추첨, 비평준화 지역에서는 내신이나 필기시험으로 선발합니다.

서울의 교육감 선발 후기고는 중학교 석차연명부의 개인별 석차 백분율을 기준으로 전체 정원만큼 남녀 구분 없이 학생을 선발한 후 전산 추첨을 통해 각 고등학교에 배정합니다. 서울의 경우 지원 및 배정 방법은 선지원 후추첨의 고교 선택 방식입니다. 과학중점학급 운영 학교의 선발 전형도 이와 동일한데, 지원 방법과 배정 방법에 대해서는 '후기고등학교 원서 작성법'에서 다시 이야기하겠습니다.

고등학교 배정과 관련해 궁금한 것들

◆◆◆

고입 특례 대상자

해마다 8월이면 고등학교 특례 신입학 업무 시행 계획과 관련해 각 학교에서 가정통신문을 배부합니다. 부모님의 해외 근무 등으로 인해 일정 기간 동안 외국의 학교에서 재학하고 귀국한 경우, 과학기술자 및 교수요원의 자녀, 외국인 학생, 북한이탈주민 등도 고입 특례 대상자입니다. 이에 해당되는 경우는 자격 요건에 대해서 관심을 갖고 살펴보아야 합니다.

외고나 국제고, 하나고 등의 전후기 학교장 선발고의 경우 정원 내 선발 또는 학교별 모집 정원의 2% 내에서 정원 외 선발이 가능하며 해당 학교 입학전형요강에서 확인하면 됩니다.

특이 배정

동일교 배정은 쌍둥이 모두 거주지 학교군 내 동일교를 지원한 경우만 가능합니다. 이때 지원 학교 및 지망 순서가 모두 동일해야 합니다. 만약 쌍둥이가 서로 다른 학교 배정을 희망하거나 교직원 자녀가 부모의 현 재직 학교와 다른 학교 배정을 희망하는 경우, 학교폭력으로 전학 조치된 가해 학생과 피해 학생 분리 배정을 위해서는 타교 배정이 이루어집니다. 소년소녀가장 및 동 가정의 형제자매인 학생이 희망한 경우와 장애의 정도가 심한 장애 부모의 자녀가 희망한 경우에는 거주지 인근 학교로 배정됩니다. 가정폭력 피해 학생과 성폭력 피해 학생의 경우 거주지와 상관없이 비공개로 배정됩니다.

이중 지원의 금지

모든 중학생은 전기고등학교 중에서 1개 학교만 지원할 수 있습니다. 접수일자 및 전형 시기, 합격 여부와 관계없이 적용됩니다. 전기고등학교에 합격한 학생이 입학을 포기한 경우 당해 학년도에 다른 학교에는 지원할 수 없습니다. 과학고를 합격한 학생이 등록 여부와 관계없이 하나고에 지원하지 못한다는 의미입니다.

후기고등학교 합격자가 전기고등학교 추가모집에 지원하는 경우나 후기고등학교 지원 후에 불합격이 결정되지 않은 학생이 다른 후기고등학교에 지원하는 경우도 이중 지원 사례입니다. 후기고인 하나고에 합격한 학생이 전기고에 속하는 과학고 추가모집에 지원할 수 없다는 것입니다. 하나고에 지원하면서 같은 자사고인 이대부고에 지원하는 것도 이중 지원 사례입니다.

앞에서도 언급했지만 영재학교에 합격하거나 불합격한 학생의 경우 다른 학교에 지원할 수 있습니다. 단, 영재학교 간 중복 지원은 불가합니다. 예를 들면 서울과학고에 합격한 학생은 한성과학고에 지원할 수 있고, 하나고에도 지원 가능합니다. 제가 근무했던 학교에서는 2학년 서울과학고, 3학년 서울과학고, 한성과학고, 하나고 순서로 합격할 때까지 지원하는 경우가 종종 있었습니다.

전기고등학교 불합격자가 후기고등학교에 지원하는 경우 자사고나 외고, 국제고 지원자가 교육감 선발 후기고등학교 2단계에 지원하는 경우 등은 예외입니다. 과학고에 지원했다가 불합격한 경우, 후기고인 하나고 지원과 함께 2단계 후기 일반고를 함께 지원하는 것은 가능하다는 의미입니다. 이중 지원과 관련한 내용은 지원하고자 하는 고등학교의 입학전형 운영 계획을 확인하면 됩니다.

거주사실 조사

초등학교 6학년 때 중학교 배정을 위해 가거주 조사가 이루어지
듯이 특정 고등학교 배정을 위한 가거주 또는 위장 전입 등의 예방
을 위해서도 거주 사실 조사가 이루어집니다. 재학생의 경우 학교
에 주민등록표상의 주소지에 전 가족 실제 거주 여부를 조사합니
다. 만약 가거주로 확인된 경우에는 실거주지로 주민등록을 환원
하도록 조치를 취하게 됩니다. 만약 가거주 사실이 확인되면 실거
주지 학교군의 학교로 환원 또는 전학 조치가 이루어집니다.

서울의 경우 지원 및 배정 방법이 선지원 후추첨으로 1단계는
서울시 전체 고등학교 중에서 서로 다른 2개교를 선택·지원합니
다. 2단계에서는 거주지 일반학교군 소속 고등학교 중에서 서로
다른 2개교를 선택·지원합니다. 거주지에 따라 2단계에서 지원하
는 학교가 달라지는 것입니다.

일반 학교군(거주지 학교군)

일반 학교군	소속 지역	일반 학교군	소속 지역
동부	동대문구 / 중랑구 전역	강서양천	강서구 / 양천구 전역
서부	마포구 / 서대문구 / 은평구 전역	강남서초	강남구 / 서초구 전역
남부	영등포구 / 구로구 / 금천구 전역	동작관악	동작구 / 관악구 전역
북부	노원구 / 도봉구 전역	성동광진	성동구 / 광진구 전역
중부	종로구 / 중구 / 용산구 전역	성북강북	강북구 / 성북구 전역
강동송파	강동구 / 송파구 전역		

고등학교 입학전형 자료

고등학교 입학전형과 관련된 자료는 시도교육청 홈페이지와 고
입정보포털(www.hischool.go.kr)에서 확인할 수 있습니다. 고입정
보포털에서는 고교입시정보 → 고등학교 유형, 학교정보조회, 시·
도별 입시정보를 확인할 수 있습니다. 학교정보조회에서는 해당
학교에 대한 대략적인 정보와 위치를 확인할 수 있으며, 학교 홈페
이지가 연결되어 있어 필요한 정보를 바로 찾아볼 수 있어 편리합
니다.

특목고와 자사고를 지원하고자 하는 경우에는 고입정보포털에
서 자기주도학습전형 → 자기주도학습, 전형방법, 자료실을 확인
하면 좋습니다. 자료실에 있는 입학 담당과 업무 안내서 또는 연수
교재 등을 살펴보면 자기주도학습전형이 이루어지는 대략적인 과
정을 살펴볼 수 있습니다. 고입과 관련된 다양한 정보가 많아서 학
교 선생님들도 많이 참고하는 사이트입니다.

<hr>

왓쌤의 Tip

고등학교 입학 준비를 위해 꼭 해야 할 것

"무용으로 예고 진학을 준비하고 있습니다. 수학 과목이 취약해서
내신성적이 낮을 것 같은데 걱정입니다. 어떻게 해야 할까요?"

수학교사였던 저에게 학부모님이 상담하면서 꺼낸 이야기입니다. 처음에는 다른 교과목에 비해 수학 성적이 상대적으로 낮은 듯해 근본적으로 수학 실력을 높이는 방법에 대해서 말씀을 드렸습니다. 그런데 대화를 계속하다 보니 부모님은 아이가 지원하고자 하는 고등학교의 입학전형요강을 한 번도 보지 않았다는 사실을 알게 되었습니다. 많은 학부모님들이 놓치고 있는 부분입니다.

선화예고의 경우 중학교 성적이 체육·음악·미술은 10점, 그 외 과목은 150점, 출결 20점, 봉사활동 20점으로 총 200점이 반영됩니다. 여기까지 보면 교과 성적이 매우 큰 비중을 차지합니다. 하지만 교과 성적이 원점수로 반영되는 것이 아니라 A, B, C, D, E 성취도로 반영됩니다. 수학 100점이나 90점이나 모두 성취도가 A이고, 평정점수가 5점으로 동일하다는 의미입니다. 따라서 수학뿐만 아니라 다른 교과목도 성취도가 좋아야 하므로 각 과목에 대해서 시간과 노력에 대한 배분이 필요합니다.

평소 아이가 관심을 두고 있거나 진학하고 싶어 하는 고등학교가 있다면 해당 학교의 홈페이지에서 신입생 입학전형요강을 꼭 살펴봐야 합니다. 전형 요소의 비율에서 중학교 성적이 어떻게 반영되고, 실기시험 성적은 얼마나 반영되는지 등을 살펴보면 1학년 때부터 어떻게 준비해야 하는지를 알 수 있습니다. 더불어 제출해야 하는 학교생활기록부에서 무엇을 요구하는지를 파악한다면 아이가 중학 생활에서 중점적으로 활동해야 하는 영역을 알 수 있습니다.

아이가 관심 있거나 지원하고자 하는 학교가 정해졌다면 신입생 입학전형요강을 프린트한 다음 체크해보길 추천합니다. 가정에서 할 수 있는 고등학교 진학 준비의 첫 단계입니다.

고등학교를 선택할 때는

중학교 3학년 고입 원서를 쓰는 기간이 되면 부모님들의 불안함은 커져만 갑니다. 집 근처 일반고를 가면 된다고 생각했다가도 고등학교 선택이 대입과 연결되어 있어서 쉽게 판단하지 못하는 경우가 많습니다. 그래서 이번에는 학부모님들이 고등학교에 대한 정보를 찾는 방법을 알려드리려고 합니다.

고등학교 입학전형 설명회

◆◆◆

교육청 주관 설명회

해마다 시도교육청에서는 중학교 3학년 아이들을 위해 고등학교 입학전형 기본계획을 발표합니다. 이를 기반으로 학부모 대상 고등학교 입학전형 설명회를 운영합니다. 예전에는 접근성이 좋은 고등학교의 대강당 등에서 실시했지만, 요즘에는 실시간 온라인으로 운영하는 경우가 많아졌습니다. 대체로 원서 작성 1~2개월 전에 유튜브 라이브로 진행합니다. 해당 영상은 이후에도 확인할 수 있으니 언제든 시청해도 됩니다.

다음은 서울특별시교육청 유튜브 채널에서 확인할 수 있는 영상입니다.

서울특별시교육청 고등학교 입학 종합 안내	서울특별시교육청 유튜브 채널 https://youtu.be/28HkS8ljz7Q
교육감 선발 후기 일반고 전형 안내	서울특별시교육청 유튜브 채널 https://youtu.be/REkZ3X3mscc
특성화고·마이스터고 전형 안내	서울특별시교육청 유튜브 채널 https://youtu.be/1TW0Qujxxxk
외고·국제고·자사고 자기주도학습 전형 안내	서울특별시교육청 유튜브 채널 https://youtu.be/Jl7Az9qnrbl
고등학교 입학안내	sen.go.kr → 전자민원 → 진학안내 → 고등학교입학안내
학부모용 질의응답 서울고교홍보사이트(일반고) 사례집	sen.go.kr → 전자민원 → 진학안내 → 고입자료실

서울고교홍보사이트(일반고)	하이인포(http://hinfo.sen.go.kr)
특성화고 입학·취업	하이잡(http://high-job.sen.go.kr)
진로진학 온라인 상담	서울진로진학정보센터(http://jinhak.or.kr)

학원에서 운영하는 설명회

교육청에서 주관하는 고등학교 입학전형 설명회는 대체로 전체 운영 계획이나 원서 작성법 등을 설명하는 데 비해 학원에서는 '대입 전략에 따른 고교 선택법'이라는 주제로 실시하는 경우가 많습니다. 대부분의 이런 설명회는 아이가 해당 학원을 다니지 않아도 들을 수 있습니다. 집 근처 대형학원에서 운영하는 설명회뿐 아니라 학원가가 밀집한 지역의 대표 학원에서 주최하는 설명회에도 참석해 정보를 확인해보면 좋습니다.

학원에서는 지역별 대표 고등학교의 대입 진학 실적 등도 알려주기 때문에 관심 있는 고등학교에 대한 정보를 얻을 수 있습니다. 최근에는 유튜브, 네이버 밴드 등으로 진행하는 경우도 많아서 어디서라도 참여가 가능합니다. 다만, 사전예약으로 설명회 접수를 받는 경우가 많으므로 원하는 학원의 홈페이지나 홍보물을 가끔 확인해야 합니다.

인강 전문 사이트에서도 고교선택 전략을 주제로 온라인 설명회를 진행합니다. 변화하는 입시 제도에 따른 현명한 고교 선택 전략이나 특목·자사고 준비 전략 등을 확인할 수 있습니다. 대체로 학년 초와 여름방학 전후, 10월부터 11월까지 원서 작성 기간에 이루어지는 경우가 많으므로 시기별로 신청하면 됩니다.

각 고등학교에서 직접 하는 설명회

일반고와 예술·체육·과학 중점학급의 학교에서 직접 개최하는 설명회도 있습니다. 이런 설명회의 경우 학교 시스템 운영 방법이나 학생 관리 등에 대해 전반적인 소개와 함께 교육과정 운영에 대해 설명합니다. 학교 설명회만으로 부족하다는 생각이 들면 입학 업무를 담당하는 부서에 직접 문의하거나 상담을 신청해 아이에게 적합한 고등학교인지 확인하는 방법도 있습니다.

특목고, 자사고, 일반고, 특성화고에 따라 설명회 운영 시기가 다르므로 해당하는 학교의 홈페이지에서 확인해야 합니다. 다만, 특목고와 자사고의 경우 학년 초와 여름방학 기간에도 입학 설명회를 개최하는 경우가 많습니다. 학교마다 다르겠지만 대체로 지원하고자 하는 학교 홈페이지의 학교 설명회 메뉴에서 신청할 수 있습니다. 제가 지도한 학생 중에는 고등학교 투어를 통해 자기소개서 작성의 아이디어를 얻는 아이도 있었습니다. 해당 학교 선배와의 대화 시간을 통해 한 번도 학교를 가보지 않은 학생과는 다른 관점에서 학교를 바라보는 계기가 되었다고 합니다.

학교 설명회는 반드시 중학교 3학년만을 대상으로 하지 않습니다. 관심 있는 고등학교가 있다면 한 번쯤 학교 설명회를 통해 공부 자극을 받을 수도 있을 것입니다.

일반고 선택의 기준

◆◆◆

일반고를 선택하는 과정에서는 기준이 무엇인지에 따라 학교 선택이 달라질 수 있습니다. 보통의 경우 학생 수, 학습 분위기, 학교운영 시스템, 교육과정, 진학지도 등을 고교 선택 기준으로 꼽습니다. 개인적인 상황이나 성향에 따라 다를 수 있지만, 지금까지 학생들을 지도하면서 안내했던 내용을 풀어보겠습니다.

학생 수

중학교에서는 절대평가의 의미를 담고 있는 성취평가제였다면, 고등학교에서는 지필평가 및 수행평가의 반영 비율에 따라 환산점수를 낸 합계로 석차가 나열되는 상대평가제입니다. 이때 등급별 누적 학생 수는 수강자 수와 누적등급비율을 곱한 값을 반올림해 계산합니다. 다음 표는 현재 고등학교에서 석차 등급의 비율을 나타낸 것입니다.

만약 같은 학년의 학생 수가 200명인 학교에서 석차가 9등인 학생이라면 (9×100)/200으로 석차누적비율이 4.5%가 되어 석차등급은 2등급에 속합니다. 그런데 학생 수가 240명인 학교에서

석차 등급	석차누적비율
1등급	~4% 이하
2등급	4% 초과 ~ 11% 이하
3등급	11% 초과 ~ 23% 이하
4등급	23% 초과 ~ 40% 이하
5등급	40% 초과 ~ 60% 이하
6등급	60% 초과 ~ 77% 이하
7등급	77% 초과 ~ 89% 이하
8등급	89% 초과 ~ 96% 이하
9등급	96% 초과 ~ 100% 이하

같은 석차의 학생은 $(9 \times 100)/240$으로 석차누적비율은 3.75%가 되어 1등급이 됩니다. 진교 석차가 같더라도 같은 학년에 학생 수가 몇 명이냐에 따라 석차등급이 달라질 수 있다는 뜻입니다.

이처럼 전체 학생 수에 대한 퍼센트에 따라 등급이 정해지므로 학생 수를 고려하지 않을 수 없습니다. 물론 학교 분위기나 시험문제의 난이도에 따라 다르겠지만, 수치상으로 보았을 때는 학생 수가 많은 곳이 유리합니다.

학습 분위기

학습 분위기는 지역이나 학년도에 따라 다를 수 있습니다. 학습 분위기가 좋다는 의미는 공부를 열심히 하는 학생들이 많고, 학생 관리가 잘되고 있다는 뜻입니다. 하지만 공부를 잘하는 학생이 많다면 경쟁자가 많다는 것이고, 1등급을 받기 어려울 수도 있습니다. 그럼에도 학생이 주변 분위기에 영향을 많이 받는 편이라면 면학 분위기에서 자극을 받으면서 공부하는 것도 좋은 방법입니다.

학교운영 시스템

학교운영 시스템을 고려하는 것은 면학 분위기가 잘 조성되어 있고, 학생부종합전형을 준비하기 좋은 시스템인지를 살펴보기 위함입니다. 학생들이 진로와 연계한 활동을 할 수 있도록 다양한 동아리가 운영되는지, 학교생활기록부에 기록할 수 있는 교내 봉사활동이 내실 있게 운영되는지 등을 통해 확인할 수 있습니다.

반대로 학생이 아무리 열심히 교과 시간에 참여해도 교과 세부 능력 및 특기사항에 기록해주지 않는 학교 시스템이라면 그야말로 헛고생이 될 수 있습니다. 이러한 학교운영 시스템은 학교 분위기나 교육과정 운영, 진학지도와도 연결되어 있습니다.

학교교육과정

학교교육과정 편제표 확인도 중요합니다. 고등학교 1학년 때는 학교 지정 과목을 이수하고, 학생이 과목을 선택하는 것은 2, 3학년에 한다고 생각하면 됩니다. 학기별로 이수해야 하는 과목 수를 확인하면 수행평가의 비중을 고려할 수 있습니다. 주당 수업시수, 즉 단위 수가 많으면 시험 범위가 많아진다는 뜻입니다.

절대평가로 성적이 산출되는 과목의 경우 상대평가로 성적이 산출되는 과목과 비교했을 때 성적에 대한 부담이 적을 수 있습니다. 또한 계열과 학년에 따른 커리큘럼을 반드시 확인해야 합니다. 진학을 위해서 화학Ⅰ과 화학Ⅱ를 이어서 수강해야 하는데, 교육과정상 화학Ⅱ를 선택할 수 없는 상황이라면 낭패이기 때문입니다.

학교교육과정 편제표는 해당 학교 홈페이지나 학교알리미(schoolinfo.go.kr → 해당 고등학교 → 공시정보 → 교육활동 → 학교교육과정편성·운영 및 평가에 관한 사항)에서 편제 및 시간 배당을 확인할 수 있습니다.

학업성취도

교과별 학업성취도는 학교의 내신 수준을 짐작할 수 있는 중요한 자료입니다. 학교별 교과별 평균과 표준편차를 보면 시험 난이도를 예측할 수 있습니다. 성취도별 분포 비율로 재학생들의 학업 수준도 미루어 짐작할 수 있습니다. 일반적으로 표준편차가 낮을수록 학생들의 점수대가 평균점수 가까이에 몰려 있다는 뜻인데, 이는 학생들의 수준 차이가 그리 크지 않다는 것을 의미합니다.

예를 들어 1학기 과목별 표준편차가 (가)고교는 과목별로 5~10점대, (나)고교는 20점대이고, 성취도별 분포비율 역시 (가)학교는 D와 E등급이 거의 없고 대부분 A등급인 반면 (나)학교는 E등급까지 분산되어 있다면 (가)학교가 (나)학교보다 학력 수준이 높고 내신 따기가 어려운 학교라고 볼 수 있습니다. 학업성취사항은 학교알리미(schoolinfo.go.kr → 해당 고등학교 → 공시정보 → 학업성취사항 → 교과별 학업성취 사항)에서 원하는 학교에 대한 정보를 확인할 수 있습니다.

진학지도 실적

진학지도 실적은 4년제 대학과 전문대학, 미진학 등으로 구분할 수 있습니다. 특히 4년제 대학도 인서울 혹은 의치약한(의대, 치대, 약대, 한의대) 계열까지 나누기도 합니다. 간혹 학교 홈페이지나 정문에 SKY나 인서울 대학 합격생 수를 공지하는 경우가 있는데, 재수생까지 포함한 실적일 가능성이 많으니 참고해야 합니다.

학교알리미(schoolinfo.go.kr → 해당 고등학교 → 공시정보 → 학생현황 → 졸업생의 진로현황)에서는 4년제 대학, 전문대학, 국외진학, 취업자, 기타로 구분해 확인할 수 있습니다. 대체로 전문대학 진학률이 높은 학교에 비해 4년제 대학 진학률의 비율이 높은 학교가 면학 분위기가 좋다고 할 수 있습니다.

가장 눈여겨보아야 할 점은 기타의 비율입니다. 기타 항목은 대부분 재수생이라고 볼 수 있는데, 재수를 한다는 것은 그만큼 학업에 충실하며 원하는 대학에 대한 기대가 높다는 것을 의미합니다. 지원하고자 하는 고등학교를 3~4개 선택해 이를 비교해보는 것도 좋은 방법입니다.

거리와 교통편

고등학교를 선택할 때는 거리와 교통도 고려하는 것이 좋습니다. 학교가 아무리 좋아도 너무 멀어서 등하교 시간이 오래 걸린다면 그만큼 체력 소모가 많을 수 있습니다. 그래서 학교 인근에 집을 구해 고등학교 3년 동안 생활하는 경우도 보았습니다.

지도상으로는 거리가 멀지 않다고 생각해서 선택했는데, 마땅한 교통편이 없는 경우도 있습니다. 이런 경우 3년 동안 부모님이 등하교를 함께 해주어야 할 수도 있기 때문에 학교를 선택할 때는 아이와 함께 직접 방문해보아야 합니다.

교사

가끔 학교에 근무하는 선생님을 고려하는 부모님들도 있습니다. 진로진학에 도움되는 동아리를 운영한다거나 교과 세부능력 및 특기사항을 꼼꼼하게 기록해주는 선생님이 있는 학교를 선호하는 경우입니다. 이때는 반드시 교사 이동을 함께 고려해야 합니다. 국공립 고등학교의 경우 해당 선생님이 전출하는 경우도 있기 때문입니다. 사립학교에서도 재단 내에 중고등학교가 함께 있는 경우 해당 선생님이 고등학교에서 중학교로 이동할 수도 있으니 참고해야 합니다.

고교학점제란 무엇인가

고교학점제는 학생들이 진로에 따라 다양한 과목을 선택해 이수하고, 누적 학점이 기준에 도달하면 졸업을 인정받는 제도입니다.

지금까지 고등학생들이 주어진 교육과정에 따라 수업을 들었다면, 고교학점제의 학생들은 자신의 진로에 따라 원하는 과목을 선택해 수업을 듣게 됩니다. 또한 학생이 성취한 등급과는 상관없이 과목을 이수할 수 있었던 예전과는 달리 학생이 목표한 성취 수준에 충분히 도달했다고 판단되면 과목 이수를 인정해주므로 배움의 질이 보장될 수 있습니다. 이전에는 출석일수로 졸업 여부를 결정했다면 고교학점제에서는 누적된 과목 이수 학점이 졸업 기준이 됩니다.

고교학점제는 2022년부터 전국의 모든 고등학교에 부분 도입, 2009년생이 고등학교에 입학하는 2025년에는 본격적으로 시행됩니다. 더불어 중학교에서처럼 성취평가제가 2025년에는 전 과목으로 확대되므로 2009년생이 고등학교를 선택할 때는 고교학점제에 대해 반드시 고려해야 합니다. 고교학점제에 대한 더 자세한 내용은 교육부의 고교학점제(www.hscredit.kr) 홈페이지에서 확인할 수 있습니다.

고입 전형을 위한 성적 산출

서울의 경우 고등학교 입학전형을 위한 고입전형점수 총점은 300점입니다. 이 중에서 ①교과학습발달상황 점수(교과 점수)는 240점(80%) ②출결상황 점수(출결 점수) 24점(8%) ③행동특성 및 종합의견 점수(행동발달 점수) 12점(8%) ④창의적 체험활동 중 자율 활동, 동아리 활동, 진로 활동 점수(창체활동 점수) 12점(4%) ⑤ 창의적 체험활동 중 봉사활동(봉사활동 점수) 12점(4%)으로 구성됩니다.

고입점수 총점	고입 교과점수	고입 비교과점수(60점, 20%)			
		출결	행동발달	창체활동	봉사활동
300점	240점	24점	12점	12점	12점
	(80%)	(8%)	(4%)	(4%)	(4%)

경기도의 경우 고등학교 입학전형을 위한 고입전형점수 총점이 200점입니다. ①교과학습발달상황 점수(교과 점수)는 150점(75%) ②비교과활동상황 점수(출결상황, 봉사활동, 학교활동) 50점(25%)으로, 경기도를 포함한 타 시도교육청의 고입전형점수에 대한 설명은 고입정보포털(www.hischool.go.kr) → 고교입시정보 → 시도별 입시정보를 참고하면 됩니다.

구분 (반영 비율)	교과활동상황(75%)			비교과활동상황(25%)			비고 (100%)
	일반교과(60%)		체육예술교 과(15%)	출결상황	봉사활동	학교활동	
	2학년(30%)	3학년(30%)		전 학년 (10%)	전 학년 (10%)	전 학년 (5%)	
반영 점수	60점	60점	30점	20점	20점	10점	200점

고입 교과 점수

◆◆◆

그러면 여기에서는 서울 지역 고입전형을 위한 내신산출 방법에 대해 설명해보겠습니다. 고입 점수는 크게 교과점수와 비교과점수로 구분할 수 있습니다. 고입 교과점수는 중학교 3학년 2학기 지필평가와 수행평가가 끝나면 학교에서는 학교생활기록부 교과학습발달상황을 근거로 산출합니다.

서울의 경우 고입 점수 총점을 300점으로 했을 때 교과점수가 240점(80%)을 차지합니다. 이때 교과점수란 학교생활기록부 '교과학습발달상황'에 기재된 성취도를 수치로 환산한 점수를 의미하고, 2, 3학년에서 이수한 과목을 이수 학기수와 관계없이 과목별로 동일한 비율로 적용·산출합니다. 교과성취도 평균점수 산출 방법은 다음과 같습니다.

교과성취도 평균점수 산출 방법

■ 교과성취도 평균점수 $= \left(\sum_{m=1}^{n} A_m \right) / n$

n : 2, 3학년에 걸쳐 1학기 이상 이수한 과목의 수

$A_m = \left(\sum_{s=1}^{k} C_s \right) / k$: 각 과목의 이수한 학기 평균 점수

• Cs : 각 과목의 학기별 '성취도 환산 점수'

• k : 해당 과목의 이수 학기수(k=1~4)

성취도 환산표

성취도	환산 점수
A	5.0
B	4.0
C	3.0
D	2.0
E	1.0

교과성취도 평균점수 산출 방법을 보는 순간 어렵다고 생각할 수 있습니다. 예를 들어 차근차근 설명해보겠습니다. 다음은 한 학

슬기로운 중학 생활

생이 중학교 2, 3학년에서 이수한 과목의 성취도를 학기별로 정리한 것입니다.

	국어	도덕	사회	역사	과학	기술가정	수학	체육	음악	미술	영어	중국어	한문
2-1	A	A		A	A		A	A	A	A	A	A	A
2-2	A	A		B	A		A	A	A	B	A	A	A
3-1	B	A	A	B	A	A	A	A			A		
3-2	A	A	A	A	A	A	A	A			A		

이 내용을 성취도 환산표에 따라 환산해 정리하고 과목별 평균을 산출하면 다음과 같습니다. (A: 5점, B: 4점, C: 3점, D: 2점, E: 1점)

	국어	도덕	사회	역사	과학	기술가정	수학	체육	음악	미술	영어	중국어	한문
2-1	5	5		5	5		5	5	5	5	5	5	5
2-2	5	5		4	5		5	5	5	4	5	5	5
3-1	4	5	5	4	5	5	5	5			5		
3-2	5	5	5	5	5	5	5	5			5		
세로 평균	4.75	5	5	4.5	5	5	5	5	5	4.5	5	5	5

이 학생의 국어 성취도 평균점수는 (5+5+4+5)/4로 4.75점이고, 사회의 경우 (5+5)/2로 5점이 나옵니다. 2, 3학년에 이수한 모든 교과별 성취도 평균점수의 평균을 구한 후에 교과성취도 평균

점수 (4.75+5+5+4.5+5+5+5+5+5+4.5+5+5+5)/13=4.90385(소수점 여섯 번째 자리에서 반올림)를 구해 학교 내에서 석차를 구합니다. 이 석차를 아래의 공식에 대입하면 교과점수가 나오는 것입니다.

$$\text{교과점수} = 240 - \left(\frac{\text{'교과성취도 평균점수'의 석차} - 1}{\text{고입전형점수 산출대상자 수}} \times 200 \right)$$

만약 전체 학생 수가 100명인 학교에서 교과성취도 평균점수 석차가 1등인 학생의 경우 교과점수는 $240 - (\frac{1-1}{100} \times 200) = 240$점이고, 100등인 학생은 $240 - (\frac{100-1}{100} \times 200) = 42$점이 나오게 됩니다.

고입 비교과 점수

◆◆◆

출결 점수

출결 점수는 전 학년 출결 상황을 근거로 하고, 학년별로 결석·지각·조퇴·결과 횟수를 합산해 결석 일수를 산출합니다. 기타 및 질병으로 인한 결석·지각·조퇴·결과는 결석 일수 계산에 포함하지 않습니다. 미인정 지각·조퇴·결과는 합산해 3회를 미인정 결석 1일로 계산합니다. 다음은 학년별 결석 일수와 출결 점수 표입니다.

슬기로운 중학 생활

결석 일수	학년당 점수	조기진급·조기졸업(예정)자 학년당 출결 점수	
		2년 이수	1년 이수
0 일	8점	12.0점	24점
1 ~ 2 일	7점	10.5점	21점
3 ~ 4 일	6점	9.0점	18점
5 ~ 6 일	5점	7.5점	15점
7 일 이상	4점	6.0점	12점

출결 점수에 대해서도 예를 들어 설명해보겠습니다. 한 학생의 출결이 다음과 같을 때 출결 점수를 계산해보겠습니다.

학년	수업 일수	결석일수			지각			조퇴			결과		
		질병	미인정	기타	질병	미인정	기타	질병	미인정	기타	질병	미인정	기타
1		2	1		1	1			3			2	
2		3				1			1				
3		5				2			5			1	

이 학생은 1학년 때 미인정 결석 1일과 미인정 지각 1회, 미인정 조퇴 3회, 미인정 결과 2회가 있습니다. 우선 미인정 지각, 조퇴, 결과를 합산하면 6회가 되므로 미인정 결석 2일로 계산하면 1학년 때 미인정 결석은 3일입니다. 여기서 앞서의 표를 확인하면 이 학생은 미인정 결석 3~4일에 해당되어 점수가 6점입니다. 2학년 때는 미인정 지각, 조퇴를 합하면 2회가 되는데 3회 미만이므로 미인정 결석 일수는 0일이 되어 8점이 됩니다. 3학년 때는 미인정 지각 2회와 미인정 조퇴 5회, 미인정 결과 1회를 합하면 8회가

되는데, 미인정 결석 2일로 계산해 1~2일에 해당하는 7점이 됩니다. 따라서 이 학생의 학년별 출결 점수는 각각 6점, 8점, 7점으로 총 24점 만점에 총 21점이 됩니다.

행동발달 점수

행동발달 점수는 학년당 점수 4점 중에서 3점은 기본 점수로 하고, 1점의 범위 내에서 가산점을 부여할 수 있습니다. 가산점 부여 대상자는 학교학업성적관리위원회에서 심의하고 결정하는데, 학교별로 기준이나 규정이 있으니 학교알리미 사이트(www.schoolinfo.go.kr)나 학교 홈페이지에서 확인하면 됩니다. 최근에는 가산점 부여 대상자에 대한 선정 기준이 모호하다는 의견이 있어 일부 학교에서는 학교 규정을 개정해 행동발달 점수는 기본 점수만 부여하기도 합니다.

구 분	학년당 점수	조기진급·조기졸업(예정)자 학년당 점수	
		2년 이수	1년 이수
기본점수	3 점	5점	11점
가산점	1 점	1점	1점

창체활동 점수

창체활동 점수도 행동발달 점수와 유사합니다. 학년당 점수 4점 중에서 3점은 기본 점수로 하고, 1점의 범위 내에서 가산점을 부여할 수 있으며 대상자는 학업성적관리위원회에서 심의 결정합니다. 가산점 부여는 자율 활동 우수자, 진로 활동 우수자, 동아리 활동 우수자 등 학교 규정으로 정해져 있습니다.

만약 H학생이 1학년 학급회장, 2학년 학급회장, 3학년 동아리 활동 발표 우수자로 선정되었다면 1년에 1점씩의 가산점을 얻어 12점 만점이 됩니다. 최근에는 창체활동 점수도 학교에 따라 가산점 부여가 다르니 학교 규정을 확인해야 합니다.

구 분	학년당 점수	조기진급·조기졸업(예정)자 학년당 점수	
		2년 이수	1년 이수
기본점수	3 점	5점	11점
가산점	1 점	1점	1점

봉사활동 점수

봉사활동 연간 기준 시수 및 평가 점수는 다음 표와 같습니다.

연간 이수 시간	학년당 점수	조기진급·조기졸업(예정)자 학년당 점수	
		2년 이수	1년 이수
15시간 이상	4점	6점	12점
12시간 이상 15시간 미만	3점	4.5점	9점
12시간 미만	2점	3점	6점

해마다 15시간 이상의 봉사활동을 한다면 봉사활동 점수는 12점이 됩니다. 만약 1, 2학년 때는 봉사활동을 각각 15시간씩을 했

지만 3학년 때 12시간을 했다면 학년당 점수는 4점, 4점, 3점이 되어 11점이 됩니다. 최근에는 코로나19로 인해 특정 학년도의 봉사활동 점수는 봉사활동 수행 시수와 관계없이 해당 학년당 4점을 부여하기도 합니다.

석차연명부의 작성

◆◆◆

지금까지 고등학교 입학전형을 위한 고입전형점수 300점을 기준으로 교과 점수, 출결 점수, 행동발달 점수, 창체활동 점수, 봉사활동 점수를 살펴보았습니다. 합산한 고입 전형 점수를 기준으로 개인별 석차를 구하고, 개인별 석차백분율 산출 공식에 의해 개인별 석차백분율을 구해 고등학교 입학전형을 위한 중학교 졸업예정자 석차연명부를 작성하게 됩니다.

개인별 석차를 산출할 때 총점 동점자가 발생하면 비교과 점수 총점, 교과 점수, 중학교 교육과정 교과목 순으로 3학년 2학기 과목별 원점수가 높은 순서대로 석차를 산출합니다. 석차연명부 작성 기준일은 11월 중순 정도가 되므로 봉사활동 등의 실적은 점수 인정 기준일까지 제출한 서류만 반영됩니다.

$$개인별\ 석차백분율 = \frac{개인별\ 석차 \times 100}{고입전형점수\ 산출대상자\ 수}$$

석차연명부

석차연명부										

입학년도: ○ ○ ○ ○   중학교: ○ ○ ○중학교   성적산출 완료일자: 년 월 일

석차 ( )명 중	석차 백분율 (%)	학년/ 반/ 번호	성명	성별	고입점수					
					교과 점수	출결	행동 발달	창체 활동	봉사 활동	합계 점수

고입 전형에서 내신석차 백분율

◆◆◆

특목고나 자사고 등을 지원하려면 전교에서 어느 정도 성적이 나와야 하는지를 묻는 경우가 많습니다. 자기주도학습전형을 실시하는 특목고나 자사고의 경우 중학교 내신 석차백분율이 적용되지 않습니다. 그렇다면 특목고나 자사고 입학전형에서는 어떤 성적을 제출할까요?

외고나 국제고의 경우에는 영어 교과성적은 중학교 2, 3학년(4

개 학기)의 원점수, 과목평균(표준편차)을 제외한 성취도를 성적 산출 기준표에 의거, 점수화해 반영(학기별 40점)합니다. 4학기 모두 성취도가 A라면 160점이 됩니다. 함께 제출하는 학교생활기록부의 경우 외고·국제고 입시용으로 제출하는데, 국어, 영어, 사회(역사)의 원점수, 과목평균을 제외하고 성취도와 수강자 수만 출력해 제출합니다.

외고·국제고 입학전형에서의 성취도별 환산 점수는 다음과 같습니다. 예를 들어 L학생의 영어 성적 성취도가 2학년 1학기 A, 2학년 2학기 B, 3학년 1학기 A, 3학년 2학기 A였다면 성적 산출 기준표에 의해 40 + 36 + 40 + 40 = 156점이 됩니다.

2022 대원외국어고 입학전형요강 일부

성적 산출 기준표

성취도	A	B	C	D	E
점수	40점	36점	32점	28점	24점

*자유학기제가 포함된 경우 성적 산출 시 자유학기제 미운영 학기의 성적으로 대체하여 활용함
(예: 2학년 1학기에서 자유학기제를 이수한 경우 2학년 1학기 성적을 2학년 2학기 성적으로 대체)

서울 이외 방식 자사고(전국단위 자사고 등)는 학기별 반영 비율, 교과 성적 반영 과목이 있으며 과목별 가중치를 고려하기도 합니다. 해당하는 과목별 성취도에 대한 환산점수는 학교별로 다르므로 사전에 확인해야 합니다. 이와 함께 학교생활기록부의 교과학

슬기로운 중학 생활

습발달상황(7번 항목)은 원점수, 과목평균을 제외하고 성취도(수강자 수)만 출력해 제출합니다.

2025 하나고 입학전형요강 일부

성취도	A	B	C	D	E
환산 점수	40	30	20	10	0

지원하고자 하는 고등학교 유형에 따라 성취도는 다르게 활용됩니다. 일반고와 특성화고등학교 입학전형에 반영되는 고입 내신석차백분율은 2, 3학년에 이수한 모든 교과별 성취도의 평균점수가 같은 비율로 취급됩니다. 별도의 과목에 가중치가 없다는 의미입니다. 외고나 국제고의 경우에는 2, 3학년의 영어 교과 성취도만으로 1단계 선발이 이루어집니다.

서울 이외 방식 자사고(전국단위 자사고 등)는 교과 성적이 학기별로 다른 비율로 반영되고, 과목별 가중치를 부여하기도 합니다. 또한 성취도에 따른 환산점수도 학교별 입학전형요강에 따르니 고교진학을 결정하는 과정에서 학교생활기록부의 교과학습발달상황을 점검하는 것이 필수입니다.

고등학교 진학 후의
성적 예측하기

중학생이 되면 아이들은 선행학습을 하느라 바빠집니다. 현행의 경우 지필평가 등으로 학습 진행 상황을 점검할 수 있지만, 선행의 경우 아이의 학습 수준이 어느 정도인지 파악하기가 어려울 수 있습니다.

　단순히 진도만 빨리 나간다고 좋은 결과를 얻을 수는 없습니다. 무엇보다 선행학습은 문제집을 중심으로 진도를 나가기 때문에 어느 정도의 실력인지 알아보는 기회가 부족합니다. 중학교 3학년의 경우 고등학교 입학 후에 어느 정도의 실력일지 파악할 수 있으면 고등학교 선택에 도움이 됩니다. 중학교 1, 2학년은 현재 자신의 학습 수준이 어느 정도인지 알 수 있다면 부족한 부분을 보완할 수 있습니다. 그렇다면 고등학교 가서 과연 몇 등이나 할지 예측해볼 수 있는 방법은 없을까요? 몇 가지 방법을 소개합니다.

모의고사

중학생이 고등학교 1학년 수학을 선행하고 있는데도 중학교 현행 수학 성적이 낮게 나오는 경우가 있습니다. 선행을 통한 학습은 단원별 평가를 통해 실력을 확인하는 정도에 그치고, 2개 이상의 단원을 결합해 평가할 때는 이전에 학습한 내용을 정확하게 기억해내지 못하는 경우가 많기 때문입니다.

모의고사는 단원별, 학기별, 학년별 범위에 해당하는 학생의 실력을 한꺼번에 확인할 수 있습니다. 여러 단원의 핵심 개념이 결합된 문제를 해결하는 과정에서 교차학습도 가능합니다. 결과 분석으로 실력이 부족한 단원을 파악하고 보완할 수 있다는 장점도 있습니다.

전국연합학력평가

전국연합학력평가는 고등학생의 현재 학력 수준을 측정하기 위해 대학수학능력시험을 모의고사 형식으로 실시하는 시험으로, N월 학평, 교육청 모의고사 등으로 불리기도 합니다. 주기적으로 학생들의 학력을 진단하고 성취도 분석을 통한 자기주도 학습력을 향상시킵니다. 수능 적응력을 높이고 교사·학생·학부모에게 진로·진학 자료를 제공할 수 있으며, 교수·학습 과정의 일환으로 실시되는 평가를 통해 사교육비 부담을 줄일 수도 있습니다.

전국연합학력평가는 고등학교 재학생을 대상으로 실시하지만, 시험이 끝난 후에 기출문제는 무료로 배포되므로 누구든 인쇄해서 풀어볼 수 있습니다. 시도교육청 홈페이지에서 다운받아 볼 수 있는데, 서울시교육청의 경우에는 www.sen.go.kr → 교육정보 → 학력평가자료에서 문제지와 정답 및 해설, 결과분석자료, 통계자료를 확인할 수 있습니다.

고등학교 1, 2학년은 3, 6, 9, 11월, 고등학교 3학년은 3, 4, 7, 10월에 전국연합학력평가를 실시하는데, 응시 결과에 따른 석차·백분위·등급이 제공되므로 학생의 위치를 파악할 수 있습니다. 다만 이전년도 학생들을 대상으로 이루어진 평가 결과이므로 학생이 속한 학년의 실력과는 차이가 있을 수 있습니다.

3월 전국연합학력평가

중학교 과정을 모두 학습했다면 3월 전국연합학력평가를 활용하면 됩니다. 3월 전국연합학력평가는 중학교의 국어, 수학, 영어, 한국사, 탐구(통합사회, 통합과학) 교과 전체가 출제 범위입니다.

기출 문제는 시도교육청과 ebsi 등에서 다운받을 수 있습니다. 서울특별시교육청의 경우에는 www.sen.go.kr → 교육정보 → 학력평가자료에서 고등학교/1학년/2021년도/3월을 선택해 검색하면 국어, 수학, 영어, 한국사, 사회과학탐구 영역으로 게시되어 있습니다. '정답과 해설'뿐 아니라 '결과분석자료'와 '통계자료'도 있어서 학습 정도를 파악하는 데 도움됩니다.

'정답 및 해설'에서는 출제 의도와 오답 풀이를 확인할 수 있습니다. 출제 의도를 보면 '인수분해를 이용하여 직사각형의 둘레의 길이를 추론한다'와 같이 설명되어 있어서 자신에게 부족한 단원이 무엇인지 찾아낼 수 있습니다. '결과분석자료'와 '통계자료'를 통해서는 전체 응시생 수나 평균, 표준편차 등을 확인할 수 있어 자신의 위치를 파악할 수 있습니다. 다만 해당하는 학년도의 학생들을 대상으로 한 평가 결과이므로 현재 학생이 속한 학년의 실력과는 약간의 차이가 날 수 있습니다.

EBSi를 활용한 관리

EBSi는 많은 고등학생들이 이용하는 사이트입니다. 부모님도 가입이 가능합니다. 아이와 함께 EBSi(www.ebsi.co.kr) → 기출 문제 → 원하는 시험과 과목 선택 → 검색하여 문제지를 다운 받아 가정에서 모의평가를 진행해볼 수 있습니다. 인쇄가 어렵다면 온라인으로 진행할 수도 있습니다. 무료 해설 강의도 수강할 수 있습니다.

좀 더 체계적인 관리를 원한다면 EBSi(www.ebsi.co.kr) → 모의고사 → 풀서비스를 활용하는 것도 좋습니다. 시험지는 기출 문제에서 다운받아 풀고 풀서비스 → 채점하기에서 응시 과목에 정답을 입력하면 자동으로 채점되어 정오표를 확인할 수 있습니다. 과목별 전체 등급 컷은 물론 학생의 위치와 개인별 성적분석 서비스를 이용할 수 있으며, 모의고사를 응시할 때마다 성적 분석을 통해 체계적인 점수 관리가 가능합니다. 오답률 TOP15를 통해 응시한 학생들이 어느 부분에서 많이 틀리는지를 볼 수 있고, 오답 노트와 해설 강의를 통해 자신이 틀린 문항에 대한 오류를 수정할 수도 있습니다.

EBSi의 인공지능 DANCHOO

EBSi의 경우 기출문제와 풀서비스 외에도 해당 단원 시험지를 만들어 확인 학습을 할 수 있습니다. EBSi(www.ebsi.co.kr) → DANCHOO 맞춤학습에서 인공지능 단추 엔진을 이용해 교재 및 기출문제를 분석하면 학생의 수준에 맞는 문제지를 만들 수 있습니다. 과목별로 시험지를 만들어서 응시할 수 있고, 시험지 리그로 다른 학생들이 만들어둔 시험지도 풀어볼 수 있습니다.

국가수준학업성취도평가

국가수준학업성취도평가는 중학교 3학년과 고등학교 2학년을 대상으로 실시하고, 학교에서 배운 내용을 학생이 얼마나 잘 이해하고 있는지와 교육 목표에 얼마나 도달했는지를 체계적으로 진단

슬기로운 중학 생활

하기 위해 국가에서 실시하는 평가입니다. 시험지와 정답 및 해설은 한국교육과정평가원(www.kice.re.kr) → 자료마당 → 기출문제 → 국가수준학업성취도평가에서 다운받을 수 있습니다.

중학교 3학년은 중학교 2학년 혹은 3학년 1학기까지를 범위로 하고, 고등학교 2학년은 고등학교 1학년 혹은 2학년 1학기까지의 학습 내용을 출제하므로 해당 부분까지의 확인 학습이 가능합니다.

고등학교 기출문제와 학교알리미

각 고등학교가 어느 정도 실력을 갖춘 학교인지를 파악하는 데는 학교알리미를 통해 가능합니다. 학교알리미(www.schoolinfo.go.kr) → 전국학교정보 → 학교별 공시정보 → 학교명 입력 → 검색 → 학업성취사항 → 교과별 학업성취사항에서 평균, 표준편차, 성취도별 분포 비율을 볼 수 있습니다.

다음의 표는 7개 고등학교의 2020학년도 교과별 학업성취사항 중에서 국어, 수학, 영어 교과만 추출해 정리한 것입니다. 괄호 (3) 혹은 (4)는 단위 수를 의미하며 일주일에 해당 교과 시간을 의미합니다.

이 표를 보면 평균, 표준편차, 성취도별 분포 비율을 통해 학교별 성적의 특징을 이해할 수 있습니다. 표준편차는 성적이 평균 근처에 분포하는 학생이 많을수록 낮습니다. 비슷한 실력을 가진 학생들이 많다는 의미입니다. 만약 표준편차의 값이 크다면 학생 간

2020학년도 교과별 학업성취사항

학교명	과목	1학년													
		1학기							2학기						
		평균	표준편차	성취도별분포비율					평균	표준편차	성취도별분포비율				
				A	B	C	D	E			A	B	C	D	E
A외고	국어 (3)	87.2	7.2	83.7	10.5	5.4	0.4	0	88.6	9.1	85.7	9.7	3.1	0.8	0.8
	수학 (3)	87.8	5.7	90.3	9.3	0.4	0	0	89.2	4.9	92.7	6.9	0.4	0	0
	영어 (3)	84.1	7.4	64.7	24.8	10.1	0.4	0	84.2	7.7	69.5	27.4	2.7	0.4	0
B외고	국어 (3)	94.9	5.9	88.3	8.2	3.1	0.4	0	92	6.3	77.3	15.6	5.5	1.6	0
	수학 (3)	90.1	5.7	69.3	22.6	7	1.2	0	91	6.4	77.7	15.6	3.1	3.5	0
	영어 (3)	91.1	6.3	73.2	19.1	7.8	0	0	91.1	6	75	16.8	7.8	0.4	0
C서울 이외 방식 자사고	국어 (3)	80.8	8.9	12.7	54.1	22.4	7.8	2.9	87.3	8.2	49.5	38.1	6.9	4	1.5
	수학 (3)	79.5	11.3	21.5	33.2	24.9	15.1	5.4	80.9	6.7	10.9	48	36.6	4.5	0
	영어 (3)	73.5	15	8.3	34.1	23.9	16.1	17.6	83.6	10.2	32.7	40.6	17.8	4	5
D서울 이외 방식 자사고	국어 (4)	92.6	4.6	78.9	19.5	1.6	0	0	88.2	6.2	50.3	39.4	9.5	0.8	0
	수학 (4)	87.7	6.4	45.5	45	7.3	1.6	0.5	87.3	8.4	48.6	35.3	10.9	4.1	1.1
	영어 (4)	91.8	5.6	74.5	21.7	3.5	0.3	0	90.5	6.6	68.2	25	5.2	1.6	0
E일반고	국어 (4)	80.5	12.9	29.2	34	16.7	11.7	8.5	70.1	21.6	21.5	22.1	16.8	9	30.6
	수학 (4)	73.4	15.5	10.9	32.1	25.5	11.7	19.9	57.7	21.3	3.5	11.7	18.6	19.9	46.3
	영어 (4)	75.6	17.3	25.7	24.4	18	12.7	19.1	65.8	23.9	17.6	19.9	15.2	12.5	34.8
F일반고	국어 (4)	77.5	16	25.1	31.5	17.1	11.9	14.5	71.9	20.9	24	20.3	19.8	11.7	24.2
	수학 (4)	73.7	15.9	11.1	35.7	20.2	16.5	16.5	62.3	22.7	12.2	16.4	12.8	18	40.6
	영어 (4)	78.9	14.7	30	26.6	17.6	14.7	11.1	77.1	15.2	25.3	26.6	20.1	12	16.1
G일반고	국어 (4)	53.8	22.9	14.2	14.2	21.9	30.6	19.2	63.7	19.5	24.2	13.7	29.7	30.1	2.3
	수학 (4)	40.2	24.9	5.9	14.6	17.4	25.1	37	45.5	25	6.4	21.9	22.8	19.6	29.2
	영어 (4)	57.5	27.4	30.6	17.8	19.2	20.5	11.9	48.2	28.3	20.1	17.8	15.5	22.4	24.2

슬기로운 중학 생활

의 성적 차이가 크다는 의미입니다. 자기주도학습전형을 실시하는 외고 A, B와 서울 이외 방식 자사고 C, D의 경우 표준편차가 대부분 10 미만으로 학생들의 국어, 수학, 영어 실력이 거의 비슷하다고 짐작할 수 있습니다. 반면 E, F, G 일반고의 경우 학생들의 실력 차이가 크다고 볼 수 있습니다.

진학을 희망하는 고등학교에 가서 원하는 성적을 얻을 수 있을지 궁금할 때는 먼저 학교별 기출문제를 구해서 풀어보고, 평균과 표준편차를 이용해 백분위를 구해 자신의 등급을 예측해볼 수 있습니다.

모의고사를 통한 중간 점검은 지금까지 자신이 학습한 내용을 확인하고, 부족한 부분이 어디인지를 파악해 보완하는 과정에서 중요한 역할을 합니다. 또한 자신의 위치를 알고 지금보다 더 발전하기 위한 전략 수립에도 도움이 됩니다. 그렇다면 실력 점검과 자신의 위치를 파악하기 위해 필요한 것은 무엇인지 알아보겠습니다.

첫째, 시험 범위를 확인하고 일주일 정도의 대비 시간을 갖는 것이 좋습니다. 기출문제를 활용해 전국연합학력평가를 보는 경우 해당 학년도의 학생들과 함께 시험을 보는 것과 같습니다. 해당 학년도의 학생이 시험을 준비하듯이 미리 시험 범위를 확인하고 일주일 정도의 시험 준비 기간을 갖는 것이 좋습니다.

둘째, 시험 시간이나 시험 환경을 실제 시험처럼 준비합니다. 아무리 기출문제를 활용한 시험이라도 학교와 유사한 환경에서 시험을 보도록 하는 것이 좋습니다. 아이는 공부방에서 시험을 보고 있는데, 가족들은 모두 거실에서 TV를 보면서 떠드는 소리가 들린다면 집중력이 흐트러져 정확한 실력 점검이 될 수 없습니다. 학교에서 시험 볼 때와 유사하게 조용하고 안정적인 환경에서 시험을 볼 수 있도록 준비해주세요.

셋째, 채점 후에는 어떤 단원이 부족한지 혹은 더욱 신경 써야 할 부분이 어디인지를 살펴보고 보완 계획을 세워야 합니다. 대부분의 학생이 기출문제를 풀고 자신의 실력을 확인한 다음 오답을 확인하지 않는 성향이 있습니다. 앞에서 소개한 EBSi와 같은 사이트를 활용해 오답률이 높은 단원을 학습하거나 관련된 문제를 풀어보는 것이 좋습니다.

5장

자기주도 학습전형

자기주도학습전형 매뉴얼 살펴보기

매년 3월이 되면 고입정보포털(www.hischool.go.kr)에는 다음 학년도 자기주도학습전형 및 고등학교 입학전형 영향평가 매뉴얼이 업데이트 됩니다. 이전년도와 달라진 점들을 볼 수 있는 대조표도 함께 게시되어 있어서 변화의 흐름을 읽을 수 있습니다. 처음 접하는 부모님들은 용어 때문에 읽기 힘들어하는 경우도 있지만, 몇 번 읽다 보면 고입, 특히 자기주도학습전형에 대해 전반적으로 파악할 수 있습니다.

　매뉴얼에서는 외국어고·국제고, 서울 방식 자율형사립고, 서울 이외 방식 자율형사립고와 일반고의 자기주도학습전형, 선행학습 방지를 위한 고등학교 입학전형 영향평가 매뉴얼로 구성되어 있습니다. 이 글에서는 자기주도학습전형 개관 등의 공통적인 내용과 학교별 제출 서류 등에 대해 살펴보겠습니다.

자기주도학습전형의 개관

◆◆◆

자기주도학습이란 학생이 주도적으로 학습 목표를 설정·계획·학습 후 스스로 결과를 평가하면서 창의력과 문제해결력을 향상시키는 학습이라 할 수 있습니다. 즉 자기주도학습전형이란 학생의 자기주도학습 결과와 인성을 중심으로 고등학교 입학전형위원회에서 창의적이고 잠재력 있는 학습을 선발하는 입학전형을 말합니다.

자기주도학습전형에서는 선행학습(사교육)을 유발하는 입학전형 요소를 배제합니다. 학교별 필기고사를 금지하고 교과 지식을 측정하는 전형은 운영할 수 없습니다. 더불어 교내외 각종 대회, 인증시험, 자격증 등을 배제함으로써 선행학습을 유발하는 요인을 제거하고자 했습니다. 이는 자기주도학습전형을 위해서 토플이나 텝스 등의 인증시험이나 각종 자격증을 준비하지 않아도 된다는 의미입니다.

그 절차와 방법은 자기주도학습전형을 실시하는 외국어고·국제고, 서울 방식 자율형사립고, 서울 이외 방식 자율형사립고와 자기주도학습전형을 실시하는 일반고로 나누어 2023학년도 안내 자료를 중심으로 살펴보겠습니다.

참고로 자기주도학습전형을 위해 제출하는 서류 중에 학교생활기록부II가 있는데, 이는 학교생활세부사항기록부라고 말할 수 있습니다. 학교생활기록부I은 특기사항이 포함되지 않은 민원 및 국가기록으로 활용합니다. 학교생활기록부II는 세부사항 및 특기사항이 포함되어 있고, 상급학교 진학지도 및 상급학교 학생 선발에 활용됩니다. 간단하게 행동특성 및 종합의견이 없는 것은 학교생활기록부I이고, 다 나오는 것은 학교생활기록부II 정도의 차이만 알고 있으면 됩니다.

과학고의 자기주도학습전형 절차 및 방법

◆◆◆

과학고의 자기주도학습전형은 중학교 학교장이 과학·수학 분야 등의 자기주도학습 역량과 인성 등을 겸비한 학생을 추천하면 1단계에서 서류 평가 및 개별 면담으로 면접 대상자를 선정합니다. 이때 서류 평가는 학교생활기록부II, 자기소개서, 교사추천서 내용을 토대로 실시합니다. 또한 입학 담당관이 지원자와의 면담을 통해 제출 서류에 대해 검토하고 추가 정보를 수집하기도 합니다.

다른 자기주도학습전형과 다른 점은 교사추천서가 필요하다는 것입니다. 자기소개서에서는 지원 동기 및 진로 계획, 자기주도학습 과정, 탐구체험활동, 독서활동, 봉사활동 및 핵심인성요소 관련 활동 등을 작성해 제출합니다. 2단계에서는 소집 면접을 실시하고, 1단계 서류 평가 및 개별 면담 결과를 종합해 최종 합격자를 선발합니다. 과학고의 자기주도학습전형은 시도마다 다르게 진행되므로 시도별 고등학교 입학전형을 반드시 확인해야 합니다.

과학고 선발 방식

구분	1단계		2단계	
	서류평가	방문면접	소집면접	종합평가
평가	– 수학 과학 교과 – 과학적 재능 – 제출서류 • 학생부 • 자기소개서 • 추천서 등	– 제출서류 내용 검증 추기 지료 확보	– 수학, 과학 학업적 능력 – 희입직 자질 심층 질문 – 제출서류 내용 검증 • 자기주도 학습 및 계획 • 봉사·탐구·체험활동 • 독서활동 • 핵심인성요소 활동	– 서류 평가 – 면접 결과 등
비고	최종 모집인원의 1.5~2배수 선발		최종 모집인원 선발	

외국어고·국제고 자기주도학습전형 절차 및 방법

◆◆◆

전형 절차는 1단계로 영어 교과성적(160점)과 출결점수(감점)를 합산한 점수로 정원의 1.5~2배수를 선발하고, 2단계로는 1단계 성적(160점)과 면접점수(40점)를 합산해 최종 합격자를 선발합니다.

외국어고 · 국제고 전형 절차

구분	1단계 (160점)		2단계 (200점)	
	영어 내신	출결	1단계 성적	면접
배점	160점	감점	160점	40점
비고	최종 모집인원의 1.5~2배수 선발		최종 모집인원 선발	

이때 영어 내신성적은 중학교 2, 3학년 4개 학기의 원점수, 과목 평균(표준편차)을 제외한 성취도를 성적산출 기준표에 따라 점수화해 반영합니다. 원점수와 과목평균, 표준편차를 제외한다는 의미는 학교 간의 수준 차이를 상관하지 않고 절대평가제에 따른 성취도를 반영한다는 의미입니다.

다음 표와 같이 성취도가 A라면 40점, B라면 36점, C이면 32점, D는 28점, E는 24점으로 산출됩니다. 예를 들어 4개 학기의 영어교과 성취도가 A-A-A-A인 학생의 경우, 40(점)+40(점)+40(점)+40(점)=160(점)이 됩니다. A-A-B-A라면 40(점)+40(점)+36(점)+40(점)=156(점)이 되겠지요.

성적산출 기준표

성취 수준	A	B	C	D	E
부여 점수	40	36	32	28	24

만약 1단계에서 동점자가 발생하면 ①3학년 2학기 국어, 사회 ②3학년 1학기 국어, 사회 ②2학년 2학기 국어, 사회 ④2학년 1

학기 국어, 사회의 순서로 성취도 수준을 반영해 선발합니다. 사회 과목이 없는 경우에는 역사 과목으로 대체 가능합니다. 따라서 외국어고·국제고를 준비하는 학생들은 영어, 국어, 사회 혹은 역사 교과 성적에 신경을 써야 합니다.

출결 상황 산출 방식은 아래와 같습니다.

$$출결 = -(\text{미인정 결석 일수} \times \text{가중치})$$

이는 시도교육청의 승인을 받아 학교별로 자율적으로 결정합니다. 미인정 결석이란 학교생활에 대한 성실성을 파악할 수 있으므로 원격 수업을 할 때는 특히 주의해야 합니다. 미인정 결석 일수에 곱해지는 가중치가 1인 경우에는 3개년 동안 미인정 결석 일수를 모두 합산해 160점에서 제하면 1단계 점수가 산출됩니다.

2단계는 1단계 성적(160점)과 면접(40점)으로 선발합니다. 면접 점수는 자기주도학습 영역(꿈과 끼 영역)과 인성 영역을 합산해 산출합니다. 내용은 학생이 제출한 학교생활기록부와 자기소개서의 자기주도학습 영역과 인성 영역을 중심으로 실시합니다.

자녀가 외국어고·국제고를 준비한다면 자기주도학습전형 매뉴얼이나 시도교육청 고등학교 입학전형 기본 계획을 미리 살펴보아야 합니다. 희망하는 고등학교가 있다면 해당 고등학교 홈페이지에서 입학 요강을 다운받아 볼 수 있습니다.

서울 방식 자율형사립고 자기주도학습전형 절차 및 방법

◆◆◆

서울 방식 자율형사립고 자기주도학습전형은 하나고를 제외한 서울지역 자율형사립고가 대상입니다. 1단계에서는 내신성적에 관계없이 1.5배수를 추첨해 면접 대상자를 선발하고, 2단계에서는 면접으로 최종 합격자를 선발합니다.

선발 절차

구분	1단계	2단계
	공개 추첨	1단계 성적
배점	내신 성적에 관계없이 공개 추첨 (지원율에 따른 추첨 진행)	– 제출서류 사실여부 판단 – 면접 진행 – 내신 평가 불가
비고	최종 모집인원의 1.5배수 선발	최종 모집인원 선발

만약 1단계에서 지원율이 100% 이하라면 2단계 면접 절차는 생략합니다. 지원율이 100~150%인 경우에는 면접을 실시할지 학교에서 결정하는데, 추첨으로 최종 합격자를 선발할 수도 있습니다. 지원율이 150% 이상인 경우에는 추첨을 실시해 정원의 1.5배수를 선발하고, 2단계에서 면접을 실시해 최종 합격자를 선발합니다. 2단계 면접 내용은 자기주도학습 영역(꿈과 끼 영역)으로 자기주도학습 과정과 지원 동기, 진로 계획을 포함하고 있습니다.

지원율에 따른 선발 방식 차등화

1단계 지원율	전형 방법
100% 이하	2단계 면접 절차 생략 (→ 추첨 및 면접 없이 무조건 합격)
100~150%	면접 실시 여부를 학교가 결정 (→ 면접 없이 추첨만으로 최종 합격자 선발 가능)
150% 이상	공개 추첨 후 면접으로 최종 합격자 선발 (→ 정상적인 절차 하에 전형 실시)

서울 이외 방식 자율형사립고, 자기주도학습전형을 실시하는 일반고의 자기주도학습전형 절차 및 방법

◆◆◆

서울 방식을 선택하지 않은 자율형사립고와 자기주도학습전형으로 학생을 선발하는 일반고등학교(익산고)가 대상입니다. 1단계에서는 내신성적과 출결을 근거로 정원의 1.5~2배수를 선발하고, 2

선발 절차

구분	1단계	2단계	
	내신 평가	1단계 성적+면접	
평가	· 내신 성적 평가 　– 교과: 국/영/수/사/과 (또는 전 교과) 　– 중학교 2~3학년 성적 (또는 전 학년) 　– 학교생활기록부 참고 · 학교 자체 내신 평가 기준	제출서류 사실여부 판단	· 발전 가능성 평가 　– 자기소개서 　– 학교생활기록부
비고	최종 모집인원의 1.5~2배수 선발 (학교별 자율 선택)	최종 모집인원 선발	

단계에서는 1단계의 성적과 면접으로 최종 합격자를 선발합니다.

내신성적의 반영 과목과 학년, 내신과 면접의 반영 비율은 교육 감의 승인을 받아 학교에서 자율로 결정하되, 내신성적은 원점수 와 과목평균(표준편차)을 제외한 성취도 수준을 활용합니다. 출결 은 미인정 결석일수에 가중치를 곱해 감점하는 방식으로 외국어 고·국제고와 같습니다. 2단계는 1단계 성적과 면접을 합산해 선발 하는데, 면접 내용은 자기주도학습 영역(꿈과 끼 영역)으로 자기주 도학습 과정과 지원 동기 및 진로 계획을 포함하고 있습니다.

자기주도학습전형 매뉴얼로 자기소개서 작성과 면접 준비하기
◆◆◆

자기소개서의 주요 항목은 자기주도학습 영역(꿈과 끼 영역)과 인성 영역으로 구성되어 있습니다. 자기주도학습전형 매뉴얼에 제시된 문항은 외국어고·국제고, 서울 방식 자율형사립고, 서울 이외 방 식 자율형사립고와 자기주도학습전형을 실시하는 일반고 양식이 모두 비슷합니다. 학교별로 약간씩 수정하기도 하므로 지원하고자 하는 학교의 홈페이지에서 양식을 다운받아 참고하면 됩니다.

자기주도학습 영역이란 꿈과 끼를 확인할 수 있는 영역으로, 학 습을 위해 주도적으로 수행한 목표 설정, 계획, 학습을 통한 결과 및 평가까지의 전 과정으로 교육과정에서 동아리 활동 및 진로체험, 꿈과 끼를 살리기 위한 활동 및 경험 등이 포함됩니다. 물론 학교의 특성(혹은 건학이념)과 연계해 지원 학교에 관심을 갖게 된 동기, 꿈과 끼를 살리기 위한 활동 계획과 진로 계획도 포함하고 있습니다.

인성 영역은 핵심인성요소에 대한 중학교 활동 실적을 자기소개서와 학교생활기록부의 행동특성 및 종합의견에 기재된 핵심인성요소에 대한 중학교 활동 실적과 중학교 활동을 통해 배우고 느낀 점으로 평가합니다. 리더십, 배려와 나눔, 소통 등 학생이 가진 역량이 지원하는 고등학교의 인재상에 부합하는가를 확인하는 과정입니다.

자기주도학습 능력을 평가하기 위해서는 자기소개서와 학교생활기록부를 바탕으로 면접을 실시하므로 철저한 사전 준비가 필요합니다. 면접 절차의 객관성과 공정성을 위해 출신 중학교를 비교해 평가하지 않고, 동일한 가운을 착용하게 하여 지원자의 복장으로 신상을 확인할 수 없도록 사전에 방지하기도 합니다.

다음은 자기소개서 주요 항목입니다. 자기주도학습 영역(꿈과 끼 영역)과 인성 영역으로 나눌 수 있습니다. 자기주도학습 영역의 자기주도학습 과정은 학습을 위해 주도적으로 수행한 목표 설정과 계획, 학습을 통한 결과 및 평가까지의 과정을 작성합니다. 물론 교육과정에서 이루어지는 진로체험 및 동아리 활동, 꿈과 끼를 살리기 위한 활동 및 경험을 포함합니다. 대체로 자신만의 교과학습

슬기로운 중학 생활

방법이나 시간관리법, 실험과정 등을 서술합니다. 이때 대부분의 학생들이 목표 설정과 계획, 학습을 통한 결과까지는 무난하게 서술하는데, 평가 부분에서 어려워하는 경우가 많습니다. 자기주도학습의 경험에 대한 스스로의 평가, 즉 배우고 느낀 점이 필요합니다.

지원 동기 및 진로 계획은 학교 특성 혹은 건학이념과 연계해 지원 학교에 관심을 갖게 된 동기, 꿈과 끼를 살리기 위한 활동 계획과 진로 계획을 서술합니다. 학교에 관심을 갖게 된 동기는 과거 또는 현재를 의미하고, 활동 계획은 입학한 후 자신의 학업 계획과 관련이 있습니다. 진로 계획은 고등학교 졸업 후 자신의 미래를 기록하는 것과 같습니다. 과거-현재-미래를 서술하는 과정이라고 볼 수 있는데, 제가 지도했던 학생들의 경우에는 이 부분을 힘들어했습니다.

인성 영역은 봉사활동이나 동아리 활동 등에서 배려, 나눔, 협력, 타인 존중, 규칙 준수 등에 대한 학생의 중학교에서의 활동 실적과 배우고 느낀 점을 서술해야 합니다. 단순하게 '좋았다', '느꼈다'가 아니라 '무엇을 배웠고 앞으로 어떻게 할 것인가'에 대한 성장 지향적인 문장으로 서술해야 합니다.

자기소개서를 작성하거나 검토할 때는 주의사항과 배제 사항을 반드시 확인해야 합니다. 본문에 영어 등 각종 인증시험 점수와 교과목의 점수와 석차, 각종 대회 입상 실적, 영재교육원 수료 등에

자기소개서 주요 항목

자기주도학습 영역(꿈과 끼 영역)과 인성 영역의 내용을 포함하여 1500자(띄어쓰기 제외) 이내로 학생 본인이 직접 작성하여 제출해야 합니다.

자기주도 학습 영역 (꿈과 끼 영역)	자기주도 학습 과정	학습을 위해 주도적으로 수행한 목표 설정 계획 학습을 통한 결과 및 평가까지의 전 과정(교육과정에서 진로체험 및 동아리 활동, 꿈과 끼를 살리기 위한 활동 및 경험 등 포함)
	지원 동기 및 진로 계 획	학교특성(건학이념)과 연계해 지원학교에 관심을 갖게 된 동기, 꿈과 끼를 살리기 위한 활동 계획과 진로 계획 *외국어고·국제고: 학교특성, 그 외 학교는 건학이념
인성영역	활동실적	봉사체험활동을 포함한 배려, 나눔, 협력, 타인 존중, 규칙준수 등에 대한 중학교 활동 실적
	배우고 느낀 점	봉사체험활동을 포함한 배려, 나눔, 협력, 타인 존중, 규칙준수 등의 활동을 통해 배우고 느낀 점 등 - 위에 제시된 것 이외에 학생이 발굴하여 작성 가능

주의
사항
		• 본문에 영어 등 각종 인증시험 점수, 교과목의 점수·석차, 교내 외 각종 대회 입상실적, 자격증, 영재 교육원 교육 및 수료 여부 등 기재 시 0점 처리
		• 부모 및 친인척의 사회 경제적 지위 암시 내용, 지원자 본인의 인적 사항을 암시하는 내용 등 기재 시 학교별 기준을 마련하여 항목 배점의 10% 이상 감점 처리
		  - 인증시험 및 각종 대회 입상 증빙자료를 참고자료로 제출하는 경우, 우회적 간접적인 진술에도 0점 처리
		  - 평가 항목은 자기주도학습 과정, 지원 동기 및 진로 계획, 핵심인성요소에 대한 중학교 활동 실적, 인성영역 활동을 통해 느낀 점 등으로 구분

자기 소개서 작성 시 배제 사항		• TOEFL, TOEIC, TEPS, TESL, TOSEL, PELT, HSK, JLPT 등 각종 인증시험 점수, 한국어(국어) 한자 등 능력시험 점수 • 교과목의 점수나 석차 • 교내 외 각종 대회 입상 실적, 자격증, 영재교육원 교육 및 수료 여부 등 • 부모 및 친인척의 사회 경제적 지위를 암시하는 내용 예) 부모 및 친인척의 구체적인 직장명이나 직위, 소득수준, 고비용 취미 활동(골프, 승마 등), 학교에서 주관하지 않은 모둠 및 프로젝트 활동(사설 학원 및 기관에서 추진하는 교과 관련 활동) 등 • 지원자 본인을 알 수 있는 이름, 출신중학교 등 인적사항을 암시하는 내용
잘못된 자기 소개서의 작성 사례		• 중학교 1학년 때 처음 TOEIC 시험에 응시해 450점을 받았습니다. 이후 영어공부에 매진한 결과 850점을 얻으며 "노력은 결과를 배신하지 않는다."라는 깨달음을 얻게 되었습니다. • 영어 성적이 100점이 되어 전교 1등이 되었습니다. • 중2 겨울방학 중 ○○○에서 주최하는 ○○○○ 경시대회에 참가해 2위 입상이라는 쾌거를 올렸습니다. • 어렸을 적부터 영어 공부를 열심히 해서 영어인증시험에서 최고 수준에 도달하였고, 전국 단위의 대회에 출전하여 매우 우수한 결과를 얻었습니다. • ○○지검 검사장이신 아버지를 따라 어렸을 때부터 법조인의 꿈을 키웠습니다. • ○○방송반에서 동아리 활동을 했습니다(출신 중학교명을 암시하는 경우)

               슬기로운 중학 생활

대해서 기재할 경우 0점 처리가 됩니다. 부모 및 친인척의 사회적 경제적 지위를 암시하거나 본인의 인적 사항을 암시하는 경우에는 감점 처리가 됩니다. 인증 시험이나 각종 대회 입상 증빙자료를 제출하거나 우회적 간접적으로 진술해도 0점 처리가 됩니다. 이 밖에도 관련한 주의사항은 다음의 자기소개서 주요 항목을 참고합니다.

평가 항목은 자기주도학습과정, 지원 동기 및 진로 계획, 활동 실적, 배우고 느낀 점으로 구분합니다. 자기소개서를 작성하기 전과 검토, 제출 전에는 반드시 항목별로 구분해 주의사항과 작성시 배제 사항, 자기소개서의 잘못된 예시를 확인해야 합니다.

학교 유형별 학교생활기록부 출력 방법

◆ ◆ ◆

지원하는 고등학교에 제출하는 학교생활기록부 출력 방법은 외국어고·국제고, 서울 방식의 자율형사립고, 서울 이외 방식 자율형사립고와 자기주도학습전형을 실시하는 일반고에 따라 다릅니다. 이는 중학교 3학년 원서 작성 시기에 확인하는 것보다는 1학년 때부터 꼼꼼하게 체크하면서 관리해야 합니다. 학교생활을 하면서 주력해야 할 부분을 알 수 있기 때문입니다. 학교별로 출력 방법과 출력 예시를 살펴보면 다음과 같습니다.

학교생활기록부 출력 방법(자기주도학습전형 매뉴얼)

외국어고·국제고	• 학생부Ⅱ('상급학교제출용') 출력 옵션 중 '외고·국제고 입시용' 탭을 선택하여 다음 사항들이 반영되도록 출력함
	  – 수상 경력(3번) 제외
	  – 교과학습발달상황(5번) 내 원점수/표준편차 제외
	  – 교과학습발달상황(5번) 내 중학교 2,3학년 영어, 국어, 사회(없을 경우 역사) 과목의 성취도(수강자수)만 출력
	  – 교과학습발달상황(5번) 내 세부능력 및 특기사항 제외
	  – 행동특성 및 종합의견(8번) 내 중학교 3학년의 내용 제외
	※ 원서접수 이전에 학교생활기록부 제출을 요구하는 행위는 금지함

**서울 방식
자율형사립고**
	• 학생부Ⅱ('상급학교제출용') 출력 옵션 중 '서울 방식 자사고 입시용' 탭을 선택 하여 다음 사항들이 반영되도록 출력함
	  – 수상 경력(3번) 제외
	  – 교과학습발달상황(5번) 제외
	  – 행동특성 및 종합의견(8번) 내 중학교 3학년 내용 제외
	※ 원서접수 이진에 학교생활기록부 제출을 요구하는 행위는 금시함

**서울 이외
방식
자율형사립고와
자기주도학습전형을
실시하는
일반고**
	• 학생부Ⅱ('상급학교제출용') 출력 옵션 중 '서울 이외 방식 자사고 일반고 입시용' 탭을 선택하여 다음 사항들이 반영되도록 출력함
	  – 수상 경력(3번) 제외
	  – 교과학습발달상황(5번) 내 원점수/표준편차 제외
	  – 교과학습발달상황(5번) 세부능력 및 특기사항 중 영재기록사항 제외
	  – 교과학습발달상황(5번) 내 중학교 3학년의 세부능력 및 특기사항 제외
	  – 행동특성 및 종합의견(8번) 내 중학교 3학년 내용 제외
	※ 원서접수 이전에 학교생활기록부 제출을 요구하는 행위는 금지함

* 학교생활기록부에서 '서울 이외 방식 자립형사립고'는 전국단위 자율형사립고를 뜻하고, '서울 방식 자율형사립고'는 지역단위 자율형사립고를 뜻한다.

학교생활기록부 출력 여부

출력 항목	외국어고 · 국제고	서울 방식 자율형사립고	서울 이외 방식 자율형사립고와 자기주도학습전형을 실시하는 일반고
1. 학적·인적사항	출력	출력	출력
2. 출결사항	출력	출력	출력
3. 수상경력	출력 제외	출력 제외	출력 제외
4. 창의적 체험활동 상황 (자율,동아리, 진로,봉사)	출력	출력	출력
5. 교과학습발달상황	• 2·3학년 영어, 국어, 사회(또는 역사) 3개 과목의 성취도 (수강자수)만 출력 • 1·2·3 학년 세부능력 및 특기사항은 출력 제외	출력 제외	• 1·2·3 학년 과목별 성취도(수강자수) • 1·2학년 세부능력 및 특기사항
6. 자유학기활동상황 (주제,예술체육,동아리,진로)	출력	출력	출력
7. 독서활동상황	출력	출력	출력
8. 행동특성 및 종합 의견	출력(1·2학년)	출력(1·2학년)	출력(1·2학년)

학부모님이 알아야 할 자기주도학습전형 준비 방법

중학교 1학년 학생들에게 자기주도학습전형에 대해 설명해주면 주의 깊게 듣는 학생이 많지 않습니다. 물론 자기주도학습전형을 중1 때부터 준비해야 한다는 것은 아닙니다. 하지만 자기주도학습전형에 대해 자극과 격려를 받은 학생이라면 중학교 학교생활에 대한 태도와 자세가 달라집니다. 학교에서 아이들에게 설명해주는 내용들을 공유합니다.

학교에서 운영하는 자기주도학습전형 안내 및 설명회에 부모님도 적극적인 관심을 가져야 합니다. 학교에서 자기주도학습전형에 대한 설명회를 진행할 때 학부모님의 참여도는 3-1-2학년 혹은 1-3-2학년 순서로 높습니다. 3학년은 당연히 고등학교 입학전형에 대한 관심이 높고, 1학년의 경우 자녀에 대한 기대가 포함되어 있기 때문입니다. 반면 2학년의 경우 성적을 처음으로 바로 확인할 수 있는 시기라서 부모님의 기대가 1학년 때에 비해 떨어지는 시기입니다. 하지만 중1 때부터 자기주도학습전형에 대한 꾸준한 관심으로 설명회에 참석하면서 고등학교 입학전형에 대한 안목을 키워야 합니다.

진학을 희망하는 고등학교 홈페이지에서 신입생 입학전형요강을 다운받아 꼭 살펴봐야 합니다. 신입생 입학전형요강은 학교마다 약간씩 다를 수 있습니다. 성적에 반영되는 교과목의 종류나 출결 점수의 가중치 등에 대해 기록해두면 아이에게 적절한 자극과 정보를 제공해줄 수 있습니다. 자기소개서 항목이나 학교생활기록부 관리 방법도 알 수 있으니 중1 학생들에게 중학 생활을 어떻게 하면 좋을지 알려주는 계기가 될 수 있습니다.

학생이 자신의 배움에 대해 스스로 평가해볼 수 있도록 해주세요. 학생자치회나 봉사활동 과정에서 배운 것 혹은 자신에게 맞는 학습법을 찾았을 때는 학생 스스로 무엇을 배웠는지, 느낀 점은 무엇인지 말해보거나 기록하도록 합니다. 특별한 양식이나 분량에 신경 쓰기보다 간략하게라도 느낀 점을 기록해두면 나중에 참고 자료로 활용할 수 있습니다.

학교 달력과 가정통신문을 적극 활용해야 합니다. 학교 달력에는 각종 행사 일정이 적혀 있습니다. 학교 달력을 보면서 각종 행사에서 어떤 활동을 했고, 배우고 느낀 점이 무엇이었는지를 간단히 적어두면 자기소개서에 들어갈 소재에 대해 고민하지 않아도 됩니다. 학교 행사에 대한 정보는 가정통신문을 참고하면 됩니다. 가정통신문에는 학교 행사를 진행하는 목적이나 방법 등이 자세히 소개되어 있으니 당시에 왜 참여했는지 등을 상기하는 데 도움이 됩니다. 종이로 된 가정통신문이 없다면 학교 홈페이지 공지사항에서 확인할 수 있습니다.

자기소개서의 시작,
문항 분석하기

중학교 3학년 원서 작성 기간이 되면 자기주도학습전형을 위한 자기소개서 작성을 시작하는 학생들이 있습니다. 빨리 시작하는 경우 중3 여름방학부터 준비합니다. 저는 자기주도학습전형이 시작된 이후부터 매년 자기소개서 작성을 지도했습니다. 막막한 자기소개서 작성, 어떻게 해야 할지 알아보겠습니다.

자기소개서의 문항 분석

◆◆◆

중3 학생들의 자기소개서를 보면서 가장 안타까울 때는 열심히 작성했는데 핵심 내용을 벗어난 내용을 쓴 경우입니다. 수학 문제로 표현하면 x를 구해야 하는데 y를 구한 것과 같습니다. 자기소개서는 면접에서 중요한 요소입니다. 어떤 항목이 포함되어야 하는지 꼼꼼하게 체크하고 작성해야 합니다.

문항 분석을 위해서는 학교별 전형요강에 포함된 자기소개서와 자기주도학습전형 매뉴얼을 같이 봐야 합니다. 학교별 자기소개서 문항은 자기주도학습전형 매뉴얼을 참고하기 때문입니다. 다음은 대원외국어고등학교의 2022학년도 입학전형요강에 제시된 자기소개서 항목입니다.

대원외국어고등학교 자기소개서 문항

□ **나의 꿈과 끼, 인성**(1,500자 이내, 띄어쓰기 제외)

1. 자기주도학습 과정(20점)
학습을 위해 주도적으로 수행한 목표 설정, 계획, 학습 그리고 그 결과 평가까지의 전 과정(교육과정에서 동아리 활동 및 진로체험, 꿈과 끼를 살리기 위한 활동 및 경험 등을 포함)을 구체적으로 기술하십시오.

2. 지원 동기 및 진로 계획(10점)
학교특성과 연계해 지원 학교에 관심을 갖게 된 동기, 꿈과 끼를 살리기 위한 활동 계획과 진로 계획에 관하여 구체적으로 기술하십시오.

3. 인성 영역(10점)

자기소개서, 학교생활기록부 행동특성 및 종합의견에 기재된 핵심인성요소(핵심 인성요소는 봉사·체험활동을 포함한 배려, 나눔, 협력, 타인존중, 규칙준수 등 학생의 인성 을 나타낼 수 있는 다양한 요소를 의미)에 대한 중학교 활동 실적 및 중학교 활동을 통해 배우고 느낀 점을 구체적으로 기술하십시오.

위의 1번부터 3번까지 항목을 구체적으로 기술하되,

가. 1, 2, 3 항목의 내용을 반드시 순서대로 빠짐없이 작성(미 작성 항목의 경우 0점 처리)

나. 3개 항목 전체를 띄어쓰기 제외하여 1,500자 이내 작성

다. 글자 수는 점수 배점을 고려하여 대략 자기주도학습 과정 700자, 지원 동기 및 진로 계획 400자, 인성 영역 400자 정도로 배분하는 것이 좋음

〈자기주도학습전형 매뉴얼에 소개된 자기소개서 항목〉

자기주도학습 영역(꿈과 끼 영역)과 인성 영역의 내용을 포함하여 1500자(띄어쓰기 제외) 이내로 학생 본인이 직접 작성하여 제출해야 합니다.

자기주도 학습 영역 (꿈과 끼 영역)	자기주도학습 과정	학습을 위해 주도적으로 수행한 목표 설정 계획 학습을 통한 결과 및 평가까지의 전 과정(교육과정에서 진로체험 및 동아리 활동, 꿈과 끼를 살리기 위한 활동 및 경험 등 포함)
	지원 동기 및 진로 계획	학교특성(건학이념)과 연계해 지원학교에 관심을 갖게 된 동기, 꿈과 끼를 살리기 위한 활동 계획과 진로 계획 *외국어고·국제고: 학교특성, 그 외 학교는 건학이념
인성 영역	활동 실적	봉사체험활동을 포함한 배려, 나눔, 협력, 타인 존중, 규칙 준수 등에 대한 중학교 활동 실적
	배우고 느낀 점	봉사체험활동을 포함한 배려, 나눔, 협력, 타인 존중, 규칙 준수 등의 활동을 통해 배우고 느낀 점 등 - 위에 제시된 것 이외에 학생이 발굴하여 작성 가능

자기소개서 문항에서는 ①자기주도학습 과정 ②지원 동기 및 진로 계획 ③인성 영역으로 구분했는데, 인성 영역은 활동 실적과 배우고 느낀 점을 함께 제시하고 있습니다. 매뉴얼을 보면 자기주도학습 영역 2가지(자기주도학습 과정, 지원 동기 및 진로 계획)와 인성 영역 2가지(활동 실적, 배우고 느낀 점)를 서술하라고 되어 있습니다. 대원외국어고등학교는 이를 적절하게 조합해 3가지 문항으로 제시했다고 할 수 있습니다.

자기주도학습 과정

자기주도학습 전 과정에는 목표 설정-계획-학습-결과에 대한 평가가 함께 제시되어야 합니다. 단순히 '열심히 했다'가 아니라 어떤 교과에서 어떤 학습 방법으로 공부했는지를 구체적인 사례를 들어 작성해야 합니다. 국영수 등의 교과학습 과정을 언급하거나 학습 방법을 설명하거나 동아리 활동이나 진로체험 등의 경험을 쓰기도 합니다.

이때 많은 학생들이 잊어버리는 것이 결과에 대한 평가입니다. 결과에 대한 평가는 '잘했다', '보람 있었다' 등과 같이 단순한 기분을 표현하는 것이 아닙니다. 자기주도학습을 통해 자신이 어떻게 성장했고, 배우고 느낀 점이 무엇인지를 제시해야 합니다. 다음 2가지 내용은 꼭 체크해야 합니다.

□ 자기주도학습의 전 과정에 대해 구체적으로 서술하였는가?

□ 배우고 느낀 점이 포함되었는가?

지원 동기 및 진로 계획

지원 동기 및 진로 계획에는 지원하게 된 동기나 진로 계획만 쓰는 것이 아닙니다. 문항을 분석해보면 ①지원 동기 ②꿈과 끼를 살리기 위한 활동 계획 ③앞으로의 진로 계획을 서술하라는 의미입니다.

지원 동기는 과거나 현재 해당 학교에 관심을 갖게 된 이유로, 자신의 진로, 흥미, 관심사와 연관 지어 작성하면 됩니다. 꿈과 끼를 살리기 위한 활동 계획은 해당 고등학교에 입학하면 어떻게 학교생활을 할지를 묻는 것입니다. 마지막으로 진로 계획이란 해당 학교를 졸업한 후의 계획과 사회 기여 등에 대해 서술하면 좋습니다. 이 항목에도 다음의 3가지 내용이 포함되었는지 다시 한 번 읽어보며 체크해야 합니다.

□ 지원 동기가 구체적으로 서술되었는가?

□ 해당 고등학교 입학 후의 학교생활에 대한 계획이 포함되었는가?

□ 진로 계획이 구체적으로 제시되었는가?

슬기로운 중학 생활

인성 영역

인성 영역에서는 중학교 활동 실적에 대해 구체적으로 서술하고, 이를 통해 배우고 느낀 점을 표현해야 합니다. 자기소개서나 학교생활기록부 행동특성 및 종합의견에 기재된 핵심 인성요소가 드러날 수 있는 중학교 활동 실적을 구체적으로 서술하고, 이를 통해 배우고 느낀 점을 기록해야 합니다. 다음 2가지 내용이 포함되어 있는지 체크하며 자기소개서를 다시 읽어보기 바랍니다.

□ 핵심 인성 요소가 드러날 수 있는 중학교 활동 실적이 구체적으로 제시되었는가?
□ 이를 통해 배우고 느낀 점이 구체적으로 서술되었는가?

자기소개서에서 주의할 점
◆◆◆

글자 수 정하기

자기소개서 문항이 문장으로 제시되기 때문에 정해진 글자 수를 어떻게 배분해서 작성할지를 고민하는 학생들이 많습니다. 글자 수는 점수 배점을 고려해 배분하는 것이 좋습니다. 자기주도학습 과정이 20점, 지원 동기 및 진로 계획이 10점, 인성 영역이 10

점이므로 2:1:1로 나누면 됩니다. 대략 자기주도학습 과정 750~ 800자, 지원 동기 및 진로 계획 350~400자, 인성 영역 350~400 자 정도로 배분해 1,500자 이내로 작성하면 됩니다. 대원외국어고 등학교의 자소서 문항에서는 글자 수를 700자, 400자, 400자 정 도로 배분하라고 안내하고 있습니다.

문항별로 순서대로 작성하기

자기소개서를 하나의 에세이로 생각해 서론, 본론, 결론의 구조 로 작성하는 경우가 있습니다. 자신의 진로에 대해 고민한 결과 해 당 고등학교를 선택하게 되었고(지원 동기), 이를 위해서 중학교 때 부터 자기주도적으로 공부했으며(자기주도학습 과정), 전인적 성장 을 위해 어떤 노력을 했는지를(인성 영역) 서술한 후에 고등학교 입 학 후 자신의 활동과 진로 계획 등을 쓰는 식입니다.

하지만 자기소개서는 작품이 아닙니다. 자기소개서를 읽고 평가 를 해야 하는 심사자의 입장에서는 한눈에 읽히지 않는 글이 될 수 도 있습니다. 자기소개서는 문항별로 순서대로 작성하는 것이 가 장 좋은 방법입니다.

다른 고등학교 자소서 문항 함께 분석하기

진학 희망 고등학교와 같은 계열의 고등학교 자소서 문항을 함 께 분석해도 좋습니다. 같은 외국어고등학교라 할지라도 자소서 문항이 서로 다를 수 있습니다. A고등학교에서는 상세하게 설명하고 있지만, B고등학교에서는 대략적으로만 제시한 경우도 있습니다. 같은 계열의 고등학교라면 같은 내용을 다르게 표현했을 수도 있으니 함께 보면 자기소개서를 쓰는 데 도움이 됩니다.

자기소개서 소재 찾기

자기소개서 작성을 지도하다 보면 쓸 만한 소재가 없다는 이야기를 가장 많이 듣습니다. 자기소개서에는 거창한 내용이 포함되어야 하는 것이 아닙니다. 어떻게 작성해야 할지 막막해하는 학생들을 위해 자기소개서만 모아둔 책도 있습니다. 좋은 사례지만 참고만 할 뿐 자신의 경험을 쓰는 것이 가장 중요합니다.

학교생활기록부 살펴보기

◆◆◆

학교생활을 하면서 가장 기억에 남는 프로그램이 무엇인지 물어보면 단번에 답하는 학생은 거의 없습니다. 자기소개서를 작성하는 학생들이 가장 힘들어하는 질문이기도 합니다. 아이들 이야기를 들어보면 열심히 공부하고 충실한 학교생활을 했는데도 기억에 남는 활동이 없다고 말하는 경우가 많습니다.

이처럼 중학 생활에서 특별히 떠오르는 게 없다는 학생에게는 학교생활기록부를 살펴보면서 소재를 찾아주어야 합니다. 학교생활기록부를 단순히 읽기보다 진학을 희망하는 고등학교에 소속된 평가자의 입장에서 살펴보아야 합니다. 자기주도학습전형을 준비하는 학생들을 위해 학교생활기록부를 보는 방법을 알려주면 다음과 같습니다. 10년 이상 자기소개서 작성을 지도하다 보니 생긴 노하우입니다.

먼저 A, B 색깔의 형광펜을 준비합니다. 학교생활기록부를 처음 읽을 때는 자기주도학습 과정과 관련된 내용에 A 형광펜으로, 두 번째 읽을 때는 인성 영역이라고 생각되는 부분에 B 형광펜으로 표시합니다. 자기주도학습 과정과 인성 영역 모두에 해당되는 경우에는 색깔이 겹칠 수도 있습니다. 이렇게 표시한 내용을 바탕으로 자기소개서를 작성하면 됩니다.

학교생활기록부에서 소재 찾기

◆◆◆

학교생활기록부에서 자기주도학습 과정과 인성 영역을 찾을 수 있는 항목은 창의적 체험활동의 자율 활동, 동아리 활동, 봉사활동, 진로 활동과 자유학기 활동, 교과학습발달상황과 과목별 세부능력 및 특기사항, 행동특성 및 종합의견으로, 학교생활기록부의 전체라고도 할 수 있습니다. 몇 가지 예시를 통해 어떤 내용에 표시하면 좋을지 살펴보겠습니다.

시간관리 프로그램(2021.08.17.~2021.08.20.)에 참여하면서 자신이 생활 습관에서 목표와 우선순위가 없다는 문제점을 발견하고, 체크리스트를 만들어 시간을 효율적으로 관리하는 방법을 실천하며 생활 습관을 단계적으로 교정하여 미루는 습관을 개선해 나감.

2017학년도 학교생활기록부 기재 예시

자기주도학습 과정 창의적 체험활동의 자율 활동에 기록된 내용에서 찾을 수 있는 시간관리 프로그램에 대한 내용입니다. 목표와 우선순위의 중요성, 체크리스트의 작성 등 효율적인 시간관리 방법에 대해서 배우고, 자신의 문제점을 발견하고 이를 개선하는 과정에 대해 쓸 수 있습니다. 시간관리 프로그램에 참여했다는 사실이 중요한 것이 아니라 시간관리에 대해서 배우고, 자신의 변화를 위해서 노력하고 실천했다는 내용을 서술할 수 있습니다.

> **| 독서토론반** | (○○시간) 사회 문제에 관심이 많아 관련 분야의 책을 꾸준히 읽고 있으며, 책을 읽은 후에는 독후감을 통해 자신의 생각을 논리적으로 정리하는 습관을 가지고 있음. 원자력발전소 설치 문제에 관한 토론에서 지역주민의 입장에서 원전 설치 반대 의견을 논리적으로 주장하고, 찬성 측의 입장을 경청하면서 최선의 해결책을 찾기 위해 노력함. '착한 사마리아인의 법'을 주제로 한 토론 활동에서 개인들의 다양성과 자유의 측면에서 법을 보편적으로 적용할 수 없다는 것과 국가나 사회의 책임을 개인에게 전가하면 안 된다는 것을 논거로 반대 의견을 개진함. 정보화 사회의 거대 감시 체제를 주제로 한 보고서에서 판옵티콘, 텔레스크린과 함께 관련 영화의 사례를 제시하면서 국가 권력 남용으로 인하여 발생하는 인권 침해를 최소화해야 한다는 의견을 논리적으로 서술함.

2017학년도 학교생활기록부 기재 예시

자기주도학습 과정 이 학생의 경우에는 관심 있는 분야에 대한 독서, 독후 활동의 방법, 자신의 생각을 정리하는 습관 등으로 자기주도학습 과정을 언급할 수 있습니다. 이때 원자력발전소, 착한 사마리아인의 법 등을 주제로 하는 독후 활동이 학교생활기록부의 독서활동 상황에 기재되어 있으면 더욱 좋겠지요. 사회 문제에 관심이 많다는 문구만으로도 사회부 기자나 인권운동가 등의 진로와도 연계해 학교를 지원하게 된 동기나 진로 계획 등을 쓸 수 있습니다.

인성 영역 자신과 다른 의견을 가졌다고 배척하는 것이 아니라 상대방의 의견을 경청하는 과정에서 자신의 부족한 점을 보완하는 과정을 서술하는 것도 하나의 방법입니다. 이처럼 얼핏 자기주도학습 과정에 대한 내용만 있을 것 같은 내용에서도 인성 영역 등의 소재를 찾을 수 있습니다.

| 국어 | '동물 실험', '채식' 등에 관한 사회적 쟁점을 이해하기 위해 마인드맵을 활용하여 다양한 관점에서 접근함. 신문이나 서적, 다큐멘터리 등 다양한 매체에서 자료를 수집하고 활용하는 능력이 우수함. 자신의 생각을 명확하게 표현하고, 설득력 있게 의견을 개진하는 등 의사소통 능력이 뛰어남. 특히 토론 수업을 할 때, '동물 실험의 대안'을 묻는 상대측 질문에 '세포조직의 배양'이나 '컴퓨터 시뮬레이션' 등으로 답변하였는데, 발언 내용이 가치가 있을 뿐 아니라 토론에서 모둠원들과 협력적으로 참여함으로써 우수한 평가를 받음.

2017학년도 학교생활기록부 기재 예시

자기주도학습 과정 관심 있는 주제나 특정 교과에서 마인드맵을 이용한 자신만의 학습법에 대해서 서술할 수 있습니다. 국어, 사회 등의 교과를 학습하는 자신만의 노하우를 제시한다면 흥미로운 소재가 될 수 있습니다.

인성 영역 의사소통 능력이 뛰어나고 토론의 과정에서 타인의

슬기로운 중학 생활

의견을 존중하며, 모둠원들과의 협력적인 관계를 가질 수 있는 인성 영역을 국어 시간의 구체적인 사례를 제시하며 서술할 수도 있습니다.

| **수학** | 모둠에서 삼각형의 내심과 외심을 찾는 방법에 대해 주도적으로 토론하고, 이해에 어려움을 겪는 학생들에게 방법을 알려줌으로써 배움 나누기를 실천하였고, 모둠원과 함께 토론하여 쓰레기 처리장을 설치하는 최선의 방법을 찾는 문제 상황을 설정하고, 이를 삼각형의 외심을 이용하여 해결함으로써 학생들의 호응을 얻음. 또한 평행사변형의 특징 및 고소 작업대가 마름모인 이유에 대한 창의적인 아이디어를 제시하고 설명함으로써 친구들의 수학적 사고에 도움을 줌.

2017학년도 학교생활기록부 기재 예시

인성 영역 배움 나누기와 친구들의 수학적 사고에 도움을 주었다는 내용을 인성 영역과 연계하여 서술할 수 있습니다. 과목별 세부능력 및 특기사항에서 자기주도학습의 과정뿐만 아니라 인성 영역도 함께 서술되어 있음을 확인할 수 있습니다.

| **사진으로 상상 더하기** | (○○시간) 사진의 기본 원리를 잘 이해하고, 셔터, 반셔터를 잘 활용하며 피사체 선정을 잘함. 모둠원과의 단합이 잘 이루어지며 과제 수행 시 어려움이 닥쳐도 긍정적으로 해결해나가며, 촬영 실습 시 깊은 생각과 아이디어 회의를 통해 좋은 결과물을 만들어냄. 모둠장으로서 해결해야 하는 문제를 친구들과 함께 풀어가려는 책임감과 의지를 지니고 있음.

2017학년도 학교생활기록부 기재 예시

자기주도학습전형을 위한 학교생활기록부 출력물에는 자유학기 활동이 반드시 포함됩니다. 주제선택 활동, 진로탐색 활동, 예술체육 활동, 동아리 활동의 각 항목에서 자기주도학습 과정이나 인성 영역을 꼼꼼하게 체크해보세요. 생각보다 많은 내용들이 포함되어 있어서 소재가 없어서 자기소개서를 쓸 수 없다는 말은 할 수 없습니다.

자기주도학습 과정 흥미와 관심이 있는 분야에 대해서는 전문성을 확보하기 위해 스스로 자료를 조사하고 연습하는 과정을 서술할 수 있습니다.

인성 영역 모둠원과의 단합, 문제해결력, 리더십 등으로 연관 지어 자기소개서를 작성할 수 있습니다.

학급의 학습부장으로 책임감이 강하고 문제가 발생하면 이성적으로 생각하고 판단하여 주어진 일은 차질 없이 해내는 모습을 보임. 꾸준히 복습과 예습을 진행하는 등 의지가 강한 학생임. 이러한 스스로 학습을 통해 자신만의 학습 방법을 확립해가고 있음. 야구에 관심과 소질이 있어 야구 동아리에서 활동하면서 주전투수로 등판하여 게임을 리드하고, 마무리 투수에게 잘 물려주어 좋은 게임을 완성함. 타자로 출전해서도 적극적인 출루를 시도하여 옷이 찢어지고 부상을 입기도 하였으나 개의치 않고 끝까지 책임감 있게 완수함. 음악 기악 활동에서 리코더로 부드럽고 아련한 정서를 아름답게 표현하여 박수를 받는 등 정적인 면과 동적인 면을 모두 가지고 있는 학생임

2017학년도 학교생활기록부 기재 예시

자기주도학습 과정 예습과 복습으로 자기주도학습 방법을 서술할 수 있는데, 가장 자신 있는 교과나 어려움을 극복한 교과에 대한 예습과 복습 과정을 자신만의 언어로 담아내는 것도 좋을 것입니다.

인성 영역 학습부장으로서 학급에 기여한 내용이나 다른 친구들을 도와준 내용에 대해서 서술할 수 있고, 어려움에 부딪혀도 끝까지 해내려는 역량을 지니고 있다는 내용으로 작성할 수 있습니다.

학교생활기록부 분석과 지도

◆◆◆

학교생활기록부를 분석한다는 것은 자기소개서의 소재를 찾기 위한 과정이자 아이의 중학 생활을 되돌아보는 기회입니다. 막연하게 글자를 분석하기보다는 전체적인 흐름을 파악하는 것이 중요합니다. 그렇다면 어떻게 분석하고 지도해야 할까요?

첫째, 학교생활기록부 전체에서 아이의 강점과 특이점을 중심으로 방향을 잡는 것이 중요합니다. 항목마다 입력하는 선생님이 다른데도 언급된 내용들이 일정한 방향을 나타내는 경우가 많습니다. 각 영역별로 관찰된 내용이 비슷하다는 의미입니다. 협력과 소통능력이 좋은 학생의 경우 과목별 세부능력 및 특기사항, 창의적 체험활동, 자유학기 활동, 행동특성 및 종합의견 항목 곳곳에서 유사한 내용을 발견할 수 있습니다. 2회 정도 학교생활기록부 분석을 해보면 아이의 역량을 찾아낼 수 있을 것입니다.

둘째, 단편적인 소재 찾기가 아닌 스토리 중심의 소재 찾기가 되어야 합니다. 학교에서 실시한 프로그램에 왜 참여했는지, 어떤 변화를 경험했는지를 아이가 생각할 수 있도록 지도해야 합니다. 예를 들어 봉사활동 상황에는 실적만 나열되어 있습니다. 그런데 그 실적 하나하나가 스토리가 될 수도 있습니다. 오랫동안 다문화 봉사활동을 했다면 그 과정에서 어떤 어려움이 있었고, 무엇을 배웠는지 생각해볼 수 있도록 지도합니다.

셋째, 아이와 학부모가 각자 학교생활기록부를 분석한 후 같이 이야기를 나누는 시간을 갖습니다. 학교에서 제가 자주 사용하는 방법인데, 학교생활기록부를 분석하는 시각이 서로 다를 수 있기 때문입니다. 서로가 놓칠 수 있는 부분을 찾아서 공유하고 보완하는 과정은 가치 있는 작업이 될 수 있습니다. 이를 위해서는 학부모님이 학교에서 운영하는 각종 프로그램에 대해 자세히 알고 있으면 더 많은 도움이 됩니다. 부모님이 1학년 때부터 가정통신문을 꼼꼼히 살펴봐야 하는 이유이기도 합니다.

마지막으로 진학을 희망하는 고등학교의 평가자 입장에서 살펴봅니다. 학교의 설립 목적이나 추구하는 인재상 등을 파악한 후 아이의 학교생활기록부를 분석해보는 방법입니다. 이를 위해서는 해당 학교 홈페이지와 입학전형요강 등의 자료를 참고하면 됩니다.

왔쌤의 Tip

학교생활기록부는 어디에서 출력하나요

학교생활기록부는 나이스(www.neis.go.kr) → 학부모서비스 → 학생정보 → 학교생활기록부에서 출력할 수 있습니다. 다만, 확인이 가능한 항목은 대부분 이전년도까지 입력된 내용입니다. 자기주도학습 전형을 위해 제출해야 하는 학교생활기록부의 출력 항목은 외국어고·국제고, 서울 방식 자사고, 서울 이외 방식 자사고, 과학고 등 학교 계열마다 다르므로 확인해야 합니다. 이와 관련한 더 자세한 설명은 316~317쪽을 참고하면 됩니다.

자기소개서 내용 조직하기

자기소개서 작성 시 소재가 없어서 고민하는 경우도 있지만, 어떻게 조직적으로 글을 이어나갈지를 궁금해하는 경우도 많습니다. 활동 내용이 너무 많아서 나열식으로 작성하거나 활동 내용 중 어떤 것을 가장 중요하게 부각시켜야 할지 몰라 허둥대는 경우도 있습니다.

학교생활기록부를 분석해 소재를 발견했다면 자기소개서를 어떻게 조직적으로 만들지에 대해 살펴보겠습니다.

자기소개서를 어떻게 조직할 것인가

◆◆◆

중1 때부터 자기소개서 작성을 고려한 학생이라면 교과나 비교과 연계 프로그램에 참여한 경우가 많습니다. 그래서 학교생활기록부를 보면 다양한 소재를 발견할 수 있습니다. 문제는 소재가 너무 많아서 어떤 것을 선택하고, 이를 어떻게 조직해야 할지 어려워한다는 점입니다. 다음은 학교생활기록부의 교과학습발달상황 과목별 세부능력 및 특기사항 분석으로 학생이 찾아낸 자기소개서 소재입니다.

영어	수학
해외 뉴스를 들으면서 영어 듣기	수학 식 쓰기 노트 작성
영어 교과서를 통째로 암기	또래 멘토링으로 봉사와 학습
나만의 문법책 만들기	시간을 정해 수학문제 해결하기
미국 명연설문을 읽고 해석하기	혼자서 수학문제 풀이 과정 설명하기

같은 디자인의 옷인데도 입는 사람에 따라 분위기가 달라지듯이 자기소개서도 마찬가지입니다. 소재는 같지만 어떻게 조직해 서술하느냐에 따라 다른 느낌을 줄 수 있습니다. '미국 명연설문을 읽고 해석하기'라는 소재를 통해 영어 문법이나 표현력 등을 학습했을 수도 있고, 미국의 정치와 문화, 역사를 접할 기회가 되었다고 할 수도 있습니다. '나만의 문법책 만들기'로 가장 어려워했던

문법에 대해 자신감을 갖게 되었다고 할 수도 있지만, 단권화하는 과정을 통해 자신의 취약점을 발견하고 보완하게 되었다고 쓸 수도 있습니다.

수학과 세부능력 및 특기사항에서 '또래 멘토링'을 소재로 선택했다면 친구를 가르치는 과정에서 다양한 설명 방법을 고민하는 계기가 될 수도 있고, 쉽다고 생각했던 수학 개념에 대해서 다시 공부하는 기회가 되었다고 할 수도 있습니다. 또래 멘토링을 통해 배려와 나눔을 배울 수 있었다고 쓴다면 인성 영역이 될 수도 있습니다. 또한 '시간을 정해 수학 문제를 해결하기'는 시험 불안을 극복하는 과정이나 시간관리와 연계해 서술할 수도 있습니다. 이처럼 같은 소재이지만 어떻게 조직하느냐에 따라 자기소개서의 분위기가 달라질 수 있습니다.

구체적인 예시로 살펴보는 자기소개서 조직하기

◆◆◆

소재를 통해 내용을 조직한다는 것은 글의 뼈대를 만드는 과정입니다. 자기소개서 소재를 중심으로 주요 내용을 150~180자 정도 썼다면 글의 골격을 세운 것이고, 여기에 살을 붙이면 300~400자는 쉽게 작성할 수 있습니다. 이때 필요한 것은 소재에 대한 ①동기 ②방법 ③어려웠던 점 ④극복하거나 성장한 내용 ⑤배우고 느낀 점입니다. 문장력은 중요하지 않습니다. 글의 흐름이 더 중요합니다.

수학 선생님이 교과세특에 작성한 '수학 식 쓰기 노트를 꾸준히 작성'한 내용을 소재로 하려면 ①수학 식 쓰기 노트는 왜 작성하기 시작했는가 ②어떤 방법으로 실천했는가 ③도중에 어려움이 생겼을 때 어떻게 극복했는가 ④어려움을 극복한 현재 나의 상태는 어떠한가 ⑤이 과정에서 무엇을 배우고 느꼈는가와 같이 단계별로 생각하고 글의 내용을 조직하면 됩니다.

| '수학 식 쓰기 노트를 꾸준히 작성'한 소재를 활용한 자소서 |

① 동기: 중1 문제풀이 시간에 자신의 생각을 논리적으로 표현하는데 어려움을 느낌

② 방법: 풀이과정을 생략하지 않고 논리적인 기호를 사용하여 식 쓰기 노트를 작성

③ 어려움: 어려운 부분은 선생님과 교류하며 오개념을 수정하고 논리력이 향상됨

④ 극복: 덕분에 머릿속에 떠오르는 풀이과정을 논리적으로 나타낼 수 있었음

⑤ 성장 내용: 해답지보다 더 나은 풀이과정이라는 평가를 받았고, 수학적 자신감이 향상됨

⑥ 배우고 느낀 점: 머릿속에 떠돌아다니는 생각을 글과 그림 등으로 표현할 때 비로소 내 것이 된다는 것을 배움

슬기로운 중학 생활

다음은 '하루에 꾸준히 시간을 정해 수학 문제를 해결'한 소재를 택한 경우입니다. 이때는 ①하루에 꾸준히 시간을 정해 수학 문제를 해결한 이유나 동기는 무엇인가 ②어떤 방법으로 실천했는가 ③도중에 부딪힌 어려움은 무엇이었는가 ④무엇을 극복했는가 ⑤어떻게 성장했는가 ⑥배우고 느낀 점은 무엇인가와 같이 글을 조직하면 됩니다. 물론 수학 공식처럼 완벽한 답이 나오지 않을 수 있습니다. 단계별로 2개 이상의 이유와 실천 방법이 나올 수도 있습니다. 그런 경우 모두 포함해 서술합니다.

| '하루에 꾸준히 시간을 정해 수학 문제를 해결'한 소재를 활용한 자소서 |

① 동기: 시험을 볼 때마다 시간이 부족해서 실력을 발휘하기 어려웠음

　 이유: 문제를 푸는 것도 중요하지만 정해진 시간에 문제 해결도 중요함

② 방법: 시간을 정해 실제 시험과 같이 시간 내에 문제를 해결하는 연습

③ 어려움: 손에서 땀이 나고 글씨가 잘 써지지도 않았음

④ 극복: 타이머를 활용하여 한 문제를 서술하는 데 걸리는 시간을 측정하여 연습함

⑤ 성장 내용: 정해진 시간 내 해결하는 과정에서 정확성과 효율성을 기름

⑥ 배우고 느낀 점: 시험은 두려운 존재가 아닌 내 실력을 점검할 수 있는 기회임을 알게 됨

다음은 '혼자서 설명하는 방법으로 학습'한 소재를 택했을 때의

예시입니다. ①혼자서 설명하는 방법으로 공부를 하게 된 동기 혹은 이유는 무엇인가 ②어떻게 설명했는가 ③실천하는 과정에서 어려움은 없었는가 ④이를 어떻게 극복했는가 ⑤혼자서 설명하는 방법으로 학습한 결과는 무엇인가 ⑤무엇을 배우고 느꼈는가에 대한 질문에 답변을 한다고 생각하면서 작성하면 됩니다.

| '혼자서 설명하는 방법으로 학습'한 소재를 활용한 자소서 |

① 동기: 아무리 문제를 많이 풀어도 학습의 향상 정도를 확인하기 어려움

②-1 방법 1: 기본적인 개념이 나온 교과서를 반복해서 학습함

③-1 어려움 1: 교과서의 내용을 단편적으로 학습하여 개념의 확장이 어려움

②-2 방법 2: 빈 종이에 누군가에게 설명하듯 개념을 설명하며 학습함

③-2 어려움 2: 설명하기 쉬운 내용만 하다 보니 생략과 오개념 발생

④ 극복: 알고 있는 것과 모르고 있는 것을 구분하여 오개념을 수정할 수 있었음

⑤ 배우고 느낀 점: 알고 있는 것과 모르는 것을 구분하는 것 자체가 학습임을 알았고, 어려운 문제가 나와도 누군가에게 설명하듯 풀면 해결할 수 있는 자신감이 생김

'학습이 느린 친구를 위한 또래 멘토링'을 주제로 작성하고자 한다면 ①또래 멘토링을 하게 된 계기나 배경을 생각해보고 ②어떤 방법으로 멘토링을 했는지 ③활동하면서 어려웠던 점은 무엇이었는지 ④어려움을 극복한 방법은 무엇이었는지 ⑤또래 멘토링의 결

과가 자신에게 도움이 되었던 점 ⑥활동을 통해 무엇을 배웠는지
를 생각해보면서 작성하면 좋습니다.

| '학습이 느린 친구를 위해 또래 멘토링'한 소재를 활용한 자소서 |

① 동기: 친구의 학습을 도와달라는 선생님의 부탁

② 방법: 점심시간을 이용해서 친구에게 10문제씩을 설명해주는 방식

③ 어려움: 처음에는 기초계산 능력도 없는 친구와 함께 하는 어려움

④ 극복: 친구가 이해하기 쉽게 기본 개념부터 설명함

⑤ 성장: 하나씩 설명하면서 오히려 개념을 정확하게 알게 되는 기회, 더 쉽게
설명하는 방법을 찾으며 학습이 더욱 견고해짐

⑥ 배우고 느낀 점: 다른 사람을 가르친다는 것은 일방적인 희생이 아니라 또 다
른 배움의 기회가 될 수 있었다고 느꼈음

자기소개서에서
배우고 느낀 점을 쓰는 법

'배우고 느낀 점'은 자기소개서를 작성할 때 반드시 작성해야 하는 부분입니다. 자기주도학습 과정이나 인성 영역 모두 구체적인 사례와 함께 배우고 느낀 점을 서술해야 하는데, 많은 학생들이 작성하기 어려워합니다. 단순히 '좋았다'라거나 '뿌듯했다'는 식의 순간적인 감정을 서술하기보다 다른 방식으로 표현하는 방법을 찾아야 합니다.

다음은 하나고등학교의 자기소개서 문항입니다. 자기주도학습 과정에서 느낀 점과 인성 영역에서 배우고 느낀 점을 서술해야 합니다. 다른 학교의 자기소개서 문항도 표현만 다를 뿐 포함해야 하는 내용은 비슷합니다. 자기주도학습 과정과 인성 영역에서는 활

동을 하기 전과 후로 나누었을 때 달라진 점이나 다르게 생각하게
된 점을 쓰는 것이 중요합니다.

| 하나고등학교 자기소개서 문항 |

① 본인이 스스로 학습 계획을 세우고 학습해 온 과정과 그 과정에서 느낀 점

② 본교의 건학이념과 연계해 하나고등학교에 관심을 갖게 된 동기

③ 고등학교 입학 후 자기주도적으로 본인의 꿈과 끼를 살리기 위한 활동 계획
및 고등학교 졸업 후 진로 계획

④ 본인의 인성(배려, 나눔, 협력, 타인 존중, 규칙 준수 등)을 나타낼 수 있는 개인적
경험 및 이를 통해 배우고 느낀 점

예시로 보는 자기소개서의 배우고 느낀 점

◆◆◆

학교에서 수학 시간에 아이들과 함께 '도전 1000문제' 활동을 진
행한 적이 있습니다. 아이들이 즐겁게 참여해주었고 학교생활기록
부의 과목별 세부능력 및 특기사항에도 기록해주었습니다. 이와
관련해 아이들이 자기소개서를 작성한다면 어떻게 쓰면 좋을지 생
각해보았습니다.

| A학생 수학 시간, 정해진 기간 도전 1000문제 풀기 |

→ 1시간 동안 50문제를 해결하여 수학에 대한 자신감이 상승하였음

→ 며칠이면 끝낼 수 있을 것이라는 생각에 다른 과제에 집중함

→ 막상 제출하려고 하니 뒤로 갈수록 더욱 어려워지고, 한꺼번에 문제를 해결
   하기에는 시간과 체력의 한계가 있음을 알게 되었음

→ 과제 전체에 대한 파악이 미흡했고, 나 자신을 제어할 수 없었다는 생각에 후
   회

→ 이후 다시 도전할 때는 시작 전에 전체를 한번 훑어보았고, 과제의 경중을 파
   악해 주어진 시간과 나의 능력에 맞게 분량을 나누어 계획을 세워 진행함

→ 이러한 경험은 다른 과제 수행이나 학습을 할 때도 영향을 주었고, 반드시 차
   례를 비롯한 내용 전체를 살펴보는 자세와 그에 대한 계획을 수립해 실천하
   는 습관이 생김

→ 막연하게 걷기만 한다면 쉽게 지칠 수 있지만, 가야 할 길이 어떤 길인가에
   대한 고민과 그에 대한 계획 수립, 실천은 결국 자신을 성장으로 이끌 수 있
   음을 확인할 수 있었음

A, B학생 모두 수학 시간에 했던 '도전 1000문제'를 소재로 자
기소개서를 작성했습니다. A학생의 경우 만만하게 여겼던 1000문
제 풀이가 많은 시간이 필요하고, 미리 시간을 배분해 풀어야 한다
는 점에서 시간관리와 실천 계획 수립의 중요성을 배울 수 있었다
고 썼습니다.

슬기로운 중학 생활

| B학생 **수학 시간, 정해진 기간 도전 1000문제 풀기** |

→ 수학 식 쓰기가 중요하다는 선생님의 말씀에 도전하기로 마음먹음

→ 선생님께서 해주신 피드백 결과지를 보고 그동안 나의 등호 사용이 잘못되었
  음을 알게 되었음

→ 등호의 사용을 단순하게 절차적인 관점으로만 인식하여 연산자 기호로만 파
  악해왔음을 알 수 있었고, 일차방정식에서는 구조적인 대상으로서의 동치관
  계를 나타내는 등호로 사용해야 함을 알게 되었음

→ 그 결과 다항식의 계산과 방정식의 문제 풀이에서 등호 사용의 차이점을 알
  고 사용할 수 있었음

→ 이후 교과서에 제시된 수학적인 표현 방법에 더욱 관심을 갖게 되었고, 교과
  서나 문제집의 식과 내 식을 비교하며 스스로 수학적 기호가 논리적으로 사
  용될 수 있도록 노력함

→ 수업 시간에 수학 기호 사용이 논리적이고 문제해결 과정이 돋보이는 예시
  자료로 제시되었음

→ 입력 출력의 연산자 기호로 여겼던 등호가 양쪽에 있는 것이 같은 것임을 알
  게 되었을 때의 쾌감을 잊지 못함. 기호 사용에 대해 더 관심이 많아졌고, 수
  학이라는 학문에 더욱 깊이 다가갈 수 있는 계기가 됨

B학생의 경우에는 선생님과의 피드백 과정에서 알게 된 등호의
의미에 대해 언급하면서 수학에 대한 깊이 있는 접근이 자신에게
어떤 의미가 되었는지를 서술했습니다. 일차식과 일차방정식에서
사용하는 등호의 의미가 다름을 알게 되는 계기가 되었고, 지적 호

기심을 느낄 수 있었다고 작성했습니다.

자기주도학습전형을 준비하는 학생들 중에는 비슷한 활동을 했
다면 자기소개서 소재가 겹치지 않느냐고 물어보는 경우가 많습
니다. 같은 동아리거나 봉사활동을 함께 한 경우 인성 영역 내용이
비슷할 수 있습니다. 하지만 같은 소재라도 배우고 느낀 점은 다를
수 있습니다. 예를 들어 살펴보겠습니다.

A학생의 경우에는 봉사 대상자와의 관계를 통해 성장한 내용을
서술했고, 자신의 진로와 연계해 배우고 느낀 점을 교육적인 관점
에서 작성했습니다. 반면 B학생은 봉사활동을 하는 과정에서 새롭
게 알게 된 악기와 전통악기와의 조화를 생각했습니다. 공연기획

| B학생 다문화센터에서 운영하는 사물놀이 봉사활동 |

→ 다문화가정 아이들이 사물놀이 배우는 곳에서 악기를 정리하고 교육을 돕는 역할

→ 우리나라 전통악기와 몽골, 인도네시아 등 여러 국가의 전통악기를 접한 기회

→ 각자의 고유함으로 어울리지 않을 것이라고 생각했는데, 어떻게 구성하느냐에 따라 다르다는 것을 알게 됨

→ 서로 다른 문화라는 편견으로 벽을 쌓기보다 조화로움을 더한다면 하나의 지구촌 문화가 될 수 있음을 깨닫게 되었음. 미래의 공연기획자로서 세상을 어떻게 보느냐에 따라 세계관이 달라질 수 있음을 배울 수 있었음.

자를 꿈꾸는 학생답게 악기의 조화로움을 주제로 배우고 느낀 점을 작성한 것이지요. 같은 활동을 해도 바라보는 관점과 생각들이 모두 다르다는 것을 알 수 있습니다.

배우고 느낀 점을 쓸 때는

◆◆◆

배우고 느낀 점을 쉽게 쓰지 못하는 이유는 머릿속에 떠다니는 생각들을 문장으로 조직하기가 어렵기 때문입니다. 자기소개서의 배우고 느낀 점을 쓸 때 다음의 내용을 참고하면 더 의미 있는 표현

으로 바뀔 수 있습니다.

첫째, 지적 호기심과 연계해 생각합니다. 무엇을 얻고 배우기 위해 프로그램에 참여했는지 생각해봅니다. 도전 1000문제의 경우 수학 문제 풀이에 대한 자신감을 갖기 위해서였는지, 수학 식 쓰기 실력을 키우기 위해서였는지를 고민해봅니다.

둘째, 자신의 진로와 연계해 배우고 느낀 점을 생각해봅니다. 만약 과학 과목의 자기주도학습 방법을 서술했다면 공부하는 과정이나 결과를 정리하는 방법이 자신의 진로에 어떻게 도움이 될 것인지에 대해서 서술해보면 됩니다.

셋째, 프로그램에 참여한 이유와 연관 지어 생각해봅니다. 아무런 생각이 나지 않을 때는 프로그램에 참여한 이유가 무엇이었는지 떠올려보세요. 그래도 모르겠다면 프로그램을 소개한 가정통신문을 살펴보면 기본 취지가 안내되어 있습니다. 이를 자신의 상황에 맞게 고민해본다면 배우고 느낀 점을 문장으로 구성할 수 있습니다.

자기소개서에 대한 평가

자기주도학습전형에서 자기소개서를 쓰는 이유는 '합격'을 위해서입니다. 그렇다면 합격을 위한 자기소개서의 조건은 무엇일까요? 높은 점수를 받는 것입니다. 높은 점수를 받기 위해서는 평가자가 어떤 관점으로 채점하는지를 파악하면 됩니다. 이번에는 평가자의 입장에서 자기소개서를 살펴보도록 하겠습니다.

 자기소개서는 작성자의 문장력을 보는 것이 아닙니다. 응답할 내용에 맞도록 논리적으로 빠짐없이 작성되었는지가 더 중요합니다. 아이들을 지도하면서 저는 고입정보포털에서 각종 연수 자료를 찾으며 아이들과 평가자의 입장이 되어 자기소개서를 평가하는 시간을 가졌습니다. 그동안 자기소개서를 작성하면서 막막해하던 아이들이 채점 기준표를 참고하면서 보완할 부분을 찾는 것이 신기하기도 했습니다. 그러면서 저도 아이들을 통해 효율적으로 자기소개서를 작성하는 방법을 배운 것 같습니다.

서류 평가표 활용하기

◆◆◆

고입정보포털의 자기주도학습전형 입학전형위원 연수 자료에서 서류 평가표를 참고하면 좋습니다. 자기소개서를 작성할 때는 소

신입학 전형 입학전형위원 서류 평가표

수험번호: _____   평가자: _____(인)

평정척도: 상(우수), 중(보통), 하(미흡)

구분	평가 항목	평가 지표	평점 척도 上	中	下	감점요소 있으면 v
자기주도 학습 영역		지원 동기의 진정성과 의지				
		자기주도학습 활동의 우수성과 열정(50%) 재능발휘를 위한 활동의 정도와 우수성(40%) 리더십 및 도전정신(10%)				
		학습계획 및 진로계획의 의지와 열정				
인성 영역		관련 활동의 질적 우수성과 내적 성장의 정도				

자기주도학습전형 입학전형위원 연수 교재

재에 대해 고민하느라 정작 자신의 자기소개서가 어떻게 평가될지 고민해보지 못하는 경우가 많습니다.

학교에서 과정중심 평가나 서술형 평가에서 채점 기준표가 있듯이 자기주도학습전형에서도 기준이 있는데, 서류 평가표가 자기소개서의 채점 기준표라고 할 수 있습니다. 학생 수가 많아서 교사 한 명이 전체를 채점하기 어려울 때 채점자와 상관없이 평가가 공정하게 이루어지도록 하기 위해 만들어진 것입니다. 다수의 지원자를 여러 명의 채점자들이 평가할 때도 채점 기준표를 이용해 공정하게 평가할 수 있습니다. 따라서 서류 평가표를 미리 살펴보고 자기소개서를 작성하거나 작성 과정에서 참고하다 보면 반드시 포함되어야 할 내용을 찾거나 부족한 부분을 보완할 수 있습니다.

평가자 되어보기

◆◆◆

서류 평가표는 크게 자기주도학습 영역과 인성 영역으로 나눌 수 있는데, 각각에 대한 세부 평가 지표가 있습니다. 앞에서도 언급했지만 문항 구성은 비슷하지만, 실제 평가에서는 세부적인 내용이 다를 수도 있습니다.

위의 서류 평가표에서는 ①지원 동기의 진정성과 의지 ②자기주도학습 활동의 우수성과 열정, 재능 발휘를 위한 활동의 정도와 우수성, 리더십 및 도전성 ③학습계획 및 진로 계획의 의지와 열정으로 자기주도학습 영역이 나뉘어져 있습니다.

먼저 지원 동기의 진정성과 의지는 해당 학교에 지원하게 된 동기와 연결해 생각해볼 수 있습니다. 그리고 자기주도학습 활동의 우수성과 열정, 재능 발휘를 위한 활동의 우수성과 열정, 리더십 및 도전성은 자기주도학습 과정을 의미합니다. 이때 재능 발휘를 위한 활동의 우수성과 열정, 리더십 및 도전성의 경우에는 자기주도학습 과정에서의 성장한 점, 배우고 느낀 점과 연결해 생각하면 됩니다. 마지막으로 학습계획 및 진로계획의 경우 해당 고등학교에 입학한 이후 활동 계획과 졸업 후의 진로에 대해 서술하면 됩니다.

인성 영역에서 관련 활동의 질적 우수성이란 프로그램에 참여한 동기와 활동 내용을 통해 파악할 수 있습니다. 봉사와 자율 활동, 진로 프로그램 등에 참여한 내용과 그를 통해 배우고 느낀 점을 통해 성장 정도를 평가하겠다는 것이겠지요.

이처럼 평가자 입장에서 서류 평가표를 토대로 자기소개서를 다시 분석해보면 부족한 부분과 보완할 부분을 찾을 수 있습니다.

자기소개서를 작성할 때 주의해야 할 점

누차 강조하지만 자기소개서는 글솜씨를 평가하는 것이 아닙니다. 자기소개서는 항목별로 기준표에 따라 평가가 이루어집니다. 소설처럼 큰 틀의 줄거리를 만들 필요가 없다는 것입니다. 자기소개서 문항에서 요구하는 내용들에 대해서만 서술하고, 각각의 영역에 대해서는 선을 넘지 않도록 작성하면 됩니다. 이를 위해서는 다음의 유의 사항을 참고해 작성하면 좋습니다.

첫째, 평가자가 확인하는 서류 평가의 순서에 맞게 작성해야 합니다. 대체로 서류 평가표는 자기소개서 문항별 순서에 따라 제시되는 경우가 많으므로 각각의 항목에 맞도록 작성하는 것이 중요합니다. 가끔 자기소개서를 소설과 같은 하나의 작품으로 생각해 서론, 본론, 결론으로 작성하는 경우가 있는데, 평가자 입장에서는 내용을 확인하기 위해 내용의 전후를 살펴보아야 하므로 추천하지 않습니다.

둘째, 평가하고자 하는 내용이 바로 보이도록 작성해야 합니다. 지원자가 많은 경우 평가자 입장에서는 자기소개서에서 평가하고자 하는 내용을 바로 확인할 수 있는 것을 선호합니다. 따라서 자기소개서에서 요구하는 문항별로 문단을 구성하고, 문단에서 발견하기 쉬운 위치에 핵심 문장을 배치하는 것이 좋습니다. 예를 들어

인성 영역의 경우 문단의 앞부분은 어떤 활동에 참여했는지, 어떤 이유로 참여하게 되었는지를 적고, 뒷부분은 배우고 느낀 점을 서술합니다.

셋째, 평가자가 읽었을 때 구체적이라는 생각이 들도록 작성해야 합니다. 제한된 글자 수 때문에 구체적으로 작성하기 어렵다는 학생들이 있는데, 핵심적인 내용을 서술하라는 의미입니다. 어렵거나 추상적인 단어보다는 구체적인 단어와 문장으로 표현해야 합니다. 구체적이라는 의미를 '나는, 저는, 그래서, 그러나' 등으로 글자 수를 채운다는 느낌으로 접근하는 것도 좋지 않습니다. 여러 가지 활동들을 나열하는 것보다 구체적인 사례를 들고 자신의 성장에 대해 언급하는 것이 가장 효과적입니다.

자기소개서와 면접은
어떻게 준비해야 할까

중학교 3학년 여름방학이나 기말고사가 끝나면 학교나 학원가에 서는 자기소개서 작성을 위한 다양한 프로그램이 마련됩니다. 강의를 위해서 만들어지는 학습 자료와 활동지는 자기소개서를 효율적으로 작성할 수 있도록 정형화된 틀을 가지고 있습니다. 학교생활기록부를 분석할 수 있는 표나 자기소개서 작성을 하나의 공식처럼 만든 경우도 있습니다. 아쉬운 것은 정형화된 작성법이나 활동지는 자기소개서를 쉽게 쓸 수 있게 도와주긴 하지만, 학생 개개인의 특성을 나타내기는 어렵다는 점입니다. 자기소개서를 작성할 때는 그 학생만이 가지고 있는 독특한 소재나 이야기를 떠올릴 수 있도록 도와주는 것이 중요합니다.

이때 소크라테스의 산파법은 매우 유용합니다. 산파법은 제자가 모르는 지식을 가르치는 것이 아닙니다. 대화를 통해 학습자가 갖고 있는 부정확한 의견을 논박해 무지를 깨닫게 한 다음 망각된 지식을 상기해내도록 도와주는 식입니다. 산파가 산모의 출산을 도와주듯이 예리한 질문을 던짐으로써 스스로 깨닫기를 도와주는 것이지요. 그런 점에서 자기소개서를 작성할 때 소크라테스의 산파법은 유용하게 활용될 수 있습니다.

가정에서의 자기소개서 준비
◆◆◆

자기소개서 작성을 지도하면서 제가 가장 중요하게 생각하는 부분은 '각자의 스토리에 집중하게 하는 것'입니다. 그런데도 막막해하는 아이들에게는 일대일 맞춤형 프로그램을 통해 철저히 그 아이의 개인별 특징에 집중합니다.

아이들은 학교생활기록부에서 찾은 소재가 자기주도학습 과정이나 인성 영역에 적합한지, 자신에게 도움이 되었던 활동인지, 배우고 느낀 점이 무엇이었는지를 쉽게 깨닫지 못합니다. 이때 부모님이 든든한 지원자가 될 수 있습니다. 아이의 3년 동안의 중학생활을 선생님만큼이나 옆에서 지켜본 사람이 부모님이기 때문입니다.

가정에서 자기소개서 작성을 도와줄 수 있는 방법은 간단합니다. 아이가 기억해내지 못하는 학교생활이나 인상 깊었던 내용들을 결정적인 질문으로 하는 것입니다. 지난 3년 동안 아이의 학교생활 중에서 부모님이 가장 기억에 남는 이야기가 있다면 아이에게 이야기해주어도 되고, 한두 가지 질문을 통해 아이는 자신의 유의미한 경험들을 소환할 수도 있습니다.

자기소개서를 작성할 때는 어떤 소재를 선택할지, 어떤 방향으로 서술할지 등 수많은 선택의 과정이 있습니다. 물론 아이 스스로 고민해야겠지만 아이가 보지 못하는 부분을 알려주거나 도움을 줄 수 있는 조언자가 있다면 든든할 것입니다. 이럴 때 부모님이 적절한 자극을 해줄 수 있습니다. ①동기 ②방법 ③어려웠던 점 ④극복 혹은 성장내용 ⑤배우고 느낀 점을 아이가 생각해볼 수 있도록 질문해주는 것입니다. "그때 그랬었지"라며 호응해주거나 학교 프로그램이나 수행 결과를 보면서 당시 상황을 이야기해보는 것도 좋은 방법입니다. 단순히 어떤 사건이 있었는지를 떠올리는 게 아니라 당시 상황에서 어떤 감정을 느꼈는지를 찾을 수 있을 것입니다.

다음은 학생과 일대일 대화를 통해 자기주도학습법과 인성 영역 소재에 대해 생각해낸 과정입니다. 간단한 질문과 응답만으로도 학생이 생각하지 못한 학습 방법이나 봉사활동에 참여한 이유와 의미 등에 대해 생각해보는 계기가 되었습니다. 한번 살펴보면서 부모님도 아이와 함께 해보기를 추천합니다.

질문 네가 가장 자신 있는 자기주도학습법은 뭐야?

학생 사실 문제만 열심히 풀었던 것 같아요.

질문 어떻게 문제를 풀었을까?

학생 복잡한 문제를 풀 때 그림으로 표현해서 풀었어요.

질문 그림으로 표현했을 때 어떤 장점이 있었을까?

학생 단순화시킬 수 있다는 장점이 있어요. 문장으로는 주어진 조건이 복잡해 보이지만 그림으로 나타내면 구하고자 하는 것을 한눈에 파악할 수 있거든요.

질문 그림으로 표현해서 해결한 문제 중에서 가장 기억에 남는 문제가 있다면?

학생 중학교 2학년 닮음비를 이용한 문제였어요. 그림은 없고 문장으로만 제시된 문제였는데 엄청 복잡해서 도중에 포기하고 싶었어요. 그런데 문제를 읽으면서 그림을 그려보니 오히려 단순한 문제였다는 것을 알 수 있었어요. 학교 시험 문제에서도 그림이 없는 도형 문제가 종종 나오곤 했는데, 그때의 자신감이 많은 도움이 되었어요. 어렵다고 생각하고 포기했다면 지금까지도 긴 문장제 문제는 도전하지 못하고 있을 거예요.

질문 봉사활동은 왜 하게 되었을까?

학생 봉사활동이 의미 있어 보였어요.

질문 어떤 면에서 의미가 있어 보였을까?

학생 제가 원래 다문화에 관심이 많았어요.

질문 봉사활동 내용과 다문화와의 연관성은 무엇이었나?

슬기로운 중학 생활

학생 다문화가정 자녀들의 국악 공연을 돕는 동아리였어요. 장구나 꽹과리를 강사님이 가르치실 때 언어적으로 이해하지 못하는 아이들을 돕는 봉사활동이었어요.

질문 봉사활동을 하면서 어려웠던 점이 무엇이었는지?

학생 아이들은 모르는 게 있어도 질문하지 않았어요. 하루 종일 곁에 있었지만 아이들이 질문하지 않아서 그냥 서 있다가 온 적도 많았어요. 봉사활동인데 아무것도 안하는 것 같아서 마음이 불편하기도 했어요.

질문 그래서 어떻게 했어? 계속 서 있기만 했니?

학생 아니요. 옆에 앉아서 함께 배우기 시작했어요.

질문 그 이후로 달라진 점이 있었어?

학생 제가 장구 치는 것을 구경하거나 모르는 것을 물어보는 아이들이 생겼어요.

질문 대단한데. 그 아이들이 달라진 이유가 무엇이라고 생각해?

학생 글쎄요. 자신들처럼 배우고 있다는 동질감을 느끼지 않았을까요? 제가 멀뚱멀뚱 서 있기만 했을 때는 감시자나 다른 영역의 사람이라고 생각했다면, 제가 무엇인가를 배우기 시작한 뒤로는 같은 팀, 나랑 비슷한 사람이라는 동질감을 느낀 것 같아요. 말하다 보니 '함께'라는 단어가 참 좋은 것 같아요.

가정에서의 면접 지도

◆◆◆

자기소개서 작성이 끝나면 학교와 아이들은 면접 준비로 바쁜 시간을 보냅니다. 교실 한쪽을 모의 면접실로 꾸며 연습을 시키기도 합니다. 그런데도 연습 시간이 짧다 보니 아이들은 많이 떨곤 하는데, 가정에서 부모님이 도와준다면 더 효과적일 것입니다.

예상 문제는 자기소개서와 학교생활기록부에서 추출합니다. 평가자의 입장에서 궁금한 점이나 질문하고자 하는 내용을 형광펜으로 색칠한 다음 질문지로 만들어보는 것입니다. 이때 부모님은 면접관의 입장에서 궁금한 점들을 체크해 문제로 만들고, 식탁 등에서 면접관과 학생이 되어 직접 면접을 실시해보면 됩니다.

질문에 대한 대답은 제한된 시간 내에 해야 합니다. 학교별 면접 유의사항에 보면 제시된 시간이 있으니 참고하면 됩니다. 하나의 문항에 대해 정해진 시간이 있으니 짧은 시간 내에 논리적으로 말할 수 있도록 연습해야 합니다. 무엇보다 바른 말투와 자세를 유지해야 합니다.

면접 모습을 동영상으로 촬영해 직접 보면서 피드백을 하는 것도 하나의 방법입니다. 동영상으로 면접 모습을 다시 보면 아이가 자주 사용하는 단어나 표정, 손짓 등을 확인할 수 있습니다. 손톱을 물어뜯거나 구부정한 자세 등을 발견하면 수정하도록 해야 합니다.

면접 질문에 대한 답은 계속 업그레이드해야 합니다. 간혹 질문지에 대한 예상 답안을 글자 하나 다르지 않게 외우려고 하는 학생들이 있습니다. 너무 완벽하게 대답하려다 보면 오히려 부자연스러울 수 있으니 대략적인 흐름만 기억하고 답변은 유동적으로 해야 합니다.

당황스러운 질문을 받았다면 임기응변의 자세로 대처해야 합니다. 예상되거나 정해진 질문만 연습하다가 처음 듣는 질문에 당황할 수 있습니다. 신문이나 뉴스 등에 나오는 최근 이슈에 대해 자신의 생각을 간단하게 말하는 연습을 하는 것도 좋습니다.

자기소개서 작성 과정 전체가 면접 연습입니다

◆◆◆

간혹 자기소개서는 글쓰기의 영역이고, 면접은 말하기의 영역이라고 생각하는 학생들이 있습니다. 이는 잘못된 생각입니다. 자기소개서를 작성하는 과정에는 말하기가 포함되어 있습니다. 자신의 생각을 머릿속에서 정리해서 글로 쓰는 것이 자기소개서라면, 그 과정 자체가 면접을 위한 하나의 연습입니다.

하루 종일 컴퓨터 화면을 보면서 글쓰기를 한다고 자기소개서가 완성되는 것은 아닙니다. 생각을 끄집어내는 질문과 그에 대한 자신의 생각을 대답하다 보면 미처 생각지도 못했던 점을 배우고 느낄 수 있습니다. 자기소개서를 쓰는 과정에서 면접 준비가 되는 것이고, 면접을 연습하면서 떠오른 아이디어를 자기소개서에 반영할 수도 있습니다. 따라서 자기소개서 작성과 면접 준비는 동시에 진행되어야 합니다.

· 에필로그 ·

세상의 단 한 사람

가수 임재범의 노래 중에서 〈너를 위해〉라는 곡을 들어본 적 있으신가요? '전쟁 같은 사랑'이라는 가사는 직장 생활을 하면서 두 아이를 키우는 제 모습을 표현하는 것 같아서 가슴 먹먹할 때가 많았습니다. 출근해서 수업하는 도중에 옷에 붙은 밥알을 조용히 떼어내며 전쟁터 한가운데에 서 있는 저를 발견하곤 했습니다. 참으로 힘든 나날이었고, 여전히 학부모인 지금도 그러합니다.

　같은 상황은 아닐지언정 이 땅의 모든 부모님들이 이런 '전쟁 같은 사랑'을 '아이를 위해' 나누며 살아가고 있으리라 생각합니다. 아이가 어느 정도 크면 이 전쟁이 끝나지 않을까 하는 기대도 하지만, 중학생이 되면 그때 나름의 어려움이 있고 고등학생이 되면 또 그만큼의 힘겨움이 있을 것입니다. 다만 이 전쟁의 끝에서 내 아이가 웃기를, 함께 행복하기를 바라는 것은 모든 부모님들이 같은 마음일 것입니다. 그러려면 우리는 부모라는 이름으로 아이에게 세상의 단 한 사람이 되어주어야 합니다.

　영화 〈쥬라기 공원〉의 촬영지로도 유명한 하와이 군도 북서쪽 끝에 위치한 카우아이 섬은 한때 '지옥의 섬'이라고 불리는 곳이었습니다. 다수의 주민이 범죄자에 알코올중독자, 정신질환자였으며, 아이들은 그런 어른들을 보며 자랐습니다.

　1955년 학자들은 그해에 카우아이 섬에서 태어난 신생아 833명이 30세 성인이 될 때까지의 성장 과정을 추적 연구했습니다. 불우한 환경에서 자란 이 아이들은 인생에 잘 적응하지 못해 비행 청소년이 되거나 범죄자나 중독자가 될 것이라고 학자들은 예상했습니다.

　심리학자 에미 워너Emmy Werner 교수는 833명의 아이들 중에서 고아나 범죄자의 자녀 등 가장 열악한 환경에서 자란 201명의 성장 과정을 집중적으로 분석했습니다. 그런데 결과는 예상과 너무도 달랐습니다. 이들 중 3분의 1에 해당하는 아이들이 학교에서 뛰어난 성적을 거두고 대학교 장학생으로 입학하는 등 좋은 환경에서 자란 아이들보다 더 모범적으로 성장한 것입니다.

　에미 워너 교수에 따르면 그들에게는 공통점이 있었습니다. 그들에게는 끝까지 자기편이 되어 믿어주고 공감해주고 응원해주는 최소 한 명 이상의 어른이 곁에 있었습니다. 부모, 조부모, 삼촌, 이모, 선생님 등 실패하고 좌절해도 괜찮다고 무조건 믿어주고 응원해주는 단 한 사람이 있었기에 자신의 불우한 환경을 이겨내고 비관하지 않으며 밝게 자랐던 것입니다.

나를 있는 그대로 믿어주는 한 사람만 곁에 있어도 무엇이든 할 수 있는 용기가 생깁니다. 속도는 느려도, 시행착오는 겪을지라도 오롯이 꿈을 향해 걸어가는 힘이 생깁니다. 우리 아이들에게도 이렇게 믿어주고 자기편이 되어주는 한 사람이 필요합니다. 훈계하고 꾸짖기보다 "그랬구나! 힘들었구나!" 하며 공감해주는 사람 말입니다. 올바르게 성장할 수 있도록 도움을 줄 수 있는 사람이 필요합니다. 그 한 사람이 바로 부모님입니다. 저도, 이 책을 읽는 부모님들도 아이에게 그런 한 사람이 되길 진심으로 바랍니다.

저에게는 저를 믿고 지지해주는 사람이 많습니다. 비오는 날 만삭의 몸으로 첫째를 유치원에 데려다주고 출근했을 때 따뜻하게 어깨를 토닥토닥 해주신 김희옥 교장님, 경청의 힘을 알려주신 따뜻한 교회 오빠 같았던 박상옥 교장님, 좋은 환경에서 학교생활을 할 수 있도록 이끌어주시고 애써주신 김정화 교장님, 코로나19 상황에서도 안정적인 학교 경영이 무엇인지 보여주신 강흥권 교장님, 어설픈 새내기 교감에게 매일 주옥같은 가르침을 주시는 우한정 교장님께 감사드립니다.

급작스럽게 전화해도 언제나 멋진 해결책을 제시해주는 강인구 선생님, 같은 또래 교사 친구 모임 '콩알십프로', 언제나 마음의 안정을 주는 '유성한진2 패밀리', 서로 다른 학교에서 근무하지만 항상 같은 공간에 있는 듯한 '자유학기제 교원학습공동체', 코로나19를 함께 겪으며 역대급으로 버라이어티한 가재울중학교 2019~2021 교무부 모임 선생님들께 감사드립니다. 함께 배우고 성장할 수 있어서 영광이었습니다.

유튜브 채널을 운영해보고 싶다고 한마디 했을 뿐인데, 각종 장비를 갖춰주고 라이브 방송의 가장 까다로운 점검자이자 구독자가 되어준 남편과 엄마의 글쓰기 작업을 적극적으로 지지해준 사랑하는 두 딸에게도 고마움을 전합니다.

마지막으로 막내딸을 언제나 자랑스러워하시고 "잘한다, 잘한다, 우리 딸, 잘한다"라고 격려하며 '세상의 가장 큰 사랑'을 주시는 친정엄마께 이 책을 빨리 보여드리고 싶습니다. 친정엄마는 언제나 제 편이 되어준 최고의 선물입니다.

모두 고맙습니다.

입학 준비부터 자유학기제, 내신, 고등 입시까지
한 권으로 끝내는 중학교 생활 가이드

슬기로운 중학 생활

1판 1쇄 발행 2022년 5월 6일
1판 4쇄 발행 2023년 12월 28일

지은이. 황유진
기획편집. 김은영
마케팅. 이운섭
디자인. 별을잡는그물
본문조판. 정희정

펴낸곳. 생각지도
출판등록. 제2015-000165호
전화. 02-547-7425
팩스. 0505-333-7425
이메일. thmap@naver.com
블로그. blog.naver.com/thmap
인스타그램. @thmap_books

ⓒ 황유진, 2022
ISBN 979-11-87875-20-8 (03370)